T0401780

Daniel Simpson

Historia del yoga
Textos, filosofía y prácticas

Traducción del inglés de Miguel Portillo

Título original: *The Truth of Yoga*

© 2021 by Daniel Simpson

© 2024 Editorial Kairós, S. A.
www.editorialkairos.com

© Traducción del inglés al castellano: Miguel Portillo
Revisión: Raúl Alonso

Fotocomposición: Moelmo, S.C.P.
Diseño cubierta: Katrien van Steen
Impresión y encuadernación: Romanyà-Valls. 08786 Capellades

Primera edición: Mayo 2024
ISBN: 978-84-1121-242-7
Depósito legal: B 3.807-2024

Todos los derechos reservados. Cualquier forma de reproducción,
distribución, comunicación pública o transformación de esta obra
solo puede ser realizada con la autorización de sus titulares,
salvo excepción prevista por la ley. Diríjase a CEDRO (Centro
Español de Derechos Reprográficos, www.cedro.org) si necesita
algún fragmento de esta obra.

Este libro ha sido impreso con papel que proviene de fuentes respetuosas
con la sociedad y el medio ambiente y cuenta con los requisitos necesarios
para ser considerado un «libro amigo de los bosques».

A todos mis maestros,
y a todos los que los inspiraron.

No dejaremos de explorar
y el fin de toda nuestra exploración
será llegar a donde empezamos
y conocer el lugar por primera vez.

T. S. Eliot, *Cuatro cuartetos*

Que juntos seamos protegidos,
    que juntos nos alimentemos.
Que trabajemos juntos con vigor,
    que nuestro estudio sea iluminador.
Que estemos libres de discordia. Om.
    Paz, paz, paz.

Taittiriya Upanishad (2.1),
traducida por Zoë Slatoff

Sumario

Introducción	**15**
Buscar la verdad.	15
Sobre este libro.	17
¿Qué es el yoga?.	19
Nota sobre el sánscrito	21
1. Yoga antiguo	**25**
Raíces antiguas.	25
Ascetas y *tapas*.	28
Videntes y soma	30
Restricciones y ritual	33
Mantras místicos	35
Saludo al sol.	36
Vedas y brahmanes.	39
¿Es esto hinduismo?.	41
Tiempo cíclico	44
Karma, renacimiento y liberación	45
Renuncia	48
El fin de los Vedas	50

Las primeras *Upanishads*	52
La autorrealización	54
Ni esto ni aquello	56
¡Guíame a la realidad!	58
Enfoque interiorizado	60
Rebobinar la creación	62
Respiración y consciencia	65
Om y unidad	66
Las semillas del yoga	69

2. Yoga clásico — **73**

¿Liberación encarnada?	73
Métodos épicos	76
Canto devocional	79
Dioses y yoguis	81
El sentido de la vida	84
Guerra y paz	86
Actuar con inteligencia	89
Ver con claridad	91
Perspicacia meditativa	93
El poder del amor	95
Bhakti práctico	97
Visiones alucinógenas	99
Destino y libre albedrío	102
Encontrar nuestro camino	104
El que ve y lo visto	106
La red de la naturaleza	109

Sistemas hermanos................................ 111

El yoga de Patañjali 114

¿De quién son los sutras?..................... 116

Reducir el sufrimiento 119

Cambiar los patrones 121

Primero no hacer daño 124

Ashtanga y asana 126

Atención concentrada........................... 129

Ver la luz 131

Consciencia divina.............................. 133

Poderes mágicos................................. 135

¿Espléndido aislamiento?....................... 138

Teorías rivales.................................. 141

3. *Hatha yoga*.............................. **145**

Transformación 145

¿Qué es el tantra?.............................. 147

Gurús y dioses 149

Mantras tántricos 151

Imágenes místicas 154

Los seis elementos del yoga.................... 157

El cuerpo yóguico 159

Nadis invisibles 161

Chakras imaginarios............................ 164

El ascenso de la kundalini 167

Geografía sagrada.............................. 170

Unir los opuestos 172

12 Sumario

¿Qué es *hatha*? 174
Yoga para todos 176
El rey de los yogas 178
Un cuerpo de conocimiento 180
Práctica, práctica 182
Posturas complejas 185
Remedios corporales 188
Acciones de limpieza 190
Respiración y bandhas 192
Mudras potentes 195
Sexo y yoga 198
Sonidos del silencio 200

4. Yoga moderno **203**
Proliferación de posturas 203
Manuales ampliados 206
Cartillas de copiar y pegar 208
Eslabones perdidos 210
Inventos ocultos 212
Revivir la tradición 214
Orgullo nacional 217
Aspectos gimnásticos 219
Salud holística 222
Relajarse y revivir 224
Artes indígenas 227
Enfoque postural 230
Ajustes y apoyos 232

Métodos alternativos 235
Autenticidad frente a utilidad. 237
¿Qué es apropiado? 239
Yoga de poder. 242
Yoga terapéutico. 244
Nuevas direcciones. 247

Epílogo **251**
Adaptación. 251
Integración. 253

Notas **257**
Bibliografía **283**
Agradecimientos **297**

Introducción

Buscar la verdad

Cuando empecé a practicar yoga, sabía muy poco sobre su origen y sus objetivos. Ninguna de las dos cuestiones pareció importante. Me bastaba con que me calmase, me sintiese más contento y menos deprimido.

Ir a clase hacía que me absorbiese en adoptar formas complejas, distrayéndome de mi malestar con instrucciones extrañas. Me sentí conectado de nuevo con partes de mi cuerpo antes ajenas, desde el «montículo del dedo gordo del pie» hasta el «pecho de la axila». Disfruté flexibilizándome y respirando más libremente. Pero al cabo de un tiempo quería más. A algunos de mis profesores les gustaba citar textos, como la *Bhagavad Gita* y el *Yoga Sutra*. Pero, por lo que yo veía, tenían poco que ver con lo que hacíamos. Apenas mencionaban posturas y hablaban de conceptos que me costaba entender.

Después de imaginarme que los yoguis de las cuevas habían practicado lo mismo durante miles de años, me sentía confuso. Y cuanto más leía, menos me parecía entender. Había muchas versiones diferentes del yoga, y algunas de sus filosofías parecían contradictorias. Ya me había encontrado con esto en la práctica: cada método que probaba contaba con una idea rival que afirmaba ser la correcta. Sin embargo, la mayoría de los profesores decían que el objetivo seguía siendo el mismo, que se definía vagamente como unión, liberación o despertar. La mayoría de los textos antiguos decían que estos objetivos se alcanzaban renunciando al mundo. Eso no sonaba ni atractivo ni parecido a lo que uno hacía en una esterilla de plástico.

Con el tiempo, algunas cosas se fueron aclarando. Los libros populares a menudo difuminan las distinciones entre los diferentes sistemas, pero nunca ha existido el «único yoga verdadero». La práctica y las teorías detrás de ella han evolucionado, convirtiéndose en combinaciones de diversas maneras. Ninguna de ellas es «más verdadera» que las demás. Cada una tiene sentido en su contexto, pero no hay obligación de elegir un texto, o una forma de yoga, y seguir acríticamente lo que diga. Somos libres de ignorar lo que no nos parezca relevante. Pero eso hace que resulte importante saber lo que dicen las enseñanzas tradicionales y cómo las interpretamos.

En última instancia, el yoga es un sistema de práctica, no de creencias. No es necesaria una fe ciega, más allá de confiar en que puede valer la pena intentarlo. Cualquiera que lo haga puede comprobar por sí mismo si realmente funciona. Lo que esto signifique dependerá de las prioridades. Si nuestro objetivo es poner las piernas por detrás de la cabeza, hacer flexiones de manos o simplemente relajarnos, puede que no nos sintamos inclinados a leer textos antiguos. Sin embargo, si queremos indagar más profundamente, la filosofía tradicional puede ser muy útil. El objetivo de este libro es hacerla accesible a los practicantes modernos.

La mayoría de los enfoques del yoga mezclan ideas y técnicas de diversas fuentes. Hoy en día, cualquiera puede crear un híbrido similar, siempre y cuando reconozca que eso es lo que está haciendo. A continuación se resumen los temas que han influido en la práctica a medida que se desarrollaba.

Sobre este libro

Mucho de lo que se dice sobre el yoga es engañoso. Por poner dos ejemplos, ni tiene cinco mil años de antigüedad, como se asegura, ni significa «unión», al menos no exclusivamente. En el que quizá sea el texto yóguico más famoso, el *Yoga Sutra*, de Patañjali, el objetivo es la separación, aislar la consciencia de todo lo demás. Y la evidencia más antigua de la práctica se remonta a unos dos mil quinientos años. El yoga podría ser más antiguo, pero nadie puede probarlo.

La mayoría de las formas modernas de yoga enseñan secuencias de posturas con respiración rítmica. Este enfoque globalizado es prácticamente el mismo en Shanghái y San Francisco, con pequeñas variaciones entre los distintos estilos. Algunos de estos métodos son invenciones recientes, pero otros son antiguos. Como aparece descrito por el Buda y en las

18 Historia del yoga

epopeyas índicas, entre otras fuentes, los ascetas utilizaban la práctica física para cultivar la autodisciplina, manteniendo posturas difíciles durante largos periodos. Otras posturas evolucionaron entre tanto, originalmente como calentamiento para la meditación sentada.

En los últimos años, los estudiosos han aprendido mucho más sobre la historia del yoga. Sin embargo, sus descubrimientos pueden resultar de difícil acceso. Las últimas investigaciones se publican en revistas académicas o en colecciones de artículos editados en bibliotecas universitarias. Aunque algunos de estos trabajos están ahora disponibles en línea, sus conocimientos se dirigen más a especialistas que a lectores en general. Este libro incluye muchos hallazgos nuevos, presentados en un formato diseñado para practicantes. El objetivo es poner de relieve ideas que los lectores puedan aprovechar para mantener vivas las tradiciones en el siglo XXI.

Ofrece una visión general de la evolución del yoga desde sus orígenes hasta la actualidad. Puede leerse cronológicamente o como guía de referencia histórica y filosófica. Cada breve sección aborda un elemento, citando textos tradicionales y contextualizando sus enseñanzas. Las fuentes de las citas traducidas figuran en notas al final del libro, junto con una bibliografía detallada. Mi intención es aclarar las cosas sin simplificar.

Lo que escribo ha surgido de mi labor docente en el Oxford Centre for Hindu Studies (Centro de Estudios Hinduistas de Oxford), en cursos de formación para profesores de yoga y en cursos en línea sobre textos y tradiciones. He tenido la suerte de estudiar con algunos de los principales investigadores más destacados del mundo en este campo, y obtener un máster por la SOAS (antigua Escuela de Estudios Orientales y Africanos) de la Universidad de Londres, sede del pionero proyecto Hatha Yoga. También soy devoto practicante y viajo con frecuencia a la India desde la década de 1990.

Espero que este libro le resulte instructivo e inspirador.

¿Qué es el yoga?

La palabra «yoga» es difícil de definir. Viene de *yuj*, una raíz sánscrita que significa unir cosas, de la que el español obtiene «yugo». Según el contexto, «yoga» tiene docenas de significados, desde «un método» a «equipar a un ejército» uniendo carros. La mayoría de las descripciones de la práctica implican concentración, refinar la conciencia para ver a través de las ilusiones.

Los textos hablan principalmente del yoga como un estado interior, en el que la ausencia de pensamiento produce percepciones transformadoras. Si la consciencia no percibe más objeto que a sí misma, no somos quienes creemos ser. El fruto último de esta realización es la liberación del sufrimiento. Sin embargo, también hay otras metas en el camino, desde la búsqueda de beneficios materiales y poderes sobrenaturales hasta la renuncia a las posesiones y a la existencia mundana. En general, la mayoría de los enfoques logran un equilibrio entre la acción disciplinada y el desapego.

En la práctica, el yoga trata de nuestra relación con todo. Aunque no es una religión en sí, hunde sus raíces en las tradiciones religiosas de la antigua India. Los textos suelen enseñar técnicas yóguicas junto con metafísica y doctrina espiritual. El título de uno de los libros más populares sobre yoga, la *Bhagavad Gita*, significa el «Canto del Señor». Sin embargo, las enseñanzas sobre la práctica subrayan repetidamente que cualquiera puede llevarla a cabo, independientemente de que sea o no religioso.

El yoga es descrito a veces como una ciencia, pero sus efectos no son fáciles de medir. Dado que la práctica consiste en experimentos en uno mismo, sus resultados son subjetivos y es difícil establecer conclusiones más generales. Lo que funciona para una persona puede afectar a otras de forma diferente. Esta es en parte la razón de que existan tantos métodos. Por ejemplo, los textos dicen que el estado yóguico puede alcanzarse mediante el esfuerzo (*hatha yoga*), la acción desapasionada (*karma yoga*) o la devoción (*bhakti yoga*). Aparte de su objetivo común, cada una de estas disciplinas tiene una cosa en común: hay que practicarlas. Las palabras solo pueden desencadenar la búsqueda del conocimiento directo.

Por ello, los practicantes tradicionales pueden desconfiar de la filosofía del yoga y preferir encarnar lo que significa. Eso está muy bien, pero hoy en día pocos de nosotros compartimos los mismos objetivos básicos que los antiguos yoguis, que luchaban por liberarse del renacimiento. La mayoría de nosotros intentamos encontrar paz en respuesta a los retos de la vida, o explorar lo que nos impide sentirnos plenos. Las enseñanzas yóguicas pueden servirnos de guía, pero algunas de sus ideas pueden no coincidir con nuestras prioridades, y algunos aspectos de la tradición pudieran requerir de una reinterpretación a la luz de los conocimientos modernos.

Las adaptaciones siempre han formado parte del desarrollo del yoga. Aunque su objetivo último trasciende el tiempo y el espacio, siempre ha ido cambiando, inspirándose de diferentes tradiciones. Aun así, hay ideas básicas que hacen que una práctica sea yóguica y no otra cosa (como beber cerveza mientras uno se estira a medias, por citar una tendencia moderna). Al refinar la conciencia de la experiencia interior, el yoga es tanto un método como su resultado, como se describe en el comentario que acompaña al *Yoga Sutra*, de Patañjali (3.6):

«El yoga ha de ser conocido por el yoga,[1] y el yoga mismo
  conduce al yoga.
Quien permanece firme en el yoga siempre se deleita en él».

Nota sobre el sánscrito

El sánscrito es la lengua clásica de la literatura índica, incluidos los textos de yoga. Comparte un antepasado común con el latín y el griego, y es, por tanto, un primo lejano del

22   Historia del yoga

inglés y otras lenguas europeas. La palabra sánscrita no hace referencia al lugar ni a las personas que lo hablan: *samskrita* significa «perfeccionado» o «bien formado».

Por lo que podemos deducir de los textos más antiguos, los sacerdotes védicos utilizaban una versión del sánscrito hace más de tres mil años. La precisión de sus rituales preservó las enseñanzas orales durante generaciones: fueron memorizadas antes de ser escritas, y los brahmanes modernos, cuyos cánticos recuerdan el sonido musical de la antigua India, siguen aprendiéndolas mediante métodos tradicionales.

La escritura más utilizada para escribir sánscrito es la *devanagari*, cuyo nombre significa «divina». Algunos de los sonidos representados por sus caracteres no tienen paralelo en español. Para clarificar los textos transcritos, a veces se añaden al alfabeto latino puntos y rayas denominados signos diacríticos. Como en realidad solo tienen sentido para los sanscritistas en ciernes, he optado por omitirlos y he adaptado algunas grafías para facilitar la lectura.

Como ejemplo, aquí tenemos el *Yoga Sutra* 1.2, de Patañjali, que define el yoga como un estado más allá de la mente. En *devanagari*, se lee: योगश्चित्तवृत्तिनिरोधः

Los lingüistas lo transcriben como *yogaś cittavṛttinirodhaḥ*, que suena como *yogash chitta vritti nirodhaha*. En general, las letras *sh* y *ch* se pronuncian juntas, como en «ship» y «chip». Todas las demás consonantes seguidas de *h* –incluidas *th* y *ph*, y la *dh* en este ejemplo– no se combinan. En su lugar, la *h* permanece muda, como en «huevo».

Ahora nos enfrentamos al reto de traducir el *sutra*, cuya forma minimalista parece engañosamente sencilla. Algunas palabras tienen tantas definiciones que solo cobran sentido cuando se leen en su contexto. Otras no tienen equivalente en español, o únicamente pueden transmitirse mediante frases más largas. Como bromea Wendy Doniger, una destacada erudita: «Cada palabra sánscrita significa ella misma, su opuesto, un nombre de Dios y una postura en las relaciones sexuales».[2]

El acuerdo entre los traductores es difícil de alcanzar, como demuestran las interminables ediciones de los *sutras* de Patañjali, cuyos significados se han debatido durante siglos en los comentarios indios. Una versión reciente de la frase anterior, de Edwin Bryant, define el yoga como: «El aquietamiento de los cambiantes estados de la mente». Un siglo antes, James Haughton Woods lo definió como: «La restricción de las fluctuaciones de la mente».[4] La última versión, del experto en Patañjali Philipp Maas, suena más intensa: «El yoga es la desconexión de los procesos de la capacidad mental».[5]

Para ilustrar lo que puede entenderse con la misma frase sánscrita, consideremos esta creativa interpretación de Kofi Busia, profesor de yoga desde los años setenta: «La plenitud consiste en ser y hacerse consciente».[6]

Rara vez hay versiones definitivas de los textos yóguicos. Lo más cercano que los estudiosos consiguen se llama edición crítica, que reúne tantos manuscritos supervivientes como sea posible, resolviendo discrepancias en sánscrito ocasionados por problemas como los errores de copia. Incluso con la mejor de las intenciones, las traducciones siguen siendo imprecisas, basadas en una mezcla de conocimiento e intuición. En cualquier caso, se dice que las ideas del yoga son imposibles de expresar con palabras, por lo que es inevitable perder parte de sus matices al traducirlas.

1. Yoga antiguo

Las primeras descripciones escritas de la práctica yóguica aparecen en las *Upanishads*, junto con otras fuentes de la misma época. Sin embargo, también hay influencias más antiguas, como las ideas de los Vedas y las austeridades ascéticas. No está muy claro lo sucedido, pero los temas fundamentales pueden ser identificados.

Raíces antiguas

Los orígenes del yoga son difíciles de precisar. La mayoría de las pruebas disponibles proceden de textos que ponen por escrito una tradición oral que comenzó mucho antes. Aparte de estas primeras composiciones, que dicen muy poco sobre las técnicas yóguicas, en realidad solo tenemos mitos y un puñado de fragmentos descubiertos por arqueólogos.

Por supuesto, podríamos entrevistar a practicantes modernos, que podrían contarnos lo que decían sus maestros, y lo que esos maestros decían que decían sus maestros, y así sucesivamente, sugiriendo un linaje que se remonta a tiempos prehistóricos. Sin embargo, nadie conoce con certeza su antigüedad. También podríamos afirmar que el yoga, como todo lo demás, nació del «vientre dorado» cósmico llamado Hiranyagarbha, como explica uno de los textos más antiguos.

Algunas de las primeras descripciones de técnicas físicas proceden del Buda, que se dice que las probó antes de su despertar hace dos mil quinientos años. Sus discursos mencionan sus estudios con ascetas yóguicos. No parecía impresionado[1] por sus difíciles métodos, quejándose de que uno llamado «meditación totalmente sin respiración» le provocaba «fortísimos dolores de cabeza», mientras que intentar sobrevivir con una dieta minimalista hacía que la piel de su vientre le tocara la columna vertebral, produciéndole «sensaciones dolorosas, agudas y graves debidas a una tortura [autoinfligida]». Abandonando tales austeridades, buscó un camino intermedio entre la indulgencia y la restricción, preguntándose si «¿podría haber otro camino hacia la iluminación?» (*Majjhima Nikaya* I.237-251).

Los relatos índicos más antiguos ofrecen visiones místicas de la meditación profunda, sin decir mucho sobre cómo alcanzarla. Las primeras menciones del «yoga» en las tradiciones védicas se refieren a la vinculación de carros a animales –a menudo para luchar– o a descripciones de sacerdotes absortos en rituales. «Los sabios de la gran omnisciencia controlan su mente y dominan sus pensamientos»,[2] dice el *Rig Veda* (5.81.1), el texto sagrado indio más antiguo, que según los estudiosos fue compuesto hace unos tres mil quinientos años. «El que conoce la ley ha ordenado las funciones ceremoniales. Grande es la alabanza de la divina Savitri».

Sin dejarse intimidar por tan crípticas referencias, hay quien sostiene que el yoga es más antiguo. La cifra ampliamente citada de cinco mil años se refiere a una civilización de la Edad de Bronce en el valle del Indo, que comerciaba con Sumeria y posiblemente con Egipto. Entre sus reliquias hay sellos de esteatita adornados con imágenes. Parecen etiquetas para bolsas de mercancías. La escritura en las imágenes sigue sin haber sido descifrada, pero puede haber tenido un significado ritual. Un sello muestra una figura rodeada de animales, aparentemente sentada con las rodillas abiertas. Como se asemeja a una postura de meditación, algunos lo llaman yoga. Sin embargo, en ausencia de cualquier descripción de su objeto, parece descabellado, sobre todo porque no apareció ningún otro registro de práctica sistemática hasta mucho más tarde.

El consenso de los estudiosos es claro: el yoga comenzó entre ascetas en el norte de la India, más allá de la corriente principal de una religión védica que estaba vinculada a las tradiciones del Asia central. Emigrantes que se llamaban a sí mismos *arya* (una palabra que significa «noble» y que es también el origen del nombre de Irán) organizaron elaboradas ceremonias centradas en el fuego. Eran nómadas con caballos y ganado, y se aventuraron hacia el este a través de la llanura gangética en busca de pastos. Los Vedas son odas a sus dioses, que describen formas de preservar el orden cósmico y la prosperidad comunitaria.

Sin embargo, algunas ideas de los Vedas inspiraron a los primeros yoguis. Los cantos védicos son ricos en metáforas. Como el fuego era la boca de los dioses, ofrecerle comida y otros dones sacrificiales preservaba un estado auspicioso. Un himno rinde homenaje a la mantequilla clarificada, una oblación que aún se vierte sobre las llamas sagradas. Describe visiones místicas que suenan casi yóguicas (*Rig Veda* 4.58.11):

> «El universo entero está puesto en tu esencia,
> en el océano, en el corazón, en la vida.
> Déjanos ganar tu ola melosa que es traída
> a la faz de las aguas mientras fluyen juntas».[3]

Ascetas y *tapas*

Algunas de las primeras descripciones sobre la práctica física proceden de extranjeros. Poco después de la época del Buda, Alejandro Magno invadió la India. Los historiadores griegos[4] describen cómo su ejército vio a «quince hombres de pie en diferentes posturas, sentados o tumbados desnudos» bajo el sol abrasador del Punjab. Otro hombre, que vino a visitar a Alejandro «estaba de pie sobre una pierna, con un trozo de madera de tres [pies] de largo levantado con ambas manos. Cuando se le cansaba una pierna, cambiaba a la otra, y así continuó todo el día».

Si pasar horas en el equivalente de la «postura del árbol» suena excesivo, prueba con doce años. Las austeridades tradicionales a menudo se llevan a cabo durante este período de tiempo. Algunos practicantes nunca se sientan, duermen desplomados en un columpio; otros se mantienen sobre una pierna o con un brazo en alto. Un ejemplo reciente es Amar Bharti, un asceta que apareció en la televisión en documentales y programas menos reverentes, como *An Idiot Abroad* (*Un idiota en el extranjero*). Al final de su vida, en 2019, su brazo derecho había estado extendido desde la década de 1970, y parecía estar pegado por encima de su cabeza. Nudoso y demacrado, parecía bloqueado en su lugar por un hombro torcido, con las uñas como virutas de madera ennegrecidas.

La automortificación reduce el apego al cuerpo. Cuando se les pide que lo expliquen, los yoguis utilizan el lenguaje de la devoción. Puran Puri, un indio del siglo XVIII, mantuvo ambos brazos en alto durante décadas. Cuando un funcionario británico le preguntó por qué, respondió que solo Dios lo sabía. Sus reflexiones sobre su decisión eran prosaicas, sin hacer referencia a los beneficios: «Es necesario ser muy abstemio en la comida y dormir durante un año, y mantener la mente centrada, es decir, ser paciente y resignarse a la voluntad de la divinidad –dijo–. Durante un año se soporta un gran dolor, pero durante el segundo menos, y la costumbre reconcilia a la parte; el dolor disminuye en el tercer año, después del cual no se siente ningún tipo de malestar».[5]

El relato de Puri describe dieciocho penitencias clásicas, de entre las que eligió la opción de «brazos en alto», *urdhva bahu*. Otra es la llamada «cinco fuegos», que implica estar «inmerso en el humo del fuego por todos lados, y teniendo, en quinto lugar, el sol en lo alto». Algunos practicantes indios todavía lo hacen, sentándose en anillos de estiércol de vaca humeante durante el verano. En la fase final, equilibran una olla de estiércol sobre sus cabezas. El término técnico para las austeridades es *tapasya*, que viene de *tapas*, que significa «calor». Esto simboliza el fuego védico, que los ascetas interiorizan. El celo de su esfuerzo es alquimia disciplinada, manipulando la materia para abrir la mente a verdades más elevadas. El dios védico Agni personificaba el fuego, y era adorado al amanecer y al atardecer en el ritual *agnihotra*, cuyas llamas se vincularon al sol, la fuente de la vida.

El cultivo de *tapas* es parte integral del yoga. En los *Yoga Sutras*, de Patañjali (2.43), se dice que su ardor es purificador. Al alejarse de las exigencias del cuerpo y de los estímulos sensoriales, los ascetas se preocupan menos por los deseos y las aversiones. Esto facilita la concentración en el interior y en el infinito.

Videntes y soma

Según la tradición india, las palabras de los Vedas fueron reveladas a sabios místicos o *rishis*. Los cantos védicos son una grabación fiel de lo que oyeron, hasta el tono de cada sílaba sánscrita.

Como los propios Vedas lo describen, «los sabios formaron el habla con su pensamiento, tamizándolo como se tamiza el grano a través de un tamiz [y] cuando pusieron en marcha el primer principio del habla, dando nombres, su secreto más puro y perfectamente guardado fue revelado a través del amor» (*Rig Veda* 10.71).[6] El lenguaje se personifica como Vach, la voz del cosmos, que «se revela a alguien como una esposa amorosa que, bellamente vestida, revela su cuerpo a su marido». Encantados por la presencia de esta diosa, los *rishis* la canalizaron en versos.

La mayoría de sus obras son cantos de alabanza, que combinan instrucciones de ritos sagrados con historias de dioses. El más popular de ellos es Indra, un guerrero que empuña un rayo; otros representan el cielo, la tierra, el tiempo y el sol. Hubo dos deidades menores que cobraron importancia en textos posteriores: Vishnu, el preservador, y Rudra, el feroz dios de las tormentas, que tiene poderes curativos y más tarde se revela como una forma de Shiva. Rudra es «el sabio que vuela»[7] con el «pelo trenzado», que a veces se ata en un nudo de rastas como los *sadhus* yóguicos que aún vagan por la India moderna (*Rig Veda* 1.114).

Otro personaje védico se hace eco de estos temas. El *keshin* es un «asceta de pelo largo» que «navega por el aire» como si cabalgara el viento controlando su respiración. Junto con Rudra, «lo revela todo, para que todos puedan ver el sol» (*Rig Veda* 10.136).[8] Le ayuda una droga sin nombre, que parece provocar fuertes alucinaciones. Otros himnos saludan a una sustancia similar conocida como soma, «la dulce bebida de la vida», que era aclamada como un dios. Como declara uno de los *rishis* tras tomar un poco: «Inspira buenos pensamientos y alegre expansividad hasta el extremo» (*Rig Veda* 8.48).[9]

Nadie sabe a ciencia cierta lo que era el soma, pero desempeñó un papel importante en la vida védica. Un himno venera las piedras que fueron utilizadas para exprimir el jugo de los tallos de las plantas, antes de ser mezclado con leche o agua (*Rig Veda* 10.94). El brebaje resultante recuerda un poco a la ayahuasca, la bebida psicodélica de los chamanes amazónicos. Fuera lo que fuera el soma, era difícil obtenerlo cuando la cultura védica se extendió hacia el este. Otras sustancias fueron usadas como sustitutos, y las ofrendas se volvieron más importantes que el consumo. Con el tiempo, el significado del soma fue reinterpretado. A veces se sugiere hoy en día que representa la trascendencia, por lo que no se bebía nada sino pura consciencia.

Independientemente de que los *rishis* estuvieran «colocados», dejaron algunas palabras que expanden la mente. Un himno sobre la creación está plagado de paradojas (*Rig Veda* 10.129).[10] Dice que el mundo puede haberse «formado a sí mismo, o tal vez no», mientras que el deseo «fue la primera semilla de la mente» y «los dioses vinieron después, con la creación de este universo». Esto se atribuye a una fuente conocida como «Quién», y a veces «Uno». En otras palabras, el cosmos tuvo turbios comienzos: la forma fue precedida por el pensamiento, y la conciencia insufló vida a la materia.

Las drogas desempeñan papeles ambiguos en la práctica yóguica. Uno de los *sutras* de Patañjali (4.1)[11] dice que unas «hierbas» sin nombre producen poderes místicos (al igual que las austeridades, el canto de mantras, la meditación y tener buena suerte por una vida anterior). Muchos ascetas indios fuman cannabis sin parar, que consideran un regalo de Shiva, cuyo nombre significa «el auspicioso». El objetivo no es drogarse, aunque obviamente lo hacen, sino separarse del mundo y de las normas convencionales. Sin embargo, su hábito puede convertirse en un apego en sí mismo. Para los practicantes, esto es irrelevante, mientras vean más allá de la mente.

Restricciones y ritual

Los renunciantes prosperaron al margen de la sociedad védica. Entre ellos estaban los *vratyas*, jóvenes solteros que tomaban votos de celibato para llevar a cabo un sacrificio en invierno fuera de las aldeas, matando vacas valiosas como ofrenda a los dioses por un año prospero. Se les permitía transgredir, merodear en bandas para asaltar a las tribus vecinas y robar ganado.

Al igual que los ascetas guerreros de siglos más recientes –que luchaban como mercenarios y se resistían a la ocupación–, los *ratyas* combinaban lo violento y lo sagrado, proporcionando una válvula de escape para la exuberancia juvenil. También canalizaban la energía hacia el interior para cultivar poderes y utilizarlos en rituales.

Los Vedas dicen que un *vratya* podía dominar su aliento para ser uno con el cosmos. Un himno proclama: «Homenaje a la respiración», y la denomina *prana*, la fuerza vital que lo anima todo. «La respiración es el señor de todo, tanto de lo que respira como de lo que no», explica el texto: «En la respiración está todo establecido» (*Atharva Veda* 11.4).[12]

Otro pasaje da una idea temprana de la respiración yóguica (*Atharva Veda* 15.15-17).[13] Enumera siete formas de respiración ascendente (algo confusamente, también llamada *prana*), siete respiraciones descendentes (*apana*) y siete que impregnan todo el cuerpo (*vyana*). Se dice que el *vratya* las visualiza en relación con su entorno, a partir de cinco elementos básicos (tierra, agua, fuego, viento y espacio) hasta el sol, la luna, las estrellas, el paso de las estaciones y todas las criaturas. Su hálito también está vinculado a las ofrendas sacrificiales.

En una notoria ceremonia védica llamada el «gran rito» (*mahavrata*), una prostituta sedujo a un joven *vratya*. Y como parte de otro ritual importante –el *ashvamedha* o «sacrificio del caballo– tenía que simular tener sexo con el cadáver del animal. Al igual que las prácticas tántricas poco ortodoxas siglos más tarde, estos despliegues de contención abandonada crearon poder desdibujando los límites. La hasta entonces energía reprimida del *vratya* célibe se liberaba, con la idea de que fertilizaría el suelo. Desde la perspectiva védica del bienestar comunal, cuanto menos restringida era esta actuación, mejor.

Por extrañas que nos puedan sonar a nosotros ahora, estas prácticas trataban de preservar un equilibrio cósmico. Sobre la base de los antiguos cultos a la fertilidad, consideraban el cuerpo como el universo en un microcosmos. Si el *tapas* trans-

Mantras místicos

El Veda más antiguo incluye un elogio a la naturaleza que se recita mucho en la India moderna (*Rig Veda* 3.62.10). Es conocido como *Gayatri*, el ritmo poético al que se ajusta, pero también lleva el título de *Savitri*, nombre que designa el poder creador del sol.

Cuando se enseña como mantra, comienza con «Om», el sonido de la unidad en todo, seguido de otras tres palabras místicas (*bhur, bhuvah* y *svah*) que se refieren al cosmos. Junto con el resto del verso, celebran al sol por facilitar la vida con calor y luz. Esta perspectiva reverencial también puede iluminar la sabiduría interior, recordándonos nuestra dependencia de las fuerzas naturales.

Los tradicionalistas védicos cantan estas palabras en tres tonos bajos, pero hoy en día también se cantan con otras melodías:

om bhur bhuvah svah
tat savitur varenyam
bhargo devasya dhimahi
dhiyo yo nah prachodayat

36 Historia del yoga

«Cielo, tierra y todo lo que hay entre ellos.

Que contemplemos el poder radiante

de la divina luz y energía del sol;

que esto inspire nuestro entendimiento».[14]

Otro mantra popular que procede de los Vedas invoca la inmortalidad (*Rig Veda* 7.59.12). Rinde homenaje a Shiva como conquistador de la muerte (*mrityumjaya*), que en textos posteriores se convierte en una metáfora de la consciencia.

om tryambakam yajamahe sughandhim pushti vardhanam

urvarukam iva bandhanan mrityor mukshiya mamritat

«Adoramos al Shiva de tres ojos,

cuya dulce fragancia nutre nuestro crecimiento.

Al igual que el fruto del pepino se desprende de su tallo cuando

madura,

libéranos del apego y de la muerte; no nos alejes de la

inmortalidad».[15]

Saludo al sol

El mantra *Gayatri* y versos similares son formas védicas de saludos al sol. Ninguno de ellos describe la gimnasia que implican esas palabras en el yoga moderno. La mayoría dan gracias por la energía solar, representada como «el alma de todo lo que se mueve o no se mueve» (*Rig Veda* 1.115).[16]

Aunque el sol se personifica como Surya, los dioses relacionados tienen rasgos solares, como Savitri, la fuerza creadora del mantra *Gayatri*, y Pushan, que impulsa al sol por el cielo. Arka y Mitra también son sinónimos de Surya. Algunos cantos utilizados en el yoga postural citan estos nombres, junto con otros. Muchos de ellos aparecen también en el *Adityahridayam*, un himno de la epopeya *Ramayana*, que otorga poderes al dios Rama para luchar contra un demonio.

Equiparar el sol a la fuerza interior forma parte de una herencia milenaria: «La luz que brilla por encima de este cielo, por encima de todo», dice la *Chandogya Upanishad* (3.13.7).[17] «Es la misma que esta luz que está aquí dentro de la persona». Durante mucho tiempo se ha ofrecido agua, comida y flores a las divinidades solares, acompañadas de reverencias y postraciones. Pero el primer registro textual de acciones secuenciales llamadas «saludos al sol» data de principios del siglo XX. El rajá de Aundh, un estado principesco indio, era un entusiasta de la forma física que escribió un libro titulado *Surya Namaskars*. En él enseñaba una serie de posturas para cultivar la fuerza, que el rajá había aprendido de su padre. A todas las escuelas en su reino se les dijo que la enseñaran.

Los profesores de yoga adoptaron el término para enfoques afines, combinando movimientos físicos centrándose en la respiración y, a veces, el canto de mantras sánscritos. La mayoría de los sistemas de yoga incluyen su propia versión del saludo al sol, con variaciones en las posturas, las transiciones y cánticos. La docena siguiente es muy escuchada:[18]

om mitraya namah
Saludos a Mitra, el amigo de todos.

om ravaye namah
Saludos a Ravi, el resplandeciente.

om suryaya namah
Saludos a Surya, que estimula la acción.

om bhanave namah
Saludos a Bhanu, la presencia iluminadora.

om khagaya namah
Saludos a Khaga, que atraviesa el cielo.

om pushne namah
Saludos a Pushan, que da fuerza y nutre.

om hiranya garbhaya namah
Saludos a Hiranyagarbha, la fuente cósmica.

om marichaye namah
Saludos a Marichi, el señor del amanecer.

om adityaya namah
Saludos a Aditya, hijo de la diosa eterna.

om savitre namah
Saludos a Savitri, la energía creativa.

om arkaya namah
Saludos a Arka, quien merece ser alabado.

om bhaskaraya namah
Saludos a Bhaskara, que todo lo ilumina.

Vedas y brahmanes

El significado de *veda* es «conocimiento». Proviene de la misma raíz sanscrita que *avidya*, que es el malentendido que resuelve el yoga. Sin embargo, los textos védicos más antiguos no enseñan ninguna técnica; la mayoría se centra en mitos, invocaciones a los dioses y pautas ceremoniales.

Los teólogos clasifican los Vedas como *shruti*, que significa «lo escuchado» o revelado divinamente, en contraposición a lo compuesto por seres humanos. Otros textos sagrados se denominan *smriti*, o «recordado», lo que implica que tuvieron autores y, por tanto, menos autoridad. El *Rig Veda*, o «libro de alabanzas», es el texto más antiguo y consta de más de mil himnos.

Los sacerdotes que recitaban estos versos se conocen como brahmanes, pero también tienen títulos que denotan sus funciones. El *hotri* es el recitador jefe del sacrificio del *Rig Veda*. Es asistido por el *adhvaryu*, que organizaba el fuego y preparaba las ofrendas, y por otros subordinados. Más tarde, Vedas posteriores incluían una gama más amplia de deberes y más cantos melódicos por parte del *udgatri*, el sacerdote principal del *Sama Veda*.

La asignación de los brahmanes como maestros de ceremonias tiene respaldo védico. Como narra un himno, los dioses cortaron un hombre en partes para crear el mundo, junto con las cuatro principales clases sociales. El sol fue hecho de sus ojos, y la luna de su mente, mientras que «su boca se convirtió en el Brahmán; de sus brazos se hizo el Guerrero, de sus muslos, el Pueblo, y de sus pies nacieron los Siervos» (*Rig Veda* 10.90.12).[19]

Este versículo se ha utilizado para justificar el sistema de castas, incorporando numerosos subgrupos de clases inferiores. En su momento, no era más que una idea sobre la estructura social. Aun así, los sacerdotes védicos tenían mayor estatus. Solo los brahmanes podían pronunciar los sonidos que hacían funcionar los rituales, y estas ceremonias se hicieron más complejas a medida que los nómadas se asentaban, formando estados. Sus gobernantes, en busca de buena fortuna, patrocinaron más sacrificios, y estas elaboradas actuaciones necesitaron de más brahmanes, cuyas funciones se hicieron más especializadas.

Los himnos del *Rig Veda* fueron remezclados y ampliados en el *Sama Veda* (libro de cantos) y el *Yajur Veda* (libro de rituales) hace unos tres mil años. Otra colección de la misma época, el *Atharva Veda*, debe su nombre a un brahmán. Su amplio contenido incluye conjuros para curar enfermedades, revertir desgracias, y paralizar a los enemigos.

Cada uno de los Vedas se divide también en categorías. A medida que con el paso de los siglos, las «colecciones» originales (*samhitas*) necesitaron comentarios suplementarios. Como estos se referían a los deberes de los sacerdotes, fueron titulados *brahmanas*, el sánscrito para los brahmanes. También había *aranyakas* explicativos, o «textos del bosque», solo para la contemplación y la recitación. Las partes finales de los

Vedas, las místicas *Upanishads*, son más filosóficas, incluidas algunas de las primeras enseñanzas sobre el yoga.

¿Es esto hinduismo?

Hasta hace relativamente poco, «hindú» era una etiqueta geográfica utilizada por los persas. Se refería al pueblo que vivía al este del río Indo, una zona conocida en sánscrito como *sindhu*, y para los árabes como al-Hind. Los imperialistas británicos tomaron prestado el nombre en el siglo XVIII y llamaron al norte de la India «Hindustán», o tierra de los hindúes.

En el siglo XIX, el significado se había reducido: los hindúes eran la mayoría india cuya religión no era el islam, el cristianismo, el sijismo o el jainismo. Al clasificar el «hinduismo» como las doctrinas de los sacerdotes brahmanes, los eruditos coloniales tradujeron los textos para ayudarse a subyugar a los nativos mediante leyes tradicionales. Muchos hindúes adoptaron los nuevos términos para parecer más modernos frente a los intentos de conversión de los misioneros. Esto reforzó la identidad colectiva mientras presionaban por la independencia.

Los académicos utilizan una palabra diferente para la antigua religión que procede de los Vedas: brahmanismo. Se basa en el nombre de sus sacerdotes, con un eco subyacente de la unidad cósmica identificada como Brahman en las *Upanishads*. A medida que se desarrollaron, las tradiciones brahmánicas se

42   **Historia del yoga**

dividieron en sectas que comunicaban sus enseñanzas a través de numerosas deidades. Cada una representaba la verdad última de formas diferentes, pero en general los dioses pueden considerarse portales hacia el infinito. Los más populares son Shiva, las encarnaciones de Vishnu (como Krishna y Rama) y las manifestaciones de la Diosa, junto con Hanuman –el dios mono compañero de Rama– y Ganesha, el elefante que elimina los obstáculos.

Aunque los yoguis indios suelen ser devotos de dioses concretos, su objetivo último es un estado informe de pura consciencia, que trascienda el pensamiento y la visión personal del mundo. Esta percepción liberadora tiene poco que ver con el ritual sacerdotal. Originalmente, los ascetas buscaban acceder a ella en solitario, retirándose de la sociedad y de la religión védica. Sin embargo, a medida que las enseñanzas yóguicas se hicieron más populares a través de los siglos, también se incluyeron en los textos brahmánicos, lo que sugiere que el yoga fue predominante desde el principio.

En general, los hindúes son eclécticos y diversos. Algunos dicen que todas las deidades son iguales y que cada una encarna cualidades a las que se puede aspirar. Otros llaman a su dios elegido el Ser Supremo y consideran al resto versiones inferiores. Algunos textos explican que lo divino está en el interior, mientras que otros afirman que solo existe en un plano aparte. Las tradiciones populares también se combinan con el panteón hindú. Persisten los ritos de fertilidad y las ofrendas a dioses a los que solo se puede apaciguar viendo sangre. Al igual que el propio yoga, la religión se adapta absorbiendo ideas, que hace que parezcan ortodoxas.

Para enfatizar la cohesión hindú, muchos en la India llaman ahora a su religión *sanatana dharma*, que significa una forma «eterna» de verdad. Aunque la expresión se encuentra a veces en textos antiguos, puede tener distintos significados. Por ejemplo, del libro de leyes brahmánicas *Manu Smriti* (4.138):[20] «[Un hombre sabio] debe decir lo que es verdadero, y debe decir lo que es agradable; no debe decir lo que es verdadero pero desagradable, y no debe decir lo que es agradable pero falso: esa es la ley eterna».

Se dice que muchas tradiciones antiguas son eternas. Los nacionalistas hindúes destacan este mensaje para ocultar cómo se desarrollaron a partir de diversas fuentes. Una versión estandarizada del hinduismo aparece cada vez más alineada con el Estado indio, mientras que las minorías son marginadas. Sin embargo, es difícil encontrar una doctrina unificadora que abarque a todos los hindúes, aunque los Vedas incluyen una idea que ayuda a darle sentido: «Los sabios hablan de lo que es Uno de muchas maneras», explica un himno (*Rig Veda* 1.164.46).[21] Por tanto, hay unidad tras las diferentes formas, como se expresa en este verso de la *Brihad Aranyaka Upanishad* (5.1.1):

om purnam adah purnam idam purnat purnam udachyate
purnasya purnam adaya purnam evavashishyate

44   Historia del yoga

«Eso es el Todo. Esto es el Todo. El Todo surge del Todo. Si tomas el Todo del Todo, solo el Todo permanece».[22]

Tiempo cíclico

Desde un punto de vista tradicional resulta imposible datar los Vedas. Fueron narrados a los sabios desde una esfera atemporal, por lo que tanto su contenido como su significado son eternos.

Según la cosmología hindú, el tiempo es un bucle sin fin de repetición, por lo que el pasado es lo mismo que un futuro que ya ocurrió. Este proceso se desarrolla en «grandes ciclos» o *mahayugas*, cada uno de los cuales dura 4,32 millones de años y termina con su destrucción. El mundo renace entonces del ombligo de Vishnu, del que brota un loto que produce al dios creador Brahma, que devuelve los Vedas y todo lo demás (aunque los propios Vedas asignan esta tarea a Hiranyagarbha, el útero cósmico). Mil *mahayugas*, o 4 320 millones de años humanos, equivalen a un *kalpa*, que equivale a un día en la vida de Brahma.

Cada ciclo se divide en fases, que reciben el nombre de las tiradas de un juego de dados. La más larga es la edad de oro de la verdad, el Krita Yuga. A continuación, el mundo declina, a través de los más cortos Treta y Dvapara Yugas, a los días degenerados del Kali Yuga, nuestro estado actual. Según cálculos esotéricos, entramos en esta Edad Oscura hace unos cinco mil años, antes de lo que los historiadores piensan que los Vedas fueron compuestos. Y a pesar de nuestros mejores esfuerzos, tendremos que soportarla hasta que nos destruyamos a nosotros mismos, aunque la rectitud debería ser restaurada en aproximadamente 427 000 años.

El Kali Yuga significa lucha y discordia. No tiene nada que ver con la temible diosa Kali (cuyo nombre se transcribe técnicamente Kālī, y significa «negra»). Sin embargo, sigue existiendo una especie de conexión: la palabra *kala* significa «muerte» o «tiempo», evocando un poder oscuro y destructivo con dimensiones creativas.

Las concepciones índicas del tiempo no suelen ser lineales, en espiral hacia la disolución y la renovación. En cierto modo, esto suena fatalista, pues implica que nunca se puede hacer nada para detener la decadencia. Sin embargo, el ciclo siempre está en movimiento, por lo que cada final marca el comienzo de algo nuevo. Esto se refleja en las medidas. Minuto a minuto, los segundos se repiten, mientras el tiempo gira lentamente alrededor del reloj. El sol también sale y se pone mientras cambian las estaciones, pero nunca hay dos momentos iguales, aunque cada experiencia sucede ahora.

Karma, renacimiento y liberación

En algún momento entre los primeros Vedas y la época del Buda, mil años después, aparecieron dos nuevas ideas que se afianzaron en la India. De dónde vinieron no está realmente claro, pero cambiaron el pensamiento de la gente y ayudaron a crear el yoga.

Según la doctrina del *karma*, que significa «acción», la vida humana termina en la reencarnación. Todo lo que haga la gente conduce a resultados kármicos, que dejan una huella en la mente, impulsándola hacia una mayor actividad. El proceso que impulsa esto abarca infinitas vidas, en un ciclo de atrapamiento mundano llamado *samsara*. Sin salida aparente, se está destinado a sufrir. El reto final es liberarse, utilizando la sabiduría espiritual para cortar la cadena de consecuencias kármicas.

Los primeros yoguis probaron varios métodos para acabar con el renacimiento. Los himnos de los Vedas no dan respuesta a este problema. Su enfoque de la acción implica rituales sacerdotales, suplicando a los dioses que proporcionen beneficios mundanos y una vida después de la muerte en el cielo. El concepto de *karma*, y las formas de abordarlo, tuvieron diferentes orígenes. Aunque se describe en las primeras *Upanishads*, también podría haber venido de fuentes védicas. Los candidatos son los grupos de ascetas conocidos colectivamente como *shramanas*, que significa «los que se esfuerzan» por la liberación. Sus filas incluyen budistas y jainistas, que priorizaron la ética, así como otros grupos de los que sabemos menos, como los fatalistas ajivikas y los hedonistas lokayatas.

Los textos muestran que intercambiaron ideas con los sabios brahmánicos, y probaron muchas técnicas. Algunos contuvieron la respiración para purgar el viejo *karma*. Otros hacían lo menos posible con la esperanza de evitar resultados kármicos. Este enfoque fue perfeccionado por los jainistas, cuyo maestro fundador, Mahavira, se dice que se puso en cuclillas hasta que su karma fue limpiado y realizó el «conocimiento perfecto». Las penitencias de pie sobre una pierna o con los brazos en alto pueden ser otros ejemplos de lo que un erudito llama «ascetismo de la inmovilidad».[23]

Los jainistas eran quizá los más duros y desarrollaron un método conocido como «despojarse del cuerpo» absteniéndose de comer hasta morir de hambre. Algunos siguen esta práctica en la actualidad, tras toda una vida de reducir su impacto sobre los demás seres, incluso barriendo el suelo antes de caminar para evitar matar insectos. Para los *shramanas*, el cuerpo era un obstáculo, pues exigía actividad. Sus deseos eran la causa de la esclavitud en el samsara. Si los ascetas ignoraban sus requerimientos, podrían liberarse.

Aunque el Buda adoptó un enfoque diferente, la lógica era la misma. Su óctuple sendero hacia el nirvana, que se traduce como «extinción», parece haber influido en textos yóguicos, en particular en el *Yoga Sutra*, de Patañjali. Sin embargo, el Buda también parece haberse inspirado en el conocimiento yóguico, habiendo estudiado con sabios como los que aparecen en las primeras *Upanishads*. Es difícil decir quién inventó cada práctica. Los *shramanas* compartían un acervo de enseñanzas orales, con directrices sobre conducta, meditación y percatación.

En el siglo XXI, algunos de sus postulados pueden sonar extraños. La mayoría de nosotros vemos la vida de otra manera, y evitar el renacimiento no es una prioridad común. Sin embargo, podemos aprender mucho de ello. Algunas acciones causan sufrimiento tanto a los demás como a nosotros mismos. Esto tiende a repetirse hasta que se modifican los patrones. Para liberarnos de hábitos inútiles tenemos que ver de dónde vienen y erradicar su origen. Los métodos yóguicos pueden cambiar nuestra percepción para que esto sea más probable, a pesar de no renunciar al mundo con la esperanza de trascenderlo.

Renuncia

La mayoría de los primeros yoguis buscaban percepciones liberadoras que los librasen del sufrimiento. Esto desafiaba el poder establecido de los brahmanes. Realizando ritos en nombre de un pueblo, los sacerdotes védicos mantenían el orden cósmico, pidiendo a los dioses prosperidad para la comunidad. Los renunciantes abandonaron esta cultura, comunicándose directamente con el cosmos.

Algunos brahmanes habían hecho algo parecido. Los *aranyakas* –textos para recitar en la naturaleza– estaban dirigidos a sacerdotes brahmanes recluidos, de quienes se decía que vivían como videntes védicos, al menos temporalmente. Tenían ideas similares a los ascetas no védicos. Estas ideas son compartidas por las primeras *Upanishads*, que presentan la libertad como algo que se alcanza a través de un cambio de consciencia. Las palabras más usadas para esto son *moksha* y *mukti*, ambas de una raíz que significa «liberación».

Con el tiempo, los brahmanes tomaron prestadas ideas de fuentes no védicas. Su autoridad se vio cada vez más amenazada por el cambio social. A medida que los nómadas védicos se asentaban, la urbanización alejaba a los aldeanos de la vida tradicional. Muchos mercaderes y reyes encontraron las enseñanzas *shramana* –en particular el budismo– más atractivas, ya que eliminaban la necesidad de sacerdotes védicos y costosos rituales. Estos nuevos mecenas apoyaban a los renunciantes que vivían de la buena voluntad, lo que les proporcionaba prestigio sin financiar una fuente de poder rival.

Aunque el sacrificio védico perdió importancia, continuó existiendo. Los fuegos y hogueras siguen siendo un foco de culto en la India actual, y los brahmanes siguen siendo la casta hindú más elevada. Esto refleja en parte su capacidad de adaptación, así como el poder de las primeras enseñanzas, que los renunciantes interiorizaron: el fuego interior de *tapas* ayudaba a procesar el antiguo *karma*. Una vez que los brahmanes reconocieron el renacimiento, pudieron incorporar el yoga en las tradiciones dominantes.

Reafirmando su control, compusieron libros de reglas. Algunos sacerdotes habían emigrado a las ciudades, realizando ritos védicos modificados. Otros permanecieron en sus aldeas. También había reclusos y ascetas hechos y derechos. Sus caminos se presentaban como etapas que seguir a través de la

Historia del yoga

vida. Había cuatro fases sucesivas conocidas como *ashramas*: (1) *brahmacharin*: un joven estudiante célibe; (2) *grihastha*: un cabeza de familia casado; (3) *vanaprastha*: un pariente ermitaño que ha transmitido sus deberes a sus hijos; y (4) *sannyasin*: un renunciante a las posesiones y a la familia, en busca de la liberación como objetivo final.

Este enfoque estaba reservado a los privilegiados, las tres clases de élite conocidas como *dvija*, o «dos veces nacidos», porque tomaban la iniciación que les proporcionaba un cordón sagrado hilado: *brahmanas*, los guardianes sacerdotales de la cultura védica; *kshatriyas*, miembros de la realeza, guerreros y funcionarios; y *vaishyas*, comerciantes, artesanos y agricultores. La mayoría de los demás eran *shudras*, los sirvientes de los que estaban por encima de ellos en la jerarquía. Por debajo de ellos había parias sociales como los *chandala*, que significa «lo peor»: el vástago de una casta alta que se casaba con un/una *shudra*.

El fin de los Vedas

Las *Upanishads* se conocen como *Vedanta*, que significa la última parte de los Vedas. Son las últimas enseñanzas «reveladas» por una fuente sagrada (*shruti*), y tienen por objeto transmitir la verdad más elevada.

Vedanta es también el nombre de una escuela filosófica que se basa en las *Upanishads* y en ideas similares de la *Bhagavad*

Gita y el *Brahma Sutra*, que se basan en sus enseñanzas. Actualmente es la forma más popular de hinduismo. Surgió a mediados del primer milenio, unos siglos después de las *Upanishads*. Su conocimiento subyacente es simple en teoría, pero difícil de transmitir, por lo que se requiere la guía de un maestro. En sánscrito, *upa* significa «cerca de», *ni* es «abajo», y *shad* deriva del verbo «sentarse» (*sad*), por lo que *upanishad* se define a veces como sentarse a los pies de un gurú. En los propios textos, la palabra se refiere a «conexiones». Implica algo secreto, que revela vínculos ocultos para los que nos ciega la ignorancia.

En contraste con los himnos védicos, que a menudo eran misteriosos, muchas de las primeras *Upanishads* comparten historias y diálogos. Sin embargo, su propósito no era el entretenimiento. Se refieren a una visión liberadora, que tiene que ser experimentada. Como resultado, cambiaron las prioridades védicas, creando una «sección sobre el conocimiento espiritual» (*jñana kanda*) para complementar la «sección de acción ritual» (*karma kanda*) en los Samhitas y Brahmanas. Ninguna acción sacerdotal podía conducir a la liberación del renacimiento. Pero percibiendo directamente la verdad es posible liberarse.

Los textos sobre el conocimiento no verbal pueden sonar sencillos y, al mismo tiempo, alucinantes. Los primeros comentarios proporcionan un contexto más amplio, el desarrollo de la forma de Vedanta llamada Advaita, cuyo nombre significa «no tener dos partes» o «no dualidad». Las *Upanishads* expresan esto como la unidad que lo abarca todo. No hay, pues, separación entre los individuos y lo divino, o la materia y el espíritu, u otras distinciones. Sin embargo, nuestras ilusiones sobre quiénes somos pueden cerrar nuestra mente a esto, y los intentos de definirlo son a menudo engañosos.

Los textos suelen poner de relieve el problema: «Cuando hay dualidad, por así decirlo, entonces uno ve algo –dice la *Brihad Aranyaka Upanishad* (4.5.15)–.[24] Pero cuando para el conocedor de Brahman todo se ha convertido en el ser, entonces ¿qué debe uno ver y a través de qué?». Como se explica en la *Kena Upanishad* (1.3) –cuyo título significa «¿por quién?»–, tanto el conocedor de este todo como el conocimiento son indescriptibles. «La vista no va allí,[25] ni tampoco el pensamiento o el habla. No lo conocemos, no podemos percibirlo, así que ¿cómo expresarlo?».

En efecto, esto solo puede comprenderse mediante un cambio de enfoque. En lugar de percibirse a uno mismo como separado de su entorno, reforzando las divisiones de sujeto y objeto, el objetivo es trascender la mente para encarnar una totalidad que contenga el mundo.

Las primeras *Upanishads*

Muchos textos indios se titulan «*Upanishads*». La mayoría son composiciones posteriores, que utilizan el nombre para aumentar su autoridad. Los tradicionalistas afirman que hay ciento ocho en total, un número que tanto hindúes como budistas consideran auspicioso. Apenas una docena datan de la época védica.

Esta cifra se basa en los escritos de Adi Shankara, un erudito del siglo VIII, cuyos comentarios conforman los cimientos del Vedanta Advaita. Las *Upanishads* no citadas por Shankara son posteriores. Algunos textos conocidos como «Yoga *Upanishads*» fueron escritos probablemente hace menos de trescientos años. Las primeras *Upanishads* védicas son anteriores al budismo, mientras que se cree que la mayoría de los demás tienen más de dos mil años de antigüedad. Algunas son recopilaciones que mezclan ideas de distintos siglos. Como varían en contexto y estilo, es difícil generalizar sobre lo que enseñan. Sus temas van desde conjuros mágicos para el nacimiento de hijos hasta sublimes expresiones de sabiduría intemporal.

Las *Upanishads* más antiguas son la *Brihad Aranyaka* y la *Chandogya*, que comparten varios pasajes. Ambas conectan el ritual védico con la percepción mística. Las enseñanzas más claras sobre el yoga se encuentran en la *Katha* y la *Shvetashvatara*, que parecen más recientes. La siguiente lista es sobre todo cronológica, pero los estudiosos tienen dificultades para datar cualquiera de estos textos con más precisión que un par de siglos arriba o abajo. Algunas colecciones de las primeras *Upanishads* incluyen la *Maitri* (o *Maitrayaniya*), cuya sección sobre yoga suena a enseñanzas tántricas posteriores. Otra que aparece con menos frecuencia es la *Mahanarayana*, que a veces se adjunta a la *Taittiriya*.

Brihad Aranyaka Upanishad
Chandogya Upanishad
Taittiriya Upanishad
Upanishad Aitareya
Kaushitaki Upanishad
Kena Upanishad
Katha Upanishad
Upanishad Isha (o Ishavasya)
Shvetashvatara Upanishad
Mundaka Upanishad
Prashna Upanishad
Mandukya Upanishad

Autorrealización

Entre las muchas enseñanzas diferentes de las primeras *Upanishads*, un tema sigue siendo recurrente: el ser más íntimo, o *atman*, es idéntico a todo lo demás que existe.

Esta totalidad –conocida en sánscrito como *brahman*– está más allá de la imaginación. Infinita, inmutable y sin forma, impregna todo el universo. También es la unidad a partir de la cual evolucionó la vida y a la que regresa. Tal y como se describe en la *Taittiriya Upanishad* (2.9), es difícil traducirla: «Antes de alcanzarlo, las palabras vuelven atrás, junto con la mente».[26]

En español, el nombre Brahman suele escribirse con mayúscula. No debe confundirse con Brahma, el creador en una trinidad de dioses junto a Vishnu, que preserva y mantiene, y Shiva, el destructor. Estas divinidades se mencionan juntas en la *Maitri Upanishad,* pero cada una de ellas es solo un aspecto de Brahman, que se asemeja al poder expresado a través del sonido en los cantos védicos.

Es difícil de definir incluso en sánscrito. Se cree que deriva de la raíz verbal *brih*, que significa «expandir». Sin embargo, se utiliza para una gama tan amplia de ideas que es difícil estar seguro. Brahman se equipara al Ser Supremo (*paramatman*), en contraste con el yo individual (*jivatman*). Un equivalente en español es «el Absoluto», pero un paralelismo más claro sería probablemente la consciencia. Como se explica en la *Aitareya Upanishad* (3.3): «El conocimiento es el ojo del mundo, y el conocimiento, el fundamento. Brahman es conocer».[27]

La frase final de esta línea (*prajñanam brahma*, en sánscrito) es una de entre varias frases de las primeras *Upanishads* llamada «gran enunciado» o *mahavakya*. Otras articulan la naturaleza del conocimiento liberador. Incluyen la realización transformadora: «Yo soy Brahman» (*aham brahmasmi*), de la *Brihad Aranyaka Upanishad* (1.4.10),[28] que dice: «Quien conoce "Yo soy"[29] se convierte en todo esto. Incluso los dioses no son capaces de impedirlo, porque él se convierte en su ser mismo».

La misma idea se expresa al revés como: «Eso es quien eres» (*tat tvam asi*). Como le dice un sabio a su hijo en la *Chandogya Upanishad* (6.8.7):[30] «La esencia más fina de este mundo,[31] ese es el ser de todo esto. Eso es la Verdad. Eso es el *atman*. Eso es lo que tú eres...». La *Mandukya Upanishad* (2) cierra el círculo, diciendo *ayam atma brahma*: «El ser es Brahman».[32]

Aunque aún pueden distinguirse los objetos materiales, las *Upanishads* apuntan más allá de la forma, a la esencia que hay detrás, que existe en cada una y las contiene a todas. Así, dondequiera uno mire, desde cualquier perspectiva, siempre hay una posibilidad de ver que cada cosa es todo.

Si esta percatación se comprende plenamente, transforma a quien la percibe. Un cambio tan fundamental puede parecer de otro mundo, o simplemente difícil de alcanzar. Sin embargo, hay atisbos de en qué consiste en la vida cotidiana, siempre que la mente se aquieta brevemente. Las cosas simplemente suceden en lugar de ser historias con temas personales.

Ni esto ni aquello...

Si el Absoluto no puede describirse, ¿cómo puede alguien darse cuenta de lo que es? Las *Upanishads* enseñan pocos métodos. En su lugar, destacan el resultado, en el que el yo localizado –o *atman*– es visto como la totalidad de Brahman. «Cuando un hombre sabe esto –dice la *Brihad Aranyaka Upanishad* (2.3.6)–,[33] su esplendor se despliega como un repentino relámpago».

Brahman es «lo real detrás de lo real»,[34] explica el texto, oculto por la confusión sobre quiénes somos y qué percibimos. Y puesto que la mente crea ilusiones con palabras, la única forma de cortarlas es descartándolas. Esto se enseña repetidamente en la *Brihad Aranyaka Upanishad* (por ejemplo, en 4.2.4): «Sobre este yo,[35] uno solo puede decir: "Ni esto ni aquello". Es inasible, pues no puede ser asido». Esta máxima, basada en el sánscrito *neti neti*, es una «regla de sustitución», que niega cualquier palabra que pueda seguir. Brahman es, por tanto, «no esto» y «no aquello», eliminando todo aquello con lo que podría confundirse.

Los filósofos llaman a este método apofático –del griego «negar»– o la *via negativa*, expresión latina para «camino negativo». También puede enmarcar preguntas positivas» «¿Cuál de ellos es el ser?»,[36] pregunta la *Aitareya Upanishad* (3.1-2), antes de descartar todas las opciones posibles como mentales. «¿Es aquello por lo que uno ve, o aquello por lo que se oye, o por lo que se huele, o por lo que se habla, o por lo que se siente, por lo que se habla, o por lo que se saborea lo dulce o lo amargo?». La lista continúa: «¿Es el corazón o la mente?[37] ¿Es la conciencia? ¿La percepción? ¿Discernimiento? ¿Cognición? ¿Sabiduría? ¿Percatación? ¿Firmeza? ¿Pensamiento? ¿Reflexión? ¿Impulso? ¿Memoria? ¿Intención? ¿Propósito? ¿Voluntad? ¿Amor? ¿Deseo?».

La autoindagación se enseña hoy de forma similar. Ramana Maharshi, un sabio indio del siglo XX, sugería preguntarse «¿Quién soy yo?» hasta agotar las respuestas verbales. Como él mismo explicaba: «El pensamiento "¿quién soy yo?"[38] destruirá todos los demás pensamientos y, al igual que el palo utilizado para agitar la pira ardiente, al final se destruirá a sí mismo. Entonces, surgirá la autorrealización». Otro sabio mo-

58   Historia del yoga

derno, Sri Nisargadatta, lo expresó de esta manera: «En la búsqueda descubres que no eres ni el cuerpo ni la mente, y el amor del ser en ti es por el ser en todo».[39]

La principal distracción es una voz en la cabeza, cuyo interminable monólogo se alimenta de las reacciones a la experiencia. La autoindagación puede bajar el volumen del parloteo mental reenfocando la atención en otra parte: «No es la mente lo que un hombre debe buscar[40] –dice la *Kaushitaki Upanishad*–. Más bien, debe conocer al que piensa». Podemos simplemente observar sin contarnos una historia sobre cómo nos afecta. Familiarizándonos con los espacios entre pensamientos, podemos descansar en esta presencia y dejar que se expanda.

¡Guíame a la realidad!

La mayoría de los sistemas de yoga distinguen la verdad de los conceptos erróneos. El problema subyacente es el malentendido. Nosotros nos identificamos con nuestros pensamientos y con lo que nos gusta y disgusta, en lugar de la conciencia que es testigo de todo. La solución es el conocimiento, que en la mayoría de las *Upanishads* significa unidad con la consciencia. Sin embargo, esto es más fácil decirlo que percibirlo.

Las apariencias pueden ser engañosas, advierte la *Shvetashvatara Upanishad* (4.9-10).[41] Nos confundimos «por el poder ilusorio» del mundo material mediante un proceso llamado *maya*, que significa «magia» o «poder». A pesar de la aparente separación de las cosas, cada una de ellas es Brahman, que es «uno, sin segundo» (*Chandogya Upanishad* 6.2.1).[42] Algunos comentaristas posteriores sostienen que *maya* significa que el mundo es irreal, pero puede que solo se trate de que Brahman sea único, no que no exista nada más en un plano relativo.

En cualquier caso, la mente se enreda en la materia, atraída por los sentidos para centrarse en los objetos. En respuesta a lo que vemos, oímos, olemos, saboreamos o tocamos, experimentamos el deseo por las cosas que nos gustan y el impulso de evitar lo que nos parece desagradable. Aunque esto forma parte de la vida convencional puede obstaculizar la percepción de la verdad. Por lo tanto, un hombre sabio «retira todos sus órganos sensoriales hacia el ser –porque– quien se comporta así durante toda la vida alcanza la región de Brahman y no regresa» (*Chandogya Upanishad* 8.15.1).[43]

Retirarse del mundo puede sonar extremo, pero se dice que es la forma de evitar el renacimiento, el objetivo primordial de los primeros yoguis. El maestro más claro es la Muerte, que aparece como personaje en la *Katha Upanishad* (2.18), diciéndole a su alumno Nachiketas: «El ser inteligente ni nace ni muere.[44] No se originó a partir de nada, ni nada se originó a partir de él. No tiene nacimiento, es eterno, inmortal y antiguo. No se lesiona ni siquiera cuando el cuerpo muere».

Esta verdad liberadora[45] puede ser «difícil de captar, cuando la enseña un hombre inferior –dice la Muerte–. Sin embargo, uno no puede acceder a ella, a menos que otro se la enseñe. Porque es más pequeña que el tamaño de un átomo, una cosa más allá del reino de la razón» (*Katha Upanishad* 2.8). El objetivo, le dice a Nachiketas,[46] es encontrar «lo eterno entre lo efímero» o, en otras palabras, centrarse en la presencia, no en las cosas materiales que se descomponen ni en los pensamientos pasajeros (*Katha Upanishad* 5.13).

«Uno se libera de las fauces de la muerte conociendo aquello que es –entre otras definiciones–, sin principio ni fin» (*Katha Upanishad* 3.15).[47] El propio cuerpo puede perecer, pero la vida continuará en los demás, sostenida por la consciencia. Lo que consideramos «mi» es un personaje imaginario que nos sirve para desenvolvernos en el mundo. En consecuencia, no hay nadie que muera. Este mensaje se transmite en un canto que pide guía para ver a través de las ilusiones (*Brihad Aranyaka Upanishad* 1.3.28):

asato ma sad gamayatamaso ma jyotir gamayacomi
mrityor ma amritam gamaya

«De lo irreal a lo real, guíame.
De la oscuridad a la luz, guíame.
De la muerte a la inmortalidad, guíame».[48]

Enfoque interiorizado

La primera definición de yoga en términos prácticos se encuentra en la *Katha Upanishad* (6.10-11): «Cuando se fija el control de los sentidos,[49] eso es yoga», explica el texto. «Entonces una persona está libre de distracciones». Este es «el estado más elevado»,[50] alcanzado «cuando los cinco sentidos junto con la mente cesan en sus actividades normales y el intelecto mismo no se agita». La misma idea se repite metafóricamente: «Conoce al ser como un jinete en un carro, y al cuerpo, simplemente como el carro –exhorta la *Upanishad*–. Conoce el intelecto como al carretero, y a la mente, como simplemente las riendas. Los sentidos, dicen, son los caballos, y los objetos de los sentidos son los caminos que los rodean» (*Katha Upanishad* 3.3-4).[51] Controlar los sentidos impide que la mente se distraiga a causa de los deseos, que llevan en dirección opuesta al yoga. En pocas palabras: «El necio elige lo gratificante en lugar de lo beneficioso» (*Katha Upanishad* 2.2).[52]

Concentrarse en uno mismo ayuda a trascender el karma, dice la *Brihad Aranyaka Upanishad* (4.4.5-6):[53] «Según actúa una persona, eso será en la vida. Los que hacen el bien se vuelven buenos; los que hacen el mal, malos». En otras palabras: «Como es tu deseo, así es tu voluntad. Según sea tu voluntad, así será tu acción. Según sea tu obra, así será tu destino». Sin embargo: «El que no desea,[54] el que está sin deseo, libre de deseo, cuyos deseos están colmados, con el ser como su deseo, a ese no le abandonan los alientos. Siendo Brahman va a Brahman».

Lo más parecido a directrices prácticas alude a la meditación: «Es el propio ser lo que uno debe ver y oír, y sobre lo que uno debe reflexionar y concentrarse –dice el *Brihad*

62 Historia del yoga

Aranyaka Upanishad (2.4.5)–,[55] porque viéndose y oyéndose a uno mismo, y reflexionando y concentrándose en uno mismo, se adquiere el conocimiento de todo este mundo». También hay una descripción de la postura sentada en la *Shvetashvatara Upanishad* (2.8): «Cuando mantiene el cuerpo firme, con las tres secciones erguidas, y retira los sentidos a su corazón con la mente, una persona sabia cruzará todos los espantosos ríos [de la existencia encarnada] por medio de la barca de Brahman».[56]

Tanto esa frase como el siguiente consejo sobre dónde sentarse aparecen casi textualmente en la *Bhagavad Gita*, que se inspira ampliamente en las *Upanishads*: «En un lugar llano y limpio, libre de grava, fuego y arena, con agua insonora, una morada y demás, agradable para la mente y no áspera a la vista, secreta y resguardada del viento» (*Shvetashvatara Upanishad* 2.10).[57] El objetivo de la reclusión es minimizar las distracciones. El objeto de la práctica está en el interior.

Rebobinar la creación

El yoga trabaja hacia dentro, como pelar una cebolla. Los textos describen el cuerpo como si lo cubriera una serie de envolturas. La piel, la carne y el hueso forman la envoltura física, que se conoce como *annamaya*, o «hecho de comida», o anatómico. Cuatro capas más se apilan como muñecas rusas, cada una más sutil que las envueltas a su alrededor. En su corazón está el *atman*, cuyo estado natural es la dicha sin límites.

Esta idea se explica en la *Taittiriya Upanishad* (2.1-2), que dice que el ser es la fuente de toda la materia, combinando cinco elementos: «De ese Brahman, que es el ser, se produjo el espacio. Del espacio surgió el aire. Del aire nació el fuego. Del fuego se creó el agua. Del agua surgió la tierra. De la tierra nacieron las plantas. De las plantas nació el alimento. Del alimento nació el hombre. Ese hombre, tal como es, es un producto de la esencia del alimento», que forma su carne. Sin embargo, «hay otro ser interior, que está hecho de hálito, [y] este ser también tiene forma humana».[58]

Versos posteriores enumeran otras tres envolturas, cada una de las cuales irradia para impregnar todo el cuerpo (*Taittiriya Upanishad* 2.3-5): «A diferencia de este ser y yaciendo en su interior,[59] que consiste en el hálito, está el ser que consiste en la mente», y debajo de él «el ser que consiste en la percepción». Subyacente a todos ellos está «el ser que consiste en bienaventuranza», cuyo fundamento es la consciencia. El objetivo de la práctica es descorrer los velos que cubren este espacio.

Los comentaristas los llaman *koshas*, que significa «envolturas». La membrana de carne (*annamaya kosha*) es la más densa, seguida de la capa de energía vital y respiración (*pranamaya kosha*), que une cuerpo y mente. La capa mental inferior (*manomaya kosha*) mantiene la concentración interior, mientras que la capa del discernimiento (*vijñanamaya kosha*) despierta la conciencia en las células corporales. Con el discernimiento, esto conduce a una capa final gozosa (*anandamaya kosha*) y al ser más íntimo.

Este núcleo se identifica en los comentarios como *sat, chit* y *ananda*, una metáfora de Brahman que combina las palabras para «ser», «consciencia» y «dicha». Rara vez se discute en el yoga postural moderno, que suele adoptar formas con la capa más externa, aunque el resto puede alcanzarse mediante el refinamiento de la conciencia de la experiencia interior.

Las *Upanishads* incluyen otros mapas de anatomía interna. Hay ciento un canales sutiles conocidos como *nadis*, dice la *Chandogya Upanishad* (8.6.1-6),[60] y estas «arterias que pertenecen al corazón consisten en la sustancia marrón, la blanca, la azul, la amarilla y la roja». Una sube por la columna vertebral hasta la coronilla, a través de la cual el ser más íntimo se vuelve inmortal. «El resto, en su ascenso, se extienden en todas direcciones». Otras *Upanishads* desarrollan el modelo con más detalle,[61] con redes de «canales ramificados» que elevan el número total de *nadis* a setenta y dos mil, y a veces más.

Independientemente de que los *koshas* y los *nadis* tengan o no forma material, pueden ayudar al practicante a centrarse en sí mismo. Al igual que la mente, la capa externa del cuerpo es una fuente de distracción. Una percepción más sutil puede atravesar los *koshas*, revelando el placer de estar vivo.

Respiración y consciencia

La vida es esencialmente respiración. Las *Upanishads* utilizan una palabra para ambas: *prana*, que se refiere a la vitalidad y la respiración, desarrollando la idea védica del hálito como «señor de todo».

De todas las funciones del cuerpo, dice la *Brihad Aranyaka Upanishad* (6.1.1),[62] «la respiración es, en verdad, la más antigua y la más grande». Una persona puede vivir sin ojos, oídos, palabras, pensamientos y sexo, pero sin respiración las demás son inútiles. Por tanto, «el hálito es la inmortalidad», una fuente intemporal de animación (*Brihad Aranyaka Upanishad* 1.6.3).[63]

Otro dicho popular es «la respiración es Brahman» (*Kaushitaki Upanishad* 2.1).[64] Inspirar y espirar son actos de comunión con el universo. Sin las plantas que absorben el dióxido de carbono y nos proporcionan oxígeno, los seres humanos moriríamos. Reconocer este equilibrio significa aceptar nuestro lugar como parte de la naturaleza, no por encima de ella ni separados.

Según los sabios, la respiración tiene cinco aspectos diferentes. Como se describe en la *Prashna Upanishad* (3.5): «La respiración inferior (*apana*) está en el ano y en la región lumbar. La propia respiración (*prana*) se establece en el ojo y el oído, la boca y las fosas nasales. El aliento central (*samana*) está en el centro: hace igual todo lo que se ofrece como alimento».[65]

66 Historia del yoga

La respiración es también un vínculo con el cuerpo sutil, que dirige la atención a las sensaciones internas del flujo energético: «El ser está en el corazón: aquí están los ciento un canales (*nadis*). Cada uno de ellos tiene cien [ramas]; y cada una de estas cuenta con setenta y dos mil ramificaciones. En ellas se mueve el aliento difuso (*vyana*). A través de una de ellas se eleva el hálito ascendente (*udana*) (*Prashna Upanishad* 3.6-7).[66]

En textos posteriores se los denomina vientos (*vayus*) cuando se enseñan en el control de la respiración (*pranayama*). La *Chandogya Upanishad* (6.8.2) explica el fundamento de la manipulación de la respiración: «Igual que un pájaro, atado con una cuerda, que vuela en todas direcciones, pero no encuentra otro lugar de reposo, volverá al mismo soporte al que está atado –le dice un maestro a su hijo–. De la misma manera, mi querido muchacho, la mente, volando en todas direcciones, y no encontrando otro lugar de descanso, volverá al mismo soporte al que está atada porque la mente está ligada a la respiración, querido muchacho».[67]

El *pranayama* ayuda a estabilizar la mente y a dirigirla hacia dentro. Desprendiéndose del pensamiento y de la perspectiva personal que sostiene, no hay nada más que consciencia.

Om y unidad

Varias *Upanishads* resumen sus enseñanzas en una sílaba: «Om». Este es uno de los mantras védicos más cortos, combinando «ah», «ooh» y «mmm» en un canto nasalizado que a veces se deletrea «Aum» y se pronuncia más como: «Aaaa-aaauuuuuuummmmmmmm...».

Traducirlo es casi imposible. Om es la vibración primordial, de la que surgió todo lo demás. «¡Todo este mundo es esa sílaba!»,[68] dice la *Mandukya Upanishad*, cuyos doce breves versos explican lo que esto significa: «El pasado, el presente y el futuro..., todo ello es simplemente Om». Su recitación vincula al practicante con el cosmos. Un eco silencioso al final del canto refleja «aquel cuya esencia es la percepción de sí mismo solo» y se describe como «el cese del mundo visible; como tranquilo; como auspicioso; como sin segundo», en la unidad subyacente del infinito. «Eso es el *atman* –el ser más íntimo–, y es lo que debe ser percibido».

En efecto, Om lo representa todo (un poco como el prefijo latino «omni-», «todo»). Cantarlo puede silenciar la mente y prepararla para la percepción, una idea que también se encuentra en el *Yoga Sutra*. Como Om evoca la comunión con el universo, está vinculado a la máxima *ayam atma brahma*, que significa: «Brahman es este ser».

Los sonidos que componen el Om se comparan con distintos estados de conciencia. En el *Mandukya Upanishad*, se dice que el fonema «a» corresponde a estar despierto, mientras que «u» es absorción en el sueño, y «m» al sueño profundo. Los comentarios sostienen que los sueños son como la vida cotidiana, porque las proyecciones mentales nublan la percepción, mientras que en el sueño sin sueños la mente está tranquila.

Más allá de los tres está «el cuarto», el estado trascendente de *turiya*. «El propio *atman* es Om –dice el texto–. Quien conoce esto entra en *atman* por sí mismo».[69]

El símbolo más utilizado para escribir Om es como el número tres con una cola en bucle, rematado con un punto sobre una media luna. Esto se dice que significa tres mundos védicos: los cielos, la tierra y la atmósfera entre ellos. Los maestros modernos invocan otras trinidades, como las deidades Brahma, Vishnu, y Shiva, cuyos respectivos papeles de Generación, Organización y Destrucción deletrean G-O-D. El Om suele entonarse al principio y al final de una lectura sagrada, oración o canto, donde significa una mezcla de «sí», «de acuerdo», «que así sea» y «amén».

Sin embargo, no tiene por qué tener un significado religioso. Om es la abreviatura de unidad, a la que se puede acceder aquietando la mente. Sintonizar con su sonido ayuda a disolver los pensamientos, de modo que la consciencia resplandece. La *Bhagavad Gita* (17.23)[70] expresa esta noción como *om tat sat*, que significa «eso es verdad» o «eso es bueno», revelando que el ser es el Absoluto o Brahman. Un verso en la *Maitri Upanishad* (6.22) subraya esto:

«Hay dos Brahmanes que hay que conocer,
el sonido-Brahman y el supremo.
Bañándose en el sonido-Brahman,
uno gana el Brahman que es supremo».[71]

Las semillas del yoga

Las *Upanishads* ofrecen una visión de la fase más temprana de la historia del yoga. La práctica se define principalmente por los resultados, en términos de estados ampliados de consciencia, pero todavía hay algunos más estructurados que codifican textos posteriores.

Algunas *Upanishads* enseñan aspectos del Samkhya, la filosofía que influyó en el *Yoga Sutra*, de Patañjali. Así se aprecia claramente en la *Katha Upanishad* (6.17),[72] donde la realización más elevada es *purusha*, «una persona del tamaño de un pulgar [que] reside siempre en el corazón de los hombres» en un estado de consciencia pura. Para conocer a este *purusha* como «inmortal y luminoso –explica el texto– hay que sacarlo del cuerpo con determinación».

También hay un sistema de yoga en la *Maitri Upanishad*, que incluye cinco de los ocho componentes enseñados por Patañjali –control de la respiración, introspección, concentración, meditación y absorción– junto con un proceso de autoindagación. Esto se asemeja a una estructura encontrada en tantras siglos más tarde, por lo que los estudiosos creen que podría haber sido añadida en ediciones posteriores. De cualquier forma, la mayoría de estas técnicas están implícitamente cubiertas por las primeras *Upanishads*, a pesar de que no se nombran ni se enseñan a fondo.

También hay indicios de ideas devocionales, que la *Bhagavad Gita* desarrolla en detalle. El destino y la gracia intervienen en la liberación, dice la *Katha Upanishad* (2.23): «El ser no puede realizarse hablando,[73] ni con inteligencia o mucho aprendizaje. Puede ser conquistado por aquel a quien elige. A este el ser le revela su propia forma».

Incluso se puede adorar la unidad de la naturaleza que todo lo abarca, como Krishna en la *Gita*, o Shiva y la diosa en los tantras posteriores: «Adoremos al señor de la vida,[74] que está presente en el fuego y en el agua, en las plantas y en los árboles –dice la *Shvetashvatara Upanishad* (2.16-17)–, su rostro está en todas partes».

Las primeras religiones índicas aparecen fluidas, intercambiando ideas. El Buda aprendió a meditar con yoguis,[75] y algunos de los estados más sutiles a los que alude suenan como visiones de los sabios upanishádicos, especialmente la esfera de «ni percepción ni no percepción». Otros dos, «espacio infinito» y «consciencia infinita», pueden haberse inspirado por el contacto con los jainistas, que enseñaban reflexiones sobre el infinito (*Majjhima Nikaya* 3.27-28).

A pesar de sus raíces en la cultura védica, las *Upanishads* se burlan de los defectos sacerdotales, y otros grupos sociales comparten importantes enseñanzas. «Este conocimiento nunca ha llegado a los brahmanes –se burla un rey en la *Chandogya Upanishad* (5.3.7),[76] refiriéndose a la doctrina del renacimiento–. En todos los mundos, por lo tanto, el gobierno ha pertenecido exclusivamente a la realeza». La austeridad no era un requisito previo para la perspicacia espiritual. En la *Brihad Aranyaka Upanishad*, el sabio Yajñavalkya tiene dos esposas y acumula oro y rebaños de vacas al ganar debates.

A medida que el budismo y las tradiciones yóguicas se hicieron más populares, los brahmanes se adaptaron. Dejaron de sacrificar animales y destacaron la no violencia. Con el paso de los siglos, enseñanzas yóguicas que una vez plantearon un desafío fueron constantemente absorbidas por la cultura brahmánica.

2. Yoga clásico

El *Yoga Sutra* y la *Bhagavad Gita* son los textos que primero se encuentran muchos practicantes. Menos estudiados son los capítulos sobre yoga de las últimas partes del *Mahabharata*. La antigua filosofía del Samkhya da forma a la mayoría de estas enseñanzas, junto con la filosofía vedántica de las *Upanishads*, y aspectos del budismo. Muchas de sus teorías están interrelacionadas.

¿Liberación encarnada?

El objetivo del yoga es liberarse del sufrimiento, pero ¿cuándo se alcanza? Los primeros textos son ambiguos y describen a sabios que parecen estar iluminados, al tiempo que enseñan que la muerte es el punto de liberación del renacimiento.

Como se explica en las *Upanishads*, el proceso kármico de la reencarnación termina con el conocimiento. Percibirse a uno mismo como conectado a todo lo demás puede eliminar las ilusiones que sustentan el deseo, que mantienen a las personas

74   Historia del yoga

atrapadas en vidas interminables. Lo que queda es una conciencia intemporal, descrita como la unidad de *atman* y Brahman: «Cuando uno despierta para conocerlo, lo percibe, pues entonces obtiene el estado inmortal», dice la *Kena Upanishad* (2.4-5).[1] Sin embargo: «Los sabios se vuelven inmortales cuando parten de este mundo».

Otros dicen que la liberación ocurre antes: «El sabio ve, mediante el conocimiento, resplandecer la forma inmortal de la bienaventuranza»,[2] declara la *Mundaka Upanishad* (2.2.8), mientras que tanto la *Brihad Aranyaka* (4.4.7) y las *Katha Upanishads* (6.14) afirman: «Cuando se destierran todos esos deseos que acechan en el corazón de uno entonces ese mortal se convierte en inmortal, y realiza a Brahman en este mundo».[3]

Los comentarios vedánticos llaman a esta condición *jivanmukti*, que significa «emancipación en vida». Sin embargo, el término no aparece en los *Upanishads*, o en el *Mahabharata*, cuyas enseñanzas sobre el yoga son casi tan antiguas. Tampoco en el *Yoga Sutra*, donde el estado de liberación se denomina «soledad» o *kaivalya*, completamente separado de la materia. En este reino de otro mundo, se dice que la existencia material carece de todo propósito» para el yogui (*Yoga Sutra* 4.34).[4]

Las descripciones sobre «alguien que practica yoga»[5] en el *Mahabharata* (12.294.14-17) suenan igual de desapegadas: «Está inmóvil como una piedra –dice la epopeya–. No oye, ni huele, ni saborea, ni ve; no nota ningún tacto, ni [su] mente forma concepciones. Como un trozo de madera, no desea nada». Otro pasaje narra[6] cómo un rey alcanzó las alturas celestiales efectivamente muriendo de hambre: «Comiendo [solo] agua durante treinta otoños, contuvo su habla y su mente [en medio de cinco fuegos durante un año]. Y permaneció de pie durante seis meses, comiendo [solo] aire. Luego, gracias a su reputación de virtuoso, ascendió al cielo» (*Mahabharata* 1.86.14-16).

Sin embargo, morir no es la respuesta en sí misma. La liberación surge a través del discernimiento,[7] por lo que, una vez alcanzado este, dice la *Bhagavad Gita* (2.54), uno está «estabilizado en la sabiduría» y capaz de actuar, no obligado a no hacer nada en espera de la liberación tras la muerte. «Tanto la renuncia como el yoga de la acción conducen a la dicha última», enseña la *Gita*. «Pero, de los dos, el yoga de la acción es mejor que la renuncia a la acción» (*Bhagavad Gita* 5.2).[8]

Cada uno de estos textos da una respuesta diferente al problema del *karma*. Algunas de sus soluciones pueden parecer poco atractivas, a menos que veamos el mundo como un asceta de la Edad de Hierro. Sin embargo, independientemente de lo que pensemos sobre la reencarnación, los resultados de las acciones se dejan sentir en esta vida. Si miramos hacia dentro para ver cómo funciona, podemos aprender a dejar atrás los patrones que no nos ayudan.

Métodos épicos

Mientras que las *Upanishads* son generalmente vagas acerca de las técnicas, el *Mahabharata* es más específico. Siendo una epopeya de tres millones de palabras, sus dieciocho libros se dice que abarcan todos los temas existentes. Varias de sus secciones están centradas en el yoga.

El más extenso es el *Moksha Dharma*, o «Enseñanzas sobre la liberación», que forma parte del volumen 12, el «Libro de la paz» o *Shanti Parvan*. Ambientado en el campo de batalla, sigue una guerra que resulta en la muerte de la mayoría de los combatientes. En el lecho de muerte, un venerable guerrero da lecciones a sus parientes, incluidas digresiones sobre sabiduría espiritual. Estos pasajes combinan la filosofía de las primeras *Upanishads* con orientaciones prácticas anteriores al *Yoga Sutra*.

Compuesto a lo largo de varios siglos hace dos mil años, el *Mahabharata* es el manual de yoga más antiguo. Se dice que lo que enseña deriva de las escrituras védicas, donde «los sabios hablan del yoga como algo que tiene ocho cualidades», el mismo número de partes que el sistema de Patañjali (*Mahabharata* 12.304.7).[9] Se dan instrucciones sobre la conducta, cuándo y dónde practicar, controlar la respiración y los sentidos, y la concentración en los objetos sutiles. En última instancia, «uno debe meditar en el *purusha*, que es autónomo, un loto inmaculado, eterno, infinito, puro, inamovible, existente, indivisible, más allá de la decadencia y la muerte, eterno, inmutable, el señor e imperecedero Brahman», o en otras palabras, consciencia pura (12.304.16-17).[10]

Otro verso menciona doce «requisitos del yoga»,[11] sin ofrecer detalles (12.228.3). Otras listas recomiendan el autoanálisis, sentarse en silencio, comer y dormir mínimamente y desarrollar disciplina, fe y fuerza de voluntad sin expectativas. Las siete concentraciones (*dharana*) se dice que aportan «maestría sobre la Tierra, el Viento, el Espacio, el Agua, el Fuego, la Consciencia y el Entendimiento» (12.228.13).[12] La referencia a cuatro meditaciones (*dhyana*) suena como el budismo, para aquietar la mente a fin de realizar el «nirvana» (12.188.1-22).[13]

El yoga se define como meditación,[14] con dos variedades principales: concentración y control de la respiración (12.294.8). Como esta última utiliza la respiración para estabilizar la mente, se dice que es *saguna* («con cualidades»). La primera es *nirguna*, o «sin cualidades», y refina la conciencia hasta alcanzar una claridad unívoca. Ambas requieren una práctica preparatoria[15] para eliminar «los cinco impedimentos del yoga que conocen los sabios», identificados como lujuria, ira, codicia, miedo y sueño (12.232.4). La inofensividad y el celibato se recomiendan para entrenar el cuerpo, mientras se domestica la mente refrenando los pensamientos y la palabra.

Se insta a los practicantes a cultivar bondad, tolerancia, paz, caridad, veracidad, modestia, honestidad, paciencia, limpieza, restricción sensorial y pureza en la dieta. «Todo ello refuerza la energía,[16] que destruye los pecados», asegurando la perspicacia mediante «un comportamiento equitativo hacia todas las criaturas y viviendo satisfecho con lo que se adquiere fácilmente y sin esfuerzo» (12.232.11).

También hay alusiones a posturas difíciles, incluidas las inversiones, en el contexto de austeridades utilizadas por ascetas: «Sentado en verano en medio de cuatro fuegos en cuatro lados con el sol en lo alto –narra una descripción–, siempre sentado en la actitud llamada *virasana*, y tumbados sobre rocas desnudas o sobre la tierra, estos hombres, con el corazón puesto en la rectitud, deben exponerse al frío, al agua y al fuego. Subsisten a base de agua, aire o musgo». (13.130.8-10).[17]

Después de una docena de años de penitencia de esta manera, un yogui «arroja su cuerpo al fuego como oblación a las divinidades y alcanza las regiones de Brahman, siendo considerado con gran respeto» (13.130.51).[18] Aunque liberado por el discernimiento[19] como se describe en las *Upanishads*, termina en el cielo rodeado de dioses, donde «se divierte con alegría, con su persona engalanada con guirnaldas de flores y perfumes celestiales [mientras] vaga por todas esas regiones felices como a su antojo» en el «carro del yoga» de un guerrero védico (13.130.55-57).

El *Mahabharata* es una compleja mezcla de enseñanzas anteriores, pero sus directrices prácticas comienzan a hacer que el yoga suene más sistemático.

Canto devocional

En el *Mahabharata*, el yoga combina viejos métodos en nuevas maneras. Recitar en silencio los Vedas se convierte en una práctica meditativa, no en un aprendizaje para rituales. Esto se enseña en una sección llamada *Japaka Upakhyana*, que se traduce como «un cuento sobre oraciones murmuradas».

Sentado sobre hierba *kusha*, considerada auspiciosa tanto por sacerdotes y ascetas, un practicante canta el mismo verso hasta que su mente está concentrada. «Después abandona incluso esto, permaneciendo absorto en contemplación concentrada»,[20] explica el texto. Al alcanzar este estado, que se denomina a la vez *samadhi* y unidad con Brahman, se dice que es puro y que no le afectan los opuestos, desde los extremos como el frío y el calor, el deseo y la aversión. «Liberado de toda clase de calamidades, tal persona, al depender de su propia inteligencia, consigue llegar a esa alma que es pura e inmortal, sin mácula» (*Mahabharata* 12.189.14-21).[21]

La purificación también es necesaria como preparación. Se dice que a un «recitador de entendimiento perverso y alma impura que se pone a trabajar con una mente inestable», o que carece de fe, se aferra a los apegos o muestra orgullo, le aguardan resultados miserables (12.190.9).[22] Otros preliminares recomendados son «la residencia en la soledad, la meditación, la penitencia, el autocontrol, el perdón, la benevolencia, la abstinencia alimentaria, el alejamiento de los apegos mundanos, la ausencia de locuacidad y la tranquilidad» (12.189.9-10).[23]

La práctica de *japa*, o recitación silenciosa, implica entrega. En el *Mahabharata*, un brahmán está dispuesto a morir para demostrar que el canto conduce a la liberación. Al realizarla, una deidad anuncia: «También aquel que se dedica al yoga alcanzará, sin duda, de este modo, después de la muerte, las regiones que son mías» (12.193.29). Algunos practicantes devocionales[24] repiten nombres de dioses para aquietar la mente. Repasando rosarios de cuentas, los devotos de ISKCON (la Sociedad Internacional para la Consciencia de Krishna) susurran epítetos de Vishnu durante horas: «Hare Krishna, Hare Krishna, Krishna Krishna, Hare Hare. Hare Rama, Hare Rama, Rama Rama, Hare Hare...».

Neem Karoli Baba, un influyente gurú para los buscadores de los sesenta, solía decir que su meditación consistía en murmurar «Ram, Ram». Entre sus seguidores americanos había un antiguo cantante a quien rebautizó Krishna Das, y le envió a casa a cantar *bhajans* devocionales. Krishna Das define la palabra *bhajan*, que significa «compartir» en hindi, como «cantar hermosas canciones de amor a Dios». De vuelta en los Estados Unidos, perdió su camino al principio. Pero cuando empezó el boom del yoga en los años noventa, su voz áspera creó una versión globalizada de *kirtan*, el término indio moderno para un formato de llamada y respuesta de los *bhajans*. El *New York Times*[25] lo bautizó como «el maestro del canto del yoga americano», afirmando que sus «melodías estimulan una apertura mental arrobada».

La palabra sánscrita *kirtana* significa «narrar» o «repetir». Aunque transmite un matiz de alabanza y celebración, no siempre intervienen dioses o mantras sagrados. Un relato de *kirtana* enumera a los sabios védicos: «Recitando sus nombres uno queda limpio de todos sus pecados» (*Mahabharata* 12.201.34)[26]. Más importante que las palabras entonadas es el espíritu que las anima. Incluso cantar la guía telefónica puede ser eficaz, siempre que se haga para perderse en el amor.

Dioses y yoguis

Aunque el yoga no es una religión, a menudo se describe en relación con los dioses. Tanto Shiva como Krishna son llamados «Señor del Yoga» (*yogeshvara*) y «*Gran Señor*» (*maheshvara*) por su poder. El *Mahabharata* combina estos títulos, estilizando a un practicante: «Gran Señor entre los yoguis» (*mahayogeshvara*).

Todos ellos contienen la palabra *ishvara*, que significa «poderoso», aunque también significa «Señor», «Dios» y «maestro». En el yoga, suele aludir a la fuerza interior, como la de los ascetas que se alzan sobre una pierna, cabeza abajo o que mantienen los brazos en el aire durante largos periodos. Mediante el autocontrol, manipulan la naturaleza para alcanzar la liberación.

En el *Mahabharata* (12.319.2-5) se describe a un yogui llamado Shuka: «El gran asceta se colocó en la posición correcta,[27] tal y como se enseña en los manuales, empezando por los pies y procediendo gradualmente hacia los demás miembros, ya que conocía la secuencia correcta», que en sánscrito se llama *krama*. Sentado mirando hacia el este con las manos juntas: «Shuka se vio a sí mismo libre de todo apego, y cuando contempló el sol se echó a reír. Siguió practicando yoga para alcanzar el camino de la liberación, y cuando se convirtió en un poderoso señor entre los yoguis ascendió al cielo».

Otras descripciones son más gráficas, con yoguis que estallan de sus cráneos para alcanzar la inmortalidad. Salen por un orificio en la parte superior llamado *brahmarandhra*, «la abertura de Brahman» –o a veces Brahma–, la deidad creadora. Los dos se utilizan casi indistintamente, ya que ambos son metáforas de todo. Por ejemplo, en la historia anterior, Shuka se hizo uno con Brahman para «conocerse a sí mismo por sí mismo, contemplándose a sí mismo en todas las criaturas y a todas las criaturas en sí mismo» (12.313.28-29).[28] Sin embargo, también atravesó el sol para entrar en el cielo, el reino de los dioses, desde donde «contempló los tres mundos en su totalidad como un Brahma de naturaleza similar». (12.319.17).[29]

En otra parte del *Mahabharata*, un rey y un sacerdote utilizan poderes yóguicos para alcanzar la otra vida: «Fijando los hálitos vitales[30] *prana*, *apana*, *samana*, *udana* y *vyana* en el corazón, concentraron la mente en *prana* y *apana* unidos. Luego colocaban las dos respiraciones unidas en el abdomen, y dirigían la mirada a la punta de la nariz», donde centraban la atención. «Teniendo control sobre sus almas, colocaban entonces el alma dentro del cerebro. A continuación, atravesando la coronilla del brahmán de alma elevada, una llama ardiente de gran esplendor ascendió al cielo» (12.193.15-19).[31]

En otro relato de compromiso yóguico, dos hermanos obtienen poderes especiales gracias a una intensa autodisciplina. «Embadurnándose de pies a cabeza, viviendo solo del aire, de puntillas, arrojaron al fuego trozos de carne de sus cuerpos. Con los brazos en alto y la mirada fija, largo era el período durante el cual observaban sus votos».[32] Los dioses intentaron al principio distraerlos para debilitar su fuerza de voluntad. «Los celestiales tentaron repetidamente a los hermanos con todas las posesiones preciosas y las muchachas más hermosas. Los hermanos no rompieron sus votos» (1.201.8-11).[33] Finalmente, se los convenció para que abandonaran a cambio de poder. Durante un tiempo, utilizaron esta bendición para disfrutar de la riqueza y el placer, antes de apalearse hasta la muerte en una pelea por una mujer.

Esta historia sugiere que los poderes deben utilizarse para la trascendencia, no para perseguir deseos. Generalmente son resultado de austeridades ascéticas, como largos periodos de ayuno o subsistencia a base de «granos de arroz rotos y tortas empapadas de sésamo», además de verduras y raíces (12.289.43-46).[34] No se trata tanto de la salud física como de la psíquica, que facilita «desechar el nacimiento y la muerte, la felicidad y la tristeza» (12.289.56).[35] Sin embargo, este resultado también puede alcanzarse de formas más humildes. En lugar de esforzarse por alcanzar capacidades sobrehumanas, la máxima muestra de poder podría ser llevar una vida modesta y satisfecha.

El sentido de la vida

Simplemente escuchar el *Mahabharata* puede ser liberador: «El que escucha con devoción –concluye la epopeya– queda limpio de todo pecado», incluso de matar a un brahmán (*Mahabharata* 18.5.53-54).[35]

El texto presenta una guía completa para vivir bien. Como alardea su narrador hacia el final: «Lo que se encuentra en el poema que he recitado –relativo al *dharma*, las riquezas y el disfrute, así como el camino hacia la liberación final– puede encontrarse en cualquier otra parte. Pero todo lo que no contenga se hallará en ningún sitio» (18.5.38).[36]

Estos cuatro temas son los «objetivos de la vida humana» básicos o *purusharthas*. Fueron explorados en textos sobre conducta social como los *Dharma Shastras*, que codificaron normas hace más de dos mil años. El concepto más significativo es *dharma*, una mezcla de virtud, ley y deber basada en *rita*, la idea védica del orden natural. El segundo es *artha*, la búsqueda del bienestar, seguido de *kama*, el placer sensorial (como en el *Kama Sutra*). Ambos deben permanecer en armonía con el *dharma*. El objetivo último, solo alcanzado por unos pocos, es la libertad espiritual conocida como *moksha*.

La trama del *Mahabharata* gira en torno al *dharma*, especialmente en tiempos de guerra. «Donde hay rectitud, hay victoria», proclama (5.39.7).[37] Pero la justicia es difícil de definir, y los protagonistas se enfrentan por las prioridades morales. La historia da sentido a sus conflictos, presentando el *dharma* como el principio supremo por el que debe regirse la gente.

Sin embargo, es difícil mantener el *dharma* sin alegría y prosperidad, por lo que se propone un equilibrio: «La moralidad es bien practicada por los buenos[38] –observa un personaje–. La moral, sin embargo, siempre se ve afligida por dos cosas, el deseo de lucro de los que lo codician, y el deseo de placer de los que se aferran a este. Quienquiera que sin afligir la moralidad y el beneficio, o la moralidad y el placer, o el placer y el beneficio, siga los tres –moralidad, beneficio y placer– siempre logrará obtener gran felicidad» (9.59.17-18).

Alguien más declara que el placer es la fuente última de motivación: «Quien está desprovisto de deseo no puede sentir nunca ningún apetito. Por esta razón, el deseo es el principal de los tres. Es bajo la influencia del deseo que los mismos *rishis* se dedican a las penitencias» (12.161.28-29).[39] Otro insiste en que *moksha* es superior: «El hombre que no está apegado ni a las buenas ni a las malas acciones; el que no está apegado a *artha*, *dharma* o *kama*, que está libre de todas las faltas, que mira por igual al oro y a un terrón de tierra, está liberado de todas las ambiciones mundanas que producen placer y dolor» (12.161.42).[40]

Aunque *moksha* es el objetivo más elevado, implica la renuncia a los compromisos mundanos. Si todos la buscaran a la vez, el orden social podría derrumbarse. Por ello, la mayoría de los textos sobre el *dharma* destacan, por tanto, las virtudes sociales. Aunque algunos ascetas se retiraban a los bosques, los cabezas de familia, los guerreros y los reyes debían seguir cumpliendo su función; de lo contrario, el *dharma* se vería socavado. Este es uno de los temas principales del *Mahabharata*, que introduce ideas sobre las formas de ser yóguico en el mundo. Al priorizar intenciones *dhármicas*, y actuando sin apego a los resultados, se puede realizar la liberación espiritual.

Guerra y paz

La sección sobre yoga del *Mahabharata* suele leerse como un texto aparte. Los eruditos dicen que la *Bhagavad Gita*, que significa «Canto del Señor», se compuso probablemente hace menos de dos mil años, pero presenta una guerra del pasado lejano. Sus setecientos versos se sitúan al comienzo de una confrontación cataclísmica entre el bien y el mal.

Ejércitos rivales dirigidos por dos grupos de primos se han preparado para el combate. Está en juego un reino que unos han robado a los otros mediante una serie de abusos de poder. En el último momento, el arquero principal del bando engañado sufre una crisis de conciencia. Arroja sus armas, horrorizado ante la perspectiva de matar a sus parientes. Su auriga se horroriza y comienza a sermonearle. El nombre del guerrero es Arjuna, y su cochero es Krishna, una encarnación de Vishnu –el Ser Supremo–, cuyo cometido es garantizar que se respete el *dharma*, o justicia natural.

La *Gita* describe su desacuerdo,[42] en el que se le dice a Arjuna que entable una «batalla justa» (*Bhagavad Gita* 2.31). Los primeros intentos de persuasión de Krishna adoptan un tono crudo: «No renuncies a tu virilidad»,[43] regaña a Arjuna, llamándole *kliba*, eunuco en sánscrito (2.3). Cuando esto no consigue que se levante y luche, Krishna le enseña técnicas para trascender su confusión. En el proceso, redefine el yoga como una forma de ser activo en lugar de renunciar.

Los primeros yoguis consideraban la actividad como un problema existencial. Sus resultados dejaban impresiones kármicas en la mente, que conducían a más acciones, manteniendo el ciclo de la reencarnación. Algunos practicantes se esforzaban por liberarse sin hacer nada. El enfoque del Buda era menos austero. Enseñó una salida del sufrimiento basada en el desapego del deseo. En la época de la *Gita*, sus enseñanzas eran populares. Krishna se basa en su mensaje, junto con otros distintos sistemas de filosofía yóguica, presentándolos a todos como caminos hacia la liberación.

Haciéndose eco de las Nobles Verdades del Buda, Krishna dice: «El yoga equivale a romper la conexión con el sufrimiento» (6.23).[44] Le dice a Arjuna que no se preocupe. Puesto que los pensamientos y sentimientos «impermanentes»[45] «van y vienen», uno debe actuar sin preocuparse: «Si puede permanecer igual en la tristeza y en la felicidad, entonces tal persona sabia obtiene el estado de inmortalidad» (2.14-15).[46] Cuando Arjuna permanece impasible, Krishna cita las *Upanishads* sobre la intemporalidad de la conciencia, diciendo que el yo más íntimo es «nonato, eterno [y] no muere cuando muere el cuerpo» (2.20).[47] Por lo tanto, no hay asesino y nadie es asesinado. La vida simplemente continúa. «En efecto, para quien ha nacido, la muerte es segura, y para quien ha muerto, ciertamente hay nacimiento. Por lo tanto, no debes afligirte por esta inevitable preocupación» (2.27).[48]

Esto parece una lógica dudosa para la guerra, y Arjuna la descarta. Krishna continúa con argumentos más sutiles. En última instancia, explica, la derrota y la victoria son lo mismo, ya que los resultados importan menos que las intenciones: «No hagas de la recompensa de la acción tu motivo –le dice a Arjuna–. Cumple tus deberes renunciando a todo apego al resultado» (2.47-48).[49] El resto del diálogo amplía este mensaje.

Hay muchas maneras de leer la *Gita*. Hay quien interpreta el texto como una lucha por la verdad dentro de uno mismo. Mientras resistía al dominio colonial, Mohandas Gandhi llamó a la *Gita* su «libro espiritual de referencia» no violento.[50] Otros lo utilizan para justificar la violencia, incluido el asesino de Gandhi, Nathuram Godse, un nacionalista hindú que acusó al Mahatma de apaciguar a los musulmanes. Citando la *Gita* como guía, Godse declaró: «El Señor Krishna, en la guerra y por otros medios, mató a muchos engreídos e influyentes para mejorar el mundo». [51]

Sin embargo, el asesinato con fines políticos no es lo que Krishna tenía *in mente*. La búsqueda de resultados es precisamente lo contrario de lo que aconseja. Le dice a Arjuna que trascienda el deseo, que no sirva a sus propios intereses en contra de la ética básica.

Actuar con inteligencia

La *Bhagavad Gita* define la práctica yóguica en términos más mundanos que los textos anteriores. «Yoga es habilidad en la acción», dice (*Bhagavad Gita* 2.50).[52] Una instrucción adicional clarifica lo que esto implica: «Permanece ecuánime en el éxito y el fracaso, pues tal ecuanimidad es lo que se entiende por yoga» (2.48).[53] Los comentarios se refieren a este mensaje como *nishkama karma*, que significa «actuar sin desear» resultados particulares. Esta es la base de la mayor parte del yoga que Krishna enseña. Como él mismo dice: «Realiza siempre cualquier acción que haya que hacer sin apego; porque es actuando sin apego como el hombre alcanza lo más elevado» (3.19).[54]

Nadie puede evitar ser activo, ni siquiera los ascetas que abandonan la actividad. «Una persona no se libera de la acción simplemente dejando de actuar y no puede alcanzar el estado final de perfección solo con la renuncia», dice Krishna (3.4).[55] «Ni siquiera puedes mantener tus funciones corporales sin actuar», por involuntarias que sean (3.8).[56]

El problema no radica tanto en la acción como en el estado de consciencia que la sustenta. Todas las expectativas de beneficio personal –incluida la liberación– dejan huellas kármicas, impulsando a la mente a buscar gratificación. Sin embargo, una motivación desinteresada lo cambia todo. Krishna sostiene que la acción debe beneficiar a otros, diciendo: «El sabio debe actuar sin apego, con la intención de mantener el bienestar del mundo» (3.25).[57]

Para poder hacerlo, primero hay que darse cuenta de lo que lo impide. «El conocimiento está cubierto por este deseo, que es el gran enemigo, porque arde como un fuego insaciable» (3.39).[58] Sin embargo, quien abandona los deseos actúa libre de anhelos. «Tal persona se mueve por la vida sin apego. No tiene el sentido de "mío" o "yo"; es quien alcanza la paz» (2.71).[59]

Según este «yoga de la acción», o *karma yoga*, no hay nada a lo que renunciar excepto al apego a los resultados. «Los sabios que se dedican al yoga del intelecto abandonan los frutos que nacen de la acción [y son] libres de la esclavitud del renacimiento», dice Krishna (2.51).[60] Por lo tanto, apremia a Arjuna a «refugiarse en la sabiduría» antes de actuar (2.49).[61]

Aunque este enfoque es inventado por Krishna, lo hace parecer antiguo, diciendo: «El conocimiento de este yoga se había perdido» hasta que él lo revivió (4.2).[62] Su mensaje básico se transmite en una paradoja: «Aquel que percibe la inacción en la acción y la acción en la inacción es inteligente entre los hombres. Está correctamente comprometido» (4.18).[63] En otras palabras, la conducta desinteresada no produce *karma*, pero permanecer egoístamente inactivo tiene consecuencias kármicas.

Nada de esto convence a Arjuna de ir a la batalla, por lo que Krishna comienza a enseñarle formas de aquietar su mente.

Ver con claridad

Al enfatizar la acción en lugar del retraimiento, la *Bhagavad Gita* hace que el yoga sea compatible con la vida cotidiana. No obstante, se fomenta un enfoque interiorizado para cultivar percataciones que cambian la propia perspectiva, promoviendo la inmersión en algo más grande que uno mismo.

El yoga de la acción de Krishna depende, por tanto, de la sabiduría intuitiva, o *buddhi yoga*, que se define como «cuando tu intelecto permanece fijo en profunda meditación» y una fuerza más allá de la mente guía la conducta desinteresada (*Bhagavad Gita* 2.53).[64] «Quien está perplejo por el egoísmo piensa: "Yo soy el hacedor"», dice Krishna» (3.27).[65] Sin embargo, mucho de lo que sucede se rige por el azar, o la interacción de fuerzas que escapan a nuestro control.

Una visión egocéntrica aumenta las distracciones sensoriales. «Cuando una persona piensa en los objetos de los sentidos, surge inevitablemente el apego a ellos. Debido a ese apego aparece el deseo y del deseo surge la ira. De la ira surge la ilusión y como resultado de ese engaño se degrada el pensamiento», advierte la *Gita* (2.62-63).[66]

Sin embargo, el yoga invierte el proceso, dice Krishna: «Cuando una persona retira todos sus sentidos de los objetos,

92 **Historia del yoga**

como una tortuga retira sus miembros, entonces su sabiduría está firmemente establecida» (2.58).[67] Cuando el yo más íntimo no se percibe como el cuerpo o la mente, las ilusiones sensoriales se disuelven. «Viendo u oyendo,[68] tocando u oliendo, comiendo o caminando, durmiendo o respirando, aquel unido al yoga, que conoce la verdad, piensa: "Yo no estoy haciendo nada". «Más bien, son solo los sentidos que se ocupan de sus objetos» (5.8-9).[69]

Con este nivel de perspicacia, le dice a Arjuna: «Verás que todos los seres vivos están dentro de ti mismo y, además, dentro de mí» (4.35).[70] Desde una perspectiva expandida, todas las cosas simplemente suceden como parte del todo. Esto es sinónimo de Krishna, que hace desaparecer el *karma* mediante un proceso de externalización. «Las acciones no pueden dejar huella en mí y no me afectan sus frutos –dice–. Quien comprende esta verdad sobre mí no está atado por las acciones que realiza» (4.14).[71]

Por lo tanto, un yogui puede vivir en el mundo en un estado liberado. «Tal persona no se regocija cuando obtiene lo que le es querido ni se perturba cuando experimenta algo indeseable –dice Krishna–. Está libre de engaño, tiene conocimiento de Brahman y está situado en él» (5.20).[72] «Quien se dedica al yoga y ha purificado su propio ser, quien ha obtenido el autodominio y el control de los sentidos, cuyo propio ser se ha convertido en el ser de todos los seres, no queda mancillado aunque se dedique a la acción». (5.7).[73]

Perspicacia meditativa

A pesar de condenar a los ascetas por inactivos, Krishna enseña meditación. Puede que no se fomente la renuncia al mundo, pero sentarse tranquilamente a solas puede desarrollar la claridad que hace sabia la acción.

Las sutilezas de este enfoque pueden ser más difíciles de comprender: «Para el sabio que es principiante en yoga, se dice que la acción es el medio, pero para el que es avanzado en yoga, se dice que la tranquilidad es el medio», dice Krishna (*Bhagavad Gita* 6.3).[74] Sea cual sea el camino que se siga, «el sabio que practica yoga realiza rápidamente a Brahman», o la unidad consciente (5.6).[75]

En la *Gita h*ay múltiples formas de yoga, y están conectadas. Actuar sin expectativas (*karma yoga*) requiere ecuanimidad, que puede cultivarse mediante la autoindagación (*jñana yoga*), la meditación (*dhyana yoga*) y la devoción (*bhakti yoga*). Un yogui ecuánime no ve diferencia entre «un brahmán dotado de sabiduría y buena conducta, una vaca, un elefante, un perro y el que come perros», el paria más humilde (5.18).[76] Está «satisfecho solo con su conocimiento y la realización [y] considera por igual un trozo de tierra, una piedra y el oro» (6.8).[77]

Para lograrlo, el yogui debe «concentrarse constantemente en sí mismo» (6.10).[78] Como en el *Yoga Sutra*, su postura debe ser lo suficientemente firme como para sentarse cómodamente, y el medio para progresar es el mismo: «La mente es difícil de

94 Historia del yoga

controlar e inestable. Pero, mediante la práctica y el desapego, se logra» (6.35).[79] Cuando Arjuna se queja de que su mente es más difícil de controlar que el viento, la respuesta de Krishna es centrar la atención en un punto: «Hay que retirar la mente vacilante e inestable de dondequiera que vague y volver a controlarla, fijándola en el *atman*» (6.26).[80]

También da consejos para controlar la respiración con el *pranayama*: «Fijando la visión entre las cejas [y] llevando la respiración a un estado de equilibrio mientras se mueve dentro de las fosas nasales» (5.27).[81] Esto puede conducir al estado más elevado de paz, estar «absorto en el ser», que Krishna llama «unión conmigo» (6.15-18).[82] Cualquiera que sea el método utilizado para alcanzarla, «quien practica yoga ve al *atman* en todos los seres y a todos los seres en el *atman*» (6.29).[83]

Esta es la raíz de la devoción. Como lo describe Krishna: «Aquel que se adhiere a este sentido de unidad y me adora como el que está situado dentro de todos los seres es un yogui que existe en mí» (6.31).[84] Esto puede leerse de forma no dual (viendo a Krishna como el *atman*, que es Brahman) o dualista (ya que el yogui y Krishna están separados). También existe una mezcla de ambas (en la que la devoción conduce a la unión). Estos análisis sirvieron de base a posteriores comentarios sobre la *Gita*, que desarrollaron una serie de versiones diferentes del Vedanta.

En todas ellas, es esencial una perspectiva desinteresada: «A quien así ve el placer y el sufrimiento de todos, igual que Arjuna, se le considera el yogui más elevado», dice Krishna (6.32).[85]

Sin embargo, se dice que una variante es más elevada: «De todos los yoguis, aquel que tiene fe y que me adora con su ser interior absorto en mí es el más avanzado» (6.47).[86]

El resto de la *Gita* explora lo que esto significa, presentando el yoga en términos devocionales.

El poder del amor

La *Bhagavad Gita* describe lo divino de diversas maneras. Krishna es el Ser Supremo en forma humana, una presencia que todo lo penetra y la unidad cósmica. Se defina como se defina, la práctica devocional del *bhakti yoga* sumerge al ser en algo inmenso.

La raíz de las palabras sánscritas «adoración» (*bhajana*) y «devoción» (*bhakti*) significa «servir» (*bhaj*). Las acciones, incluidos sus resultados, se ofrecen a Krishna, que a cambio concede la liberación. Como él lo describe: «A los que se dedican constantemente a tales prácticas, adorando en un estado de ánimo de amor, les doy ese yoga del intelecto por medio del cual llegan a mí. Estoy situado en su propio ser y, por compasión, destruyo la oscuridad que surge de la ignorancia con la antorcha ardiente del conocimiento» (*Bhagavad Gita* 10.10-11).[87]

Aunque este conocimiento también puede alcanzarse por otros medios, el yoga devocional es una vía rápida: «Para aquellos que me son devotos, que me entregan todas sus acciones, que me adoran y meditan en mí mediante el yoga unívoco, me convierto sin demora en el libertador del océano de la muerte y el renacimiento», dice Krishna (12.6-7).[88] Por si quedaba alguna duda, concluye sus enseñanzas con una promesa: «Abandonando todos los deberes, tómame como único refugio. Te libraré de toda desgracia, no te aflijas» (18.66).[89]

Krishna encarna las percepciones descritas en las *Upanishads*: «Yo soy el Ser, Arjuna, que habita en el corazón de todos los seres», dice, revelándose explícitamente como *atman* (10.20).[90] Y como Brahman: «Soy el origen y también la disolución de todo el universo» (7.6).[91] Sin embargo, a veces parece habitar un plano aparte, donde «no existe nada superior a mí» (7.7).[92] Él impregna el mundo y lo sostiene, pero también se llama a sí mismo «el supervisor», y solo puede ser conocido si se le adora (9.10).[93]

Se interprete como se interprete la *Gita*, su mensaje es devocional. Algunos comentarios destacan la unión, como en el Vedanta no dual de Shankara. Las lecturas dualistas, como la de Madhva, la descartan. El texto en sí es un híbrido, quizá mejor captado por el «no dualismo cualificado» (*vishishtadvaita*) de Ramanuja, en el que la deidad y los humanos están separados, pero el amor los une. Krishna llama *priya* a los yoguis, que significa «amados». Si son devotos, él los absorbe: «Aquellos que fijan su mente en mí, que se dedican constantemente a servirme y que poseen fe absoluta, están comprometidos de la mejor manera posible», dice (12.2).[94]

Aunque otros métodos funcionan, requieren más esfuerzo: «Si no eres capaz de emprender la práctica del yoga dedicado a mí, entonces adquiere autocontrol y practica la renuncia a los frutos de toda acción –dice Krishna–. El conocimiento es mejor que la práctica regulada y la meditación es superior al conocimiento. La renuncia a los frutos de la acción es mejor que la meditación» (12.11-12).[95] Pero nada es tan poderoso como el amor.

Bhakti práctico

¿Qué forma debe adoptar la devoción? Todo lo que se haga de todo corazón es bienvenido. Y puesto que lo divino puede encontrarse en todas las cosas, incluso la reverencia por las maravillas naturales es suficiente.

Como la deidad de la *Shvetashvatara Upanishad*, la «naturaleza material» de Krishna personifica los elementos de los que evolucionó la vida (*Bhagavad Gita* 7.4).[96] Entre otras cosas, dice: «Soy el sabor del agua, soy el resplandor de la luna y del sol. La sílaba sagrada Om en todos los Vedas, el sonido en el espacio, la virilidad en los hombres», el olor de la tierra, el calor en el fuego y «la vida en la tierra en todos los seres» (7.8-9).[97]

Toda la materia es efectivamente Krishna. La produce de sí mismo, como una araña teje su tela: «Cuando una forma gloriosa de existencia despliega su opulencia o su poder, esta surge de una pequeña parte de mi esplendor» (10.41).[98] Esto es algo que ven fácilmente los devotos, pero los escépticos lo pasan por alto. «Esta ilusión mía es divina –dice–. Aquellos que se rinden solo a mí cruzan más allá» (7.14).[99]

Habiéndose hecho pasar por todo lo concebible, incluidos el Ganges y el Himalaya, dice: «Entre los seres vivos, yo soy consciencia» (10.22).[100] Por eso, «no hay nada que pueda existir sin ser a través de mí» (10.39).[101] Según la inclinación de cada cual, puede simbolizar la interconexión o ser venerado como un «gran Señor» separado (9.11).[102] Él incluso acepta el politeísmo, refiriéndose en un *flashback* védico a la gente «que me adora como aquello que es uno y, sin embargo, existe en muchas formas diferentes» (9.15).[103]

Del mismo modo, los actos de devoción pueden adoptar cualquier forma. Siguiendo la lógica del *karma yoga*, la vida diaria puede ser vivida como una ofrenda, simplemente abandonando las expectativas: «Es adorando a la deidad mediante el cumplimiento de su deber como un hombre alcanza ese estado perfecto» de liberación (18.46).[104] O como Krishna explica en términos más generales: «Hagas lo que hagas, comas lo que comas, ofrezcas lo que ofrezcas, lo que des, las austeridades que emprendas, Arjuna, hazlo como una ofrenda a mí» (9.27).[105]

La forma en que abordemos esto dependerá de nuestra naturaleza. Krishna aboga por «cantar constantemente mis alabanzas, comprometerse en resueltos votos e inclinarse ante mí» (9.14).[106] También hay alusiones a rituales, que suenan como adornar las imágenes, aunque los templos se desarrollaron en siglos posteriores. «Aceptaré la ofrenda devocional de una hoja, una flor, una fruta o agua de quien sea puro de corazón», dice (9.26).[107] Otras opciones son «la devoción sin desviaciones hacia mí a través del yoga», que da como resultado la unidad (13.10).[108]

Si se percibe con devoción, el mundo se convierte en Krishna. «Yo soy el organizador que mira hacia todas partes», dice (10.33).[109] Bajo su guía, Arjuna lo ve: «Desde los cielos hasta la tierra, todo el cielo está impregnado solo por ti y lo mismo ocurre con todas las direcciones» (11.20).[110]

Visiones alucinógenas

Puede ser difícil tomarle la palabra a un amigo cuando se llama a sí mismo Dios. Arjuna está confundido por los aspectos prácticos de la divinidad de Krishna, como el hecho de que permanezca inmanifiesto pero al mismo tiempo omnipresente.

«Deseo ver tu forma divina», suplica Arjuna (*Bhagavad Gita* 11.3).[111] Se le dice que necesita una visión especial para percibirla. «Te doy un ojo divino –dice Krishna–. ¡Contempla mi poderoso yoga» (11.8).[112] Lo que revela se parece a *El matrimonio del Cielo y el Infierno*. Como dice el poema de William Blake: «Si las puertas de la percepción estuvieran limpias, todo se le aparecería al hombre tal como es, infinito».[113] Esta línea le proporcionó a Aldous Huxley el título de su libro sobre su experiencia con mescalina, que a su vez inspiró el nombre de las Puertas.

La descripción de Huxley de «ser mi No-Ser en el No-Ser que era la silla» suena extrañamente blanda comparado con Krishna.[114] El nombre sánscrito de su forma psicodélica es *vishvarupa*, que significa «universal» y «múltiple». A Arjuna se le eriza el vello del cuerpo. Se enfrenta a una figura con «muchas bocas y ojos», que contiene todos los dioses y todo el cosmos.[115] Como el narrador de la *Gita* explica: «Si mil soles se alzaran en el cielo al mismo tiempo y cada uno con un resplandor abrasador, podría parecer el maravilloso resplandor de ese gran ser» (11.10-12).[116]

Mirando más de cerca, Arjuna se asusta. «Te veo con fuego ardiente en la boca», dice (11.19).[117] Todos los soldados que se preparan para la batalla «se precipitan y entran en tus bocas con esos terribles dientes que son tan aterradores. Algunos de ellos pueden verse atrapados entre esos dientes con sus cabezas aplastadas» (11.27).[118] Nada se salva. «Devorando los mundos por todas partes, los lames a todos» (11.30).[119]

Esto parece un mal viaje. «No puedo comprender los actos que realizas», dice Arjuna (11.31).[120] La respuesta de Krishna es tajante: «Yo soy el tiempo, la poderosa causa de la destrucción del mundo, que ha venido para aniquilar los mundos. Incluso sin ninguna acción tuya, todos estos guerreros que forman en las filas contrarias dejarán de existir». (11.32).[121] Le dice a Arjuna que vaya a la batalla para reclamar el reino robado a su familia. «¡Mata! ¡No vaciles! ¡Lucha! –dice Krishna–. Vencerás a tus enemigos» (11.34).[122]

Algunas de estas palabras fueron recordadas más tarde por el científico atómico estadounidense Robert Oppenheimer, que ayudó a crear la bomba atómica. Haciéndose eco de la encarnación del destino por Krishna, Oppenheimer dijo: «Me he convertido en la Muerte, la destructora de mundos».[123] Sin embargo, en realidad se parecía más a Arjuna, consciente de la fragilidad humana y de fuerzas aparentemente imparables como la física de partículas y la segunda guerra mundial.

El propio Krishna ve un rayo de esperanza en su espeluznante exhibición: «El Señor Supremo está igualmente presente en todos los seres vivos –dice–, de modo que al percibir al mismo Señor situado en todas partes, una persona no dañará al ser por medio del ser» (13.27-28).[124] Su objetivo es justo; aparece en una zona de guerra para defender la virtud: «Para proteger a los buenos y destruir a los malhechores, para establecer la justicia, he nacido en cada época» (4.8).[125]

Su mensaje fundamental se basa en el amor. Cualquiera puede honrar su forma sirviendo a los demás. «Parece estar dividido en diferentes seres vivos y, sin embargo, permanece indiviso –dice–. Es el conocimiento, el objeto que debe ser conocido, y es accesible a través del conocimiento» (13.16-17).[126] En otra de las alucinantes líneas de Blake, todo ese conocimiento podría significar simplemente esto: «Ver un mundo en un grano de arena, y un cielo, en una flor silvestre, sostener el infinito en la palma de la mano y la eternidad en una hora».[127]

Destino y libre albedrío

Aunque el sufrimiento es difícil de evitar, la gente tiende a agravarlo. «Enredados en la red del engaño y adictos al disfrute de sus deseos sensuales, caen en un estado impuro de infierno», advierte Krishna (*Bhagavad Gita* 16.16).[128]

La palabra «infierno» (*naraka*) está relacionada con «hombre» (*nara*) y parece que se accede a él a través de la mente. «Esta puerta al infierno que destruye el alma es triple, y consiste en el deseo, la ira y la codicia –dice Krishna–. Por lo tanto, debes renunciar a los tres» (16.21).[129] Quienes no lo hacen se ven «acosados por ansiedades ilimitadas, dedicándose a la satisfacción de los deseos sensuales, convencidos de que no hay nada más que eso» (16.11).[130]

Como contrapeso, destaca las cualidades «piadosas». Entre ellas están «la intrepidez,[131] la pureza de corazón, la determinación en la búsqueda del conocimiento mediante la práctica del yoga, la caridad, el autocontrol, la realización de sacrificios, el estudio de los Vedas, la austeridad, la honestidad, el no hacer daño, la veracidad, el evitar la ira, la renuncia, la tranquilidad, el no difamar nunca a los demás, la compasión por los demás seres, la ausencia de codicia, la bondad, la modestia, el no vacilar nunca, la energía, la paciencia, la determinación, la pureza, la ausencia de malicia y de arrogancia». Sin embargo, vienen con una advertencia: «Estos son los dones de quienes han nacido para un destino divino» (16.1-3).[132]

Aunque Krishna mantiene la perspectiva del cambio, afirma que el libre albedrío desempeña un papel limitado en la formación del carácter, en comparación con el impacto de las acciones previas y el condicionamiento mental: «Incluso quien posee conocimiento se comporta de acuerdo con su naturaleza –señala–. Los seres vivos deben ajustarse a su naturaleza inherente» (3.33).[133] Esta tendencia, *svabhava*, tiene un corolario llamado *svadharma*, o «deber propio», que hay que abrazar para realizar la liberación: «Un hombre puede realizar la perfección consagrándose a su propio y particular deber» (18.45).[134]

Cada casta tiene también su *dharma*, por lo que tratar de mejorar el propio estatus social es tabú: «Más vale el deber propio, aunque imperfecto, que el deber ajeno bien cumplido», dice Krishna (18.47).[135] Conocer el propio lugar parece tan importante que lo repite, añadiendo: «Mejor muerte es seguir el propio deber. El deber ajeno trae peligro» (3.35).[136] Sin embargo, aunque la *Gita* refuerza el sistema de castas, también pone la libertad al alcance de todos: «Incluso los de mal nacimiento, así como las mujeres, los *vaishyas* y los *shudras* [trabajadores y sirvientes], alcanzan el destino más elevado» si cumplen su deber con devoción (9.32).[137]

Así como los brahmanes están destinados a cantar mientras los sirvientes trabajan, un guerrero como Arjuna tiene que luchar: «Heroísmo, energía, resolución, pericia, no huir nunca de la batalla, caridad y mostrar una disposición señorial son los deberes de un *shatriya*, nacidos de su naturaleza inherente», dice Krishna (18.43).[138] «Si te rindes a tu sentido del ego y piensas: "No lucharé", esta determinación no servirá de nada porque tu naturaleza inherente seguramente ejercerá su control [y] te verás obligado a realizar la acción que debido a la ilusión no deseas realizar» (18.59-60).[139] Sin embargo, al final de este discurso fatalista, Krishna dice que Arjuna puede elegir. «Ahora te he revelado esta sabiduría, que es el más profundo de todos los misterios. Después de considerar plenamente lo que has oído, debes actuar como mejor consideres» (18.63).[140] Sin embargo, algunas decisiones están fuera de nuestro alcance. Simplemente surgen, como pensamientos pasajeros. Arjuna opta por tener fe, haciendo las paces con su destino: «He adquirido sabiduría gracias a tu gracia –le dice a Krishna (18.73)–. Mis dudas han desaparecido. Haré lo que me ordenas».[141]

Encontrar nuestro camino

Puede resultar difícil encontrar un sentido práctico a las enseñanzas de Krishna. ¿Aceptar el propio papel requiere una sumisión pasiva? Si nos desapegamos de los resultados de las acciones, ¿puede alguien cambiar las cosas? ¿Quién decide lo que es justo, y cuándo resistirse a lo que parece injusto?

Hay pocas respuestas fáciles, y algunas partes de la *Gita* se contradicen entre sí. Sin embargo, un mensaje recurrente está claro: servir a los demás nos ayuda a seguir nuestro corazón, en lugar de estar cegados por nuestros deseos. «Debes inspirarte para actuar considerando el bienestar del mundo», dice Krishna (*Bhagavad Gita* 3.20).[142] Puesto que él encarna el cosmos, esto es casi lo mismo que el yoga devocional. «Realizando todas las acciones aquel cuya confianza está siempre en mí, alcanza, por mi gracia, la morada eterna e imperecedera», dice (18.56).[143]

Sumergirse en una perspectiva más amplia conduce a la libertad. Sin embargo, a veces la lógica de Krishna suena extraña: «Si una persona no tiene la sensación de ser el ejecutor de la acción y si su consciencia no está absorta por la acción, entonces, aunque mate a toda esa gente, no mata y no está atado», dice (18.17).[144] También sugiere que las buenas intenciones triunfan sobre las malas acciones: «Si incluso el malhechor me adora con devoción indivisa, entonces debe ser considerado justo» (9.30).[145] Algunas ideas espirituales tienen límites prácticos.

Aceptar el mundo tal como es puede servir a los poderosos. La *Gita* ayudó a los sacerdotes brahmanes a reafirmar su autoridad, desactivando el desafío de los renunciantes yóguicos. Si cumplir con el deber libera, renunciar parece inútil, por lo que el orden social se mantiene. Para reforzar este mensaje, Krishna califica las austeridades de «actos feroces no sancionados por las escrituras» y acusa a los ascetas de «hipocresía y egoísmo» alimentados por «el poder del deseo y la pasión» (17.5).[146] Su actitud es «demoniaca –dice–, y daña irreflexivamente la multitud de elementos en el cuerpo, y también a mí, que existo en el cuerpo» (17.6).[147]

106 Historia del yoga

Buscando el equilibrio, también reprende a los sacerdotes por su «discurso florido» y por volverse «adictos a muchos ritos específicos dirigidos a la meta del disfrute y el poder» (2.42-43).[148] Sin embargo, a pesar de este eco de las críticas budistas, también alaba a «un brahmán iluminado por el conocimiento», en lugar de recitar los Vedas de memoria (2.46).[149] Admite que los rituales sacerdotales y las austeridades ascéticas pueden ser purificadores. Pero advierte: «Estos tipos de acción solo deben realizarse tras renunciar al apego a ellos y a la recompensa que conllevan» (18.6).[150] Los textos antiguos son guías imperfectas para la vida moderna. Por muy intemporales que sean sus ideas, tenemos que elegir a qué damos prioridad. La *Gita* muestra que el desapego y la acción son poderosos aliados, pero cada uno de nosotros debe encontrar su propio papel y decidir cómo desempeñarlo.

El que ve y lo visto

La filosofía de la *Bhagavad Gita* es un híbrido que combina la unidad de las primeras *Upanishads* con el dualismo Samkhya, que diferencia los sujetos de los objetos. El Samkhya es también la base del *Yoga Sutra*, cuyo objetivo es separar la conciencia de lo que percibe.

Krishna utiliza una metáfora para hacer la distinción: «Este cuerpo, Arjuna, se denomina el campo; los que entienden hablan de aquel que tiene conocimiento del campo» (*Bhagavad*

Gita 13.1).[151] La fuente de ese conocimiento es un lugar atemporal más allá de la mente, conocido como «el testigo, el que concede el permiso, el sustentador, el disfrutador, el gran Señor [y] el alma suprema» (13.22).[152]

El Samkhya tiene sus propios términos, y distingue la consciencia (*purusha*) de la materia (*prakriti*). Todas las cosas materiales son parte de *prakriti*, incluido el funcionamiento de la mente. Esto causa confusión: *purusha* se identifica erróneamente con el pensamiento y con el cuerpo, lo que produce sufrimiento.

El objetivo del yoga es acabar con este error, desenredando al *purusha* de todo lo demás. «Aquellos que conocen, a través del ojo del conocimiento, la distinción entre el campo y el conocedor del campo, así como la liberación de los seres de la naturaleza material, van al Supremo», dice Krishna (13.34).[153]

La confusión es también la razón de la reencarnación: «El espíritu, morando en la naturaleza material, experimenta las cualidades nacidas de la naturaleza material. El apego a las cualidades es la causa de su nacimiento» (13.21).[154] La teoría de cómo ocurre esto puede sonar confusa en sí misma. «Tanto *prakriti* como *purusha* carecen de principio» (13.19).[155] Originalmente, ambos eran informes y distintos. Luego, en algún momento de la historia primigenia, algo cambió. La consciencia animó la materia, creando el mundo y la fuente del entrelazamiento. Todos los seres contienen un *purusha*, que significa «persona». Para percibirlo, hay que distinguirlo de la *prakriti*.

Samkhya se traduce como «contar», proporcionando un marco que clasifica la materia. Se dice que tiene veinticuatro principios constitutivos o *tattvas*. La *Gita* los enumera como: «Los grandes elementos, el sentido del ego, el intelecto, la materia en su estado manifiesto, los once sentidos y los cinco objetos que perciben» (13.5).[156] Los elementos son tierra, agua fuego, aire y espacio, a partir de los cuales evolucionan todas las cosas. El aparato sensorial incluye las facultades mentales (junto con el ego y el intelecto), además de vista, oído, tacto, gusto y olfato, y además de los instrumentos físicos de acción (manos, pies, voz, ano y genitales). Por último, los objetos de percepción son la forma visible, el sonido, la sensación, el aroma y el sabor.

Esto proporciona un modelo básico para las técnicas yóguicas. Al centrar la atención en el nivel físico, la conciencia se va acostumbrando a identificar formas más sutiles de la materia. Si se tiene claro lo que no es *purusha*, se puede trascender la mente. El Samkhya utiliza el esfuerzo intelectual para alcanzar el mismo objetivo: «Samkhya y yoga son uno –dice Krishna–. Quien lo ve verdaderamente ve» (5.5).[157] Existen muchas opciones. «Algunos perciben el ser dentro de sí mismos por medio del ser a través de la meditación. Otros lo hacen mediante el yoga basado en el Samkhya y otros de nuevo a través del yoga de la acción» (13.24).[158]

Aunque el Samkhya da lugar a la división, la *Gita* lo combina con enseñanzas no-duales. Habiendo hablado del desapego del *purusha*, Krishna dice: «Hablaré ahora del objeto que debemos esforzarnos por conocer, pues cuando este se conoce se alcanza la inmortalidad. No tiene principio, es el supremo Brahman» que subyace a todo (13.12).[159] Ya sea separado o entero, permanece sin cualidades, explica: «Así como el sol por sí solo ilumina todo este mundo, así el conocedor que hay en él ilumina todo el campo» (13.31-33).[160]

Un yogui liberado encarna la luz, no aquello sobre lo que brilla.

La red de la naturaleza

Según la filosofía Samkhya, que influyó en el yoga, todos los objetos están compuestos de tres *gunas*, o «características». Estas se entretejen como los componentes básicos del ADN. Sin embargo, a diferencia de las sustancias químicas de las que depende la vida, como el carbono, el hidrógeno y el oxígeno, los *gunas* son sin forma. Solo pueden observarse detectando su impacto en la mente.

Como explica Krishna en la *Bhagavad Gita*, los *gunas* nos confunden. En lugar de percibirnos como consciencia o *purusha*, nos quedamos atrapados en las cosas materiales producidas por *prakriti*. «*Sattva, rajas* y *tamas* son los *gunas* que surgen de *prakriti* –dice–. Atan la entidad inmutable y encarnada dentro del cuerpo» (*Bhagavad Gita* 14.5).[161]

El yoga invierte el proceso, refinando la conciencia para ver más allá de la materia y, por tanto, de los *gunas*. Sus atributos básicos son la inercia (*tamas*), el dinamismo (*rajas*) y el resplandor (*sattva*). «Trascendiendo estos tres *gunas* que causan la existencia del cuerpo, la entidad encarnada se libera de la miseria del nacimiento, la muerte y la vejez, y alcanza la inmortalidad», dice Krishna (14.20).[162]

La *Gita* compara los *gunas* con estados mentales: «El conocimiento surge de *sattva*, y la codicia surge de *rajas*. La negligencia y el engaño surgen de *tamas*, así como la ignorancia» (14.17).[163] Pueden representarse en forma de triángulo, con *sattva* en la parte superior y *rajas* y *tamas* en las esquinas opuestas de la base. Todo lo material está en algún lugar en el interior, y contiene cada *guna* en cantidades variables. La liberación está fuera del triángulo, más allá incluso de *sattva*. En última instancia, todos los *gunas* oscurecen la *consciencia pura*.

Tamas se representa como algo oscuro. Su pesadez puede vararte o dormirte. *Rajas* es creativo y ardiente, pero también puede producir nerviosismo, como el exceso de cafeína. *Sattva* suena sanamente luminosa: «Cuando la iluminación del conocimiento aparece en todas las puertas de este cuerpo» (14.11).[164] Pero sigue siendo una distracción. Como dice Krishna: «Cuando el testigo observa que no hay otro agente de acción que no sean los *gunas* y adquiere conocimiento de lo que está más allá de los *gunas*, alcanza mi estado de ser» (14.19).[165]

La enseñanza de Krishna combina varios sistemas. Hace que el Samkhya no teísta forme parte de la devoción a él como dios, conectando ambos con la unidad cósmica. «Quien me venera a través del *bhakti yoga* sin desviaciones también trasciende los *gunas* y se hace apto para alcanzar el estado de Brahman –dice–. Yo soy el fundamento sobre el que existe el inmortal e inmutable Brahman» (14.26-27).[166]

Aquel que percibe esto está «igualmente dispuesto hacia amigos y enemigos. Ha abandonado todos sus esfuerzos mundanos. Se dice que esa persona está más allá de los *gunas*» (14.24-25).[167] Aun así, puede actuar. Como dice Krishna: «No odia la iluminación, la actividad o la ilusión cuando aparecen [y] tampoco las añora cuando desaparecen. Permanece indiferente, como si no le molestasen los *gunas*, pensando: "Solo los *gunas* son activos". Así permanece firme» (14.22-23).[168]

Vivir en el mundo y permanecer ajeno a él parece todo un reto. Reflexionar sobre los *gunas* puede ayudar a encontrar el equilibrio, contrarrestando los extremos de agitación e inercia. Aunque ambas tendencias tienen usos prácticos, observar sus efectos ayuda a aflojar su control y mejorar la paz mental, entonces la claridad de *sattva*.

Sistemas hermanos

Técnicamente, el yoga y el Samkhya de la *Bhagavad Gita* son versiones prototípicas. Sus filosofías se codificaron formalmente unos siglos más tarde en el *Yoga Sutra*, de Patañjali, y el *Samkhya Karika*, de Ishvara Krishna. Sin embargo, ambos sistemas tuvieron antiguos comienzos.

Esto se refleja en el primer *sutra* de Patañjali: «Ahora, las enseñanzas del yoga», o *atha yoganushasanam* (*Yoga Sutra* 1.1).[169] Aunque suene sencillo, esconde otros significados. El estilo de escritura de los *sutras* concentra toda la información posible en breves enunciados, que pueden memorizarse como notas con viñetas. Tradicionalmente, un gurú habría añadido explicaciones, remitiéndose a comentarios que analizan cada palabra. El prefijo *anu-*, en el *sutra* inicial, significa «después de», lo que revela que Patañjali se basó en enseñanzas yóguicas anteriores.

Algunas se describen en el *Mahabharata*, donde el yoga y el Samkhya se enseñan codo con codo: «Ambas son doctrinas relativas al conocimiento –dice un verso–. Cualquiera de las dos debe conducir a uno por el camino que lleva al lugar más lejano» (*Mahabharata* 12.289.8).[170] El yoga añade métodos prácticos a la teoría Samkhya, pero por lo demás es similar. «Lo que perciben los yoguis, lo experimentan los seguidores del Samkhya», dice el *Mahabharata* (12.304.2-4).[171] «No hay conocimiento igual al Samkhya; no hay poder como el del yoga. Ambos son el mismo camino; de ambos se dice que conducen a la inmortalidad».

El Samkhya es uno de los sistemas filosóficos más antiguos de la India. El *Mahabharata* identifica a Kapila, un antiguo sabio, como su inventor, y atribuye el yoga –en su forma sistemática– a Hiranyagarbha, el «útero dorado» védico que engendró el mundo (12.337.60).[172] Ninguno de estos personajes legendarios fue autor de textos. Sin embargo, los primeros ascetas

–incluidos budistas y jainistas– se inspiraron en ideas que pasaron a formar parte del Samkhya.

Otros dos escuelas comparten raíces similares. La Nyaya desarrolló reglas lógicas que permitieron debates entre distintas tradiciones, mientras que el Vedanta se basa en las *Upanishads*. Al igual que el Samkhya, está relacionado con el yoga, y ambas filosofías tienen homólogos cercanos. Nyaya está vinculada a las teorías de Vaisheshika, que deconstruye la realidad hasta los niveles subatómicos. Y el Vedanta surgió de Mimamsa, cuyo enfoque es el ritual védico en lugar del conocimiento descrito en las *Upanishads*.

Estos seis *darshanas*, o «formas de ver», son los sistemas clásicos de la filosofía índica. Se dice que son ortodoxos (*astika*), lo que significa que no discuten la autoridad de los Vedas. Otros que sí lo hacen, como el budismo, son calificados de heterodoxos (*nastika*). En el «Compendio de todas las filosofías» o *Sarvadarshana Samgraha*, del siglo XIV, se mencionan dieciséis escuelas, incluidas las tradiciones tántricas. En realidad, probablemente haya docenas más, ya que hay múltiples formas de interpretar la mayoría de las ideas.

A medida que se desarrollaba la práctica del yoga, se enseñaba con una serie de filosofías. Los *sutras* de Patañjali se conocen como el yoga *darshana* clásico basado en el Samkhya. Cuando la palabra «yoga» se refiere a este sistema, suele ir en mayúsculas. Esto ayuda a distinguirlo de modelos posteriores, que lo combinan con el Vedanta y el tantra, entre otras influencias.

El yoga de Patañjali

A pesar de ser la base de una escuela filosófica, el *Yoga Sutra* parece más bien un manual. Condensa las ideas en concisas frases de pocas sílabas. Estos 195 *sutras* (literalmente «hilos») no deben estudiarse intelectualmente. Identifican el yoga como un estado más allá del pensamiento, y su mensaje fundamental es casi tan contundente como: «¡Siéntate y cállate!».

Como dice Patañjali: «El yoga es el aquietamiento de los estados cambiantes de la mente« (*Yoga Sutra* 1.2).[173] Esto define tanto el objetivo como los medios para alcanzarlo. Según los primeros comentarios sobre los *sutras*, que parecen haber sido escritos alrededor de la misma época –en el siglo IV o V, tal vez por el mismo autor–, yoga significa *samadhi*. Este suele traducirse como «absorción» en estados meditativos que ponen fin a la actividad mental. «Cuando eso se logra –dice Patañjali–, el testigo permanece en su propia naturaleza verdadera» (1.3).[174]

La quietud surge a través de la práctica, que baja el volumen del parloteo de fondo de la mente. «De lo contrario [el testigo] se absorbe en los estados cambiantes», que en su mayoría son producto de la experiencia previa (1.4).[175] Distraída por recuerdos, proyecciones, fantasías y sueños, la mente oscurece la visión. El yoga de Patañjali despeja esta niebla con la meditación. Al refinar el discernimiento, un practicante aprende a distinguir el pensamiento de la consciencia. A medida que la consciencia se desarrolla, deja atrás el mundo de la forma, hasta que el testigo más íntimo no percibe ningún objeto salvo a sí mismo.

Esto se conoce como *kaivalya*, un estado de «soledad» que implica una retirada de la existencia material. Sin embargo, la liberación se alcanza por grados. No hay obligación de ir derechos a abandonar el mundo. Desde el principio hay beneficios prácticos. La concentración yóguica ayuda a la mente a equilibrarse, lo que también puede ser útil en la vida cotidiana, aunque esto último no es una prioridad para Patañjali.

Sus *sutras* se dividen en capítulos conocidos como *padas*. El primero describe *samadhi*, mientras que el segundo esboza los métodos para alcanzarlo (*sadhana*). El tercero proporciona más detalles, refiriéndose a los poderes (*vibhuti*) que adquiere un yogui. El cuarto trata de la liberación (*kaivalya*). El contenido de algunos de estos capítulos se solapan y se inspiran en diversas fuentes, incluido el budismo. El resultado es un resumen exhaustivo de la práctica meditativa.

Aunque a los profesores modernos les gusta citar los *sutras*, los propios *sutras* no dicen casi nada sobre el yoga postural. Su tema es la búsqueda espiritual, la renuncia al mundo de las ilusiones materiales. Sin embargo, parte de su atractivo perdurable es que la experiencia encarnada sirve como objeto de meditación. La práctica de posturas puede ser una vía de entrada, siempre que desarrolle la concentración en el interior, en contraposición a la fijación en el físico.

116   Historia del yoga

¿De quién son los sutras?

Nadie sabe con certeza quién era Patañjali, ni siquiera si practicaba lo que enseñaba. Todo lo que sabemos es su nombre, que aparece en manuscritos. Algunos de ellos se titulan *Patanjala Yoga Shastra Samkhya Pravachana*, que los estudiosos traducen como: «La exposición magistral del yoga que se origina de Patañjali, la enseñanza Samkhya obligatoria».[176]

Como era de esperar, casi nadie pronuncia este trabalenguas. A pesar de ello, los académicos dicen que el texto no debería llamarse *Yoga Sutra*, porque solo tiene sentido si va acompañado de un comentario. Esto suele ocurrir con los *sutras*, cuya compacidad los hace fáciles de memorizar pero difíciles de interpretar. Hay textos de *sutras* sobre el lenguaje, la filosofía y el derecho, entre otros temas. La mayoría de ellos necesitan explicaciones adicionales, que los maestros proporcionan en persona y en comentarios. Combinados, ambos formatos se conocen como *shastra*.

El comentario más antiguo sobre los *sutras* de Patañjali se atribuye generalmente a Vyasa, cuyo nombre solo significa «editor». Los investigadores creen que puede no haber existido. Citando a Philipp Maas, cuyos estudios de los manuscritos le permitió estructurarlos, la historia más probable es que «una sola persona llamada Patañjali recopiló algunos *sutras*, probablemente de diferentes fuentes, ahora perdidas, compuso él mismo la mayoría de los *sutras* y los presentó con sus propias explicaciones en una obra titulada *Patanjala Yoga Shastra*».[177]

Esto implica que los *sutras* deben leerse siempre con el comentario original, que rara vez se traduce. La mayoría de las ediciones inglesas presentan un análisis que interpreta a Patañjali desde perspectivas modernas. No se trata de una novedad. Muchos comentaristas indios seguían un sistema filosófico diferente al de los *sutras* (Vedanta, no Samkhya). Aunque las copias del texto se han compartido y discutido durante generaciones, es difícil saber cuántos de sus lectores pusieron en práctica sus enseñanzas, o si se utilizó principalmente para explicar lo que hacían los yoguis.

Al leer los *sutras* traducidos surgen otras cuestiones. ¿De quién es la interpretación que transmiten: del traductor, de un comentarista clásico o de Patañjali? ¿Encauzan su objetivo de trascender el mundo o adaptan lo que dice para servir a otras prioridades? Algunas ideas, como los poderes sobrenaturales, pueden ser difíciles de explicar a los lectores contemporáneos. ¿Se presentan como hechos, se glosan metafóricamente o simplemente se ignoran? La única respuesta obvia a este tipo de preguntas es leer varias versiones.

El propio Patañjali puede ser difícil de interpretar. Normalmente representado como medio reptil y medio humano, a veces se dice que es un avatar de Shesha, también conocido como Ananta, la serpiente cósmica sobre la que se reclina Visnú. Una historia dice que se deslizó hasta el suelo desde su madre, por lo que su nombre proviene de las palabras caer (*pat*) y manos unidas (*anjali*). Otra versión dice que se precipitó desde los cielos con las palmas extendidas.

118   Historia del yoga

Algunos comentarios tradicionales sugieren que Patañjali también era experto en gramática y medicina. Ciertamente, hubo un lingüista con el mismo nombre, pero vivió unos quinientos años antes de la composición del *Yoga Sutra*. Y un tratado ayurvédico vinculado a Patañjali es posterior. Sea como fuere, es ampliamente venerado por haber codificado el conocimiento en las tres disciplinas. Esto se oye con frecuencia en el yoga moderno, gracias a un verso del siglo XVIII, que forma parte de un cántico utilizado al inicio de las clases de Iyengar. La segunda mitad también se incluye en el mantra de apertura del Ashtanga:

> *yogena chittasya padena vacham malam sharirasya cha*
> > *vaidyakena*
> *yo 'pakarot tam pravaram muninam Patañjalim pranjalir*
> > *anato 'smi*
> *abahu purushakaram shankha chakrasi dharinam*
> *sahasra shirasam shvetam pranamami Patañjalim*

> «Me inclino con las manos cruzadas ante Patañjali, el mejor de
> > los sabios,
> que eliminó las impurezas de la mente a través del yoga;
> las impurezas del habla a través de la gramática
> y las impurezas del cuerpo a través de la medicina.
> A aquel cuya parte superior del cuerpo tiene forma humana,
> quien sostiene una caracola y un disco,
> quien es blanco y tiene mil cabezas,
> a ese Patañjali, le ofrezco reverencia».[187]

Reducir el sufrimiento

Haciéndose eco del Buda y de la *Bhagavad Gita*, la premisa de Patañjali es que la vida nos hace sufrir a causa del deseo y la incomprensión. La realidad rara vez se ajusta a las expectativas, y diagnosticar erróneamente el origen de la infelicidad empeora las cosas, reforzando las ilusiones sobre quiénes somos y qué necesitamos.

Esta miserable condición se conoce en sánscrito como *duhkha*, que se traduce como «mal espacio». Originalmente se refería a un eje desalineado en una rueda de carro, y evoca un viaje lleno de baches a través del ciclo de nacimientos, impulsado por reacciones inconscientes a experiencias anteriores. El yoga ofrece una solución, cambiando nuestra relación con el dolor físico y la angustia mental. Como dice Patañjali: «Hay que evitar el sufrimiento que aún no se ha manifestado» (*Yoga Sutra* 2.16).[179] Esto es fácil de decir, pero más difícil de poner en práctica.

Algunas molestias no pueden evitarse. Ocurren cosas no deseadas, y el cuerpo decae hasta que muere. Lo que podemos cambiar es la forma en que respondemos, viendo cuánto de nuestro dolor es autoinfligido. Patañjali dice que sufrimos por los «giros del pensamiento», o *chitta vritti*, que nos mantienen atrapados en patrones inútiles en nuestra cabeza. Perderse en ideas sobre sentimientos difíciles los empeora. Nos va un poco mejor con los estados más felices, esperando instintivamente que continúen.

120　Historia del yoga

La inclinación a aferrarse es uno de los cinco obstáculos mentales. Cada uno de estos *kleshas* (literalmente «tormentos») obstruye la práctica yóguica.[180] El apego (*raga*) y la aversión (*dvesha*) están estrechamente relacionados. Anhelamos lo que nos gusta mientras evitamos lo contrario. Otro tipo de anhelo es más sutil y fuerte: el impulso de no morir (*abhinivesha*), que se sustenta en confundir el yo con la voz en la cabeza que se autoproclama «yo» (*asmita*). Todos estos problemas se deben a la ignorancia sobre nuestra verdadera naturaleza (*avidya*). Tendemos a identificarnos erróneamente con lo que percibimos, en lugar de con la consciencia que lo percibe (2.3-9).

Estas aflicciones determinan nuestro destino. «La acción del *karma* tiene como raíz los *kleshas* –dice Patañjali–. Se experimenta en vidas presentes o futuras», causando placer y dolor como resultado de la actividad (2.12).[181] Los comentaristas añaden más detalles, diciendo que los efectos kármicos pueden atribuirse al deseo, la codicia, el engaño, la ira, el orgullo y la envidia. Juntos, estos enemigos de la claridad envenenan nuestros corazones. Estamos destinados a sufrir a menos que los destruyamos. «Los estados mentales producidos por estos *kleshas* se eliminan con la meditación», señala Patañjali, pero los propios *kleshas* están más arraigados (2.11).[182]

Se dice que se debilitan con el «yoga de la acción» (*kriya yoga*), que combina autodisciplina, estudio y devoción (2.1-2).[183] Estos métodos prácticos ayudan a estabilizar la mente para realizar el *samadhi*. El esfuerzo acalorado de tapas elimina las impurezas, mientras que *svadhyaya* –la lectura de textos sagrados– aborda la ignorancia. El componente final, *ishvara pranidhana*, es la sumisión a la divinidad. Como en la *Bhagavad Gita*, puede entenderse como «el abandono de todo anhelo por los frutos de la acción», dice el comentario original del *sutra* 2.1.[184] También puede consistir en cantar Om, que lo representa todo.

En última instancia, «mediante la eliminación de la ignorancia, se elimina la conjunción entre el ser interior y las cosas que percibe. «Esta es la libertad absoluta del testigo», o *kaivalya*, una presencia testimonial no mancillada por semillas de sufrimiento futuro (2.25).[185] Aunque tales estados enrarecidos suenan de desarraigar los *kleshas*, es un proceso cotidiano que consiste en tomarse lo que sucede un poco menos personalmente. Reconociendo que todos sufrimos, en mayor o menor medida, podemos desarrollar compasión por los demás y por nosotros mismos.

Cambiar patrones

La práctica del yoga sustituye viejos hábitos por alternativas más saludables. Prestar atención a la causa y el efecto nos ayuda a modificar las tendencias que conforman nuestra conducta. Aunque el ciclo del *karma* continúa, podemos aprender a desprendernos de lo que aumenta nuestra carga, dando prioridad a las acciones que generan paz y una perspectiva más amplia.

122   Historia del yoga

Tal y como explica Patañjali, los estados mentales son la base del *karma*, ya que contienen rastros de comportamientos anteriores que conforman acciones futuras. Estas huellas subliminales tienen dos formas: *samskaras* y *vasanas*. El *Yoga Sutra* hace poca distinción entre estos términos, pero algunos comentarios dicen que las *vasanas* son potenciales latentes, mientras que los *samskaras* están activos. Ambos funcionan como ranuras que sujetan las agujas al vinilo, haciéndonos girar en bucles predecibles. Estas limitaciones pueden ser difíciles de ver hasta que se sienten demasiado arraigadas para cambiar.

Los *samskaras* están relacionados con el *samsara*, el ciclo interminable de nacimientos y muertes. Almacenan el impacto de las acciones, pensamientos y sentimientos en la mente, lo que alimenta más actividad, creando más huellas. «La mente imperturbable se produce debido a los *samskaras*», dice Patañjali (*Yoga Sutra* 3.10).[186] Esta cadena kármica puede romperse mediante el silencio, lo que permite el surgimiento de la «sabiduría genuina» (1.48).[187] Y como «los *samskaras* nacidos de esa [sabiduría] obstruyen otros *samskaras* [impidiéndoles emerger]», esto resulta en la liberación (1.50).[188]

Hay otras formas de limitar el impacto de los *samskaras*. El cerebro puede entrenarse para formar nuevas vías neuronales. Por ejemplo: «Al verse acosado por pensamientos negativos, uno debe cultivar pensamientos que los contrarresten[189] –aconseja Patañjali–. Los impulsos negativos –violencia y demás– llevados a fruición por uno mismo, o causados o permitidos por otros, son precedidos por la codicia, la ira o la ilusión de forma leve, intermedia o intensa. Porque estas producen los frutos infinitos del sufrimiento y la ignorancia, hay que contemplar lo contrario» (2.33-34).[190]

Parece discutible hasta dónde llevar esto. Decirnos a nosotros mismos que seamos diferentes rara vez funciona, e ignorar lo que sentimos hace que vuelva a atormentarnos. La sugerencia de Patañjali es más sutil. Cuando uno está absorto en la meditación, dice, «no se ve afligido por las dualidades de los opuestos» (2.48).[191] Esto puede aplicarse también para explorar un camino intermedio entre los extremos de la emoción. Puede que ese no sea el objetivo último del *Yoga Sutra* –que busca silenciar la mente retirándose del mundo–, pero tiene beneficios prácticos.

Otra técnica que ayuda a asentar la mente es «el cultivar la amistad hacia los felices, la compasión hacia los que sufren, la alegría hacia los virtuosos y la indiferencia hacia lo no virtuoso» (1.33).[192] El budismo promueve las mismas cualidades, debilitando el apego a pautas de pensamiento, al tiempo que fomenta una conducta social más sabia. El objetivo de Patañjali es interno. Implica las tres *gunas*, las cualidades materiales de la *pasión* (rajas), la pesadez (*tamas*) y la claridad (*sattva*) que impregnan todas las cosas. El desarrollo de *sattva*, que favorece la meditación, reduce el impacto de *rajas* y *tamas*. En última instancia, la alegría y la tristeza van y vienen, y pueden sentirse sin tratar de prolongarlas o rechazarlas. Esto facilita la tranquilidad y una perspectiva más amable.

Primero no hacer daño

El objetivo de Patañjali es estabilizar la mente para la meditación. Ofrece directrices éticas para limitar las distracciones al concentrarse hacia el interior, lo que desarrolla «concentración, el control de los sentidos, y la aptitud para percibir el ser». (*Yoga Sutra* 2.41).[193]

Comienza su lista de lo que se debe y no se debe hacer con cinco «restricciones» (*yama)*. Estas son: «inofensividad (*ahimsa*), veracidad (*satya*), abstenerse de robar (*asteya*), celibato (*brahmacharya*) y renuncia a las posesiones [innecesarias] (*aparigraha*)». En caso de duda, añade: «No están exentos por la clase, el lugar, el tiempo o las circunstancias de cada uno. Son universales» (2.30-31).[194]

También son mucho más antiguos que los *sutras* de Patañjali. La referencia más antigua que se conserva es un texto de los jainistas, que al igual que los budistas comparten raíces comunes con los primeros yoguis. «El asceta Mahavira, dotado del conocimiento y la intuición más elevados, enseñó los cinco grandes votos», dice el *Sutra Acharanga* (2.15),[195] compuestos varios cientos de años antes de la era común: «Renuncio a todo asesinato de seres vivos..., a todos los vicios de la mentira..., a tomar lo que no es dado..., a todos los placeres sexuales [y] a todos los apegos».

El principio de no dañar a otros no siempre fue claro en la cultura védica. Mucho antes de que las vacas se volvieran sagradas, los sacerdotes solían sacrificar animales y comían carne de res. Incluso después de cambiar esto –frente a la oposición de jainistas y budistas, entre otros críticos– la ley brahmínica resultaba ambigua: «No hay falta en comer carne, beber licor o tener relaciones sexuales; pues es la actividad natural de las criaturas –dice un texto clave–. Sin embargo, abstenerse de esa actividad reporta grandes recompensas» (*Manu Smriti* 5.56).[197]

Unos siglos más tarde, el *Yoga Sutra* decía que las acciones, pensamientos y palabras hostiles son formas de violencia. Incluso decir la verdad debe hacerse sin dañar. Los méritos de no robar ni acumular posesiones –dos otros *yamas*– parecen evidentes, pero abstenerse del sexo es más discutible. Pocos practicantes modernos comparten esta prioridad o la opinión de Patañjali sobre sus beneficios: «Con el establecimiento del celibato, se alcanza el poder», dice (*Yoga Sutra* 2.38).[197]

El enfoque del texto es fundamentalmente ascético, como subrayan los *sutras* siguientes. Otros cinco votos se denominan «observancias» (*niyama*): «Pureza (*shaucha*), satisfacción (*santosha*), disciplina (*tapas*), estudio [de las escrituras] (*svadhyaya*) y entrega a lo divino (*ishvara pranidhana*)» (2.32).[198] Aclarándolo aún más, Patañjali añade: «Mediante la limpieza, uno [desarrolla] el disgusto por el propio cuerpo y el cese del contacto con los demás» (2.40).[199]

Hoy en día, incluso la monogamia se considera a veces demasiado restrictiva. Por ello, es habitual reinterpretar *brahmacharya*. Un enfoque más moderado podría implicar ser veraz y no causar daño. Se defina como se defina, el mensaje de Patañjali implica moderación. Su objetivo básico es la autopurificación, refinar la mente y eliminar las perturbaciones. El resto de sus recomendaciones se ajustan a este modelo. Contento significa aceptar la propia suerte, mientras que las tres directrices finales repiten los tres principios del *kriya yoga*, que se dice que eliminan los obstáculos mentales. El papel de la ética es calmar la mente para mirar hacia dentro.

Ashtanga y asana

La más conocida de las enseñanzas de Patañjali es, con mucho, un marco práctico con «ocho partes» o *ashtanga yoga* (*Yoga Sutra* 2.29).[200] Comienza con las directrices éticas de *yama* y *niyama*, seguidas de las posturas, el enfoque principal del yoga en la actualidad. Tal como se describe en el *Yoga Sutra*, no se parecen en nada a los estiramientos modernos.

Asana, «postura» en sánscrito, significa en realidad «asiento». Proviene de la raíz del verbo *as*,[201] que el diccionario traduce como «sentarse tranquilamente» (así como «estar presente», «permanecer en la propia morada» y «hacer algo sin interrupción»). Más concretamente, es «la manera de sentarse que forma parte de las ocho observancias de los ascetas».[202] Patañjali proporciona una instrucción: «La postura debe ser firme y cómoda» (2.46).[203] Esto se consigue utilizando la habilidad meditativa, «mediante la relajación del esfuerzo y la absorción en el infinito» (2.47).[204]

El enfoque general de Patañjali es un equilibrio de «práctica y desapego», *abhyasa* y *vairagya* (1.12).[205] La primera es «el esfuerzo por fijarse en la concentración de la mente [y] se establece firmemente cuando se ha cultivado ininterrumpidamente y con devoción durante un período prolongado» (1.13-14).[206] La segunda es «la consciencia controlada de quien no siente anhelo por los objetos sensoriales» (1.15).[207]Ambas trabajan conjuntamente para estabilizar la mente.

Para conseguirlo, los practicantes se sientan quietos. El comentario original 2.46 enumera una docena de posturas, todas ellas sedentarias: *padmasana* (la postura del loto), *virasana* (el héroe), *bhadrasana* (la mariposa), *svastikasana* (auspiciosa), *dandasana* (el bastón), *sopashraya* (apoyada), *paryanka* (la cama, que hoy en día significa reclinado), *kraunchanishadana* (la grulla sentada) *hastinishadana* (el elefante sentado), *ushtranishadana* (el camello sentado) y *samasamsthana* (simétrica). La línea concluye con *adi*, que significa «etcétera», lo que sugiere que también se conocían otras, pero que no se incluyeron.[208]

Una vez que el cuerpo está asentado y estable, se controla la respiración con *pranayama*, que ayuda a volver los sentidos hacia dentro (*pratyahara*). Los tres últimos elementos forman una progresión que va de la concentración (*dharana*) a la meditación (*dhyana*) y la absorción (*samadhi*). Cada parte del sistema se conoce como *anga*, que significa «miembro». Juntos, sustentan el objetivo último del yoga, definido como un estado más allá de la mente. Aunque se describen sucesivamente, no están jerarquizados. Los ocho son importantes, y ninguno de ellos se domina hasta que se alcanza el objetivo.

Hay muchas distracciones que se interponen en el camino, entre ellas «la enfermedad, la ociosidad, la duda, el descuido, la pereza, la falta de desapego, el malentendido, la incapacidad de alcanzar una base para la concentración y la inestabilidad» (1.30).[209] El remedio de Patañjali es encontrar un foco: «La práctica [de fijar la mente] en un objeto [debe realizarse] para eliminar estas perturbaciones», dice (1.32).[210] Después de enumerar una serie de objetos potenciales, señala que el samadhi puede alcanzarse «meditando sobre cualquier cosa que uno desee» (1.39).[211]

Esto justifica el yoga moderno, que se centra en las posturas. «Los ocho miembros del yoga tienen su lugar en la práctica de asana»,[212] escribe B. K. S. Iyengar, el influyente autor de *Luz sobre el yoga*. Solo hay que realizarlas con «conciencia total del ser a la piel y de la piel al ser».

K. Pattabhi Jois, que enseñó las secuencias rítmicas conocidas como Ashtanga, argumenta de forma similar. «Después de todo, no es posible practicar los miembros y submiembros de *yama* y *niyama* cuando el cuerpo y los órganos de los sentidos están débiles y acosados por obstáculos –señala–. Para controlar el cuerpo y los órganos de los sentidos, primero hay que estudiar y practicar las asanas»,[213] dirigiendo la mirada a puntos concretos mientras se respira profundamente.

A pesar de estos esfuerzos por anclar la práctica moderna en los sutras de Patañjali, sus métodos físicos se basan sobre todo en fuentes posteriores.

Atención concentrada

Patañjali favorece la meditación, refinando la mente hasta estados sutiles. Con el tiempo, estos se disuelven para revelar la consciencia pura. Esto ocurre por etapas con una práctica disciplinada.

Tras la orientación ética y la postura, la siguiente parte del marco del *ashtanga* es el *pranayama*, que «consiste en la regulación de la respiración entrante y saliente» (*Yoga Sutra* 2.49).[214] La respiración se contiene o se retiene, o se detiene a mitad del flujo, al principio con esfuerzo, luego espontáneamente. Con la práctica, cada una de estas variantes conduce a la «erupción» (*udghata*), una oleada ascendente de energía vital (2.50-51).[215] Como resultado, «la cubierta de la iluminación [del conocimiento] se debilita y la mente se vuelve apta para la concentración» (2.52-53).[216]

Esto se manifiesta primero como *pratyahara*, «el mayor control de los sentidos» (2.54-55).[217] Con la atención vuelta hacia el interior, el siguiente paso es *dharana*, «fijación de la mente en un lugar», que se convierte en meditación (*dhyana*) cuando se mantiene como «concentración de la mente en una imagen» (3.1-2).[218] El refinamiento de esta es *samadhi,* en el que la claridad meditativa «brilla como el objeto solo» y la mente aparece sin forma (3.3).[219] Cuando solo queda la consciencia, «sobreviene la liberación» (3.55).[220]

Samadhi es difícil de describir porque trasciende el pensamiento. Significa «juntar» el sujeto y el objeto de la percepción. Se establece mediante «la eliminación [de la distracción] de la mente y la aparición de la unidireccionalidad» (3.11),[221] la concentración. Esto puede desarrollarse de varias maneras, desde «espirar y retener la respiración» hasta «concentrarse en un objeto sensorial» o en cualquier cosa que haga que la mente sea «luminosa [y] libre de deseos» (1.34-37).[222] Incluso «el conocimiento alcanzado durante el sueño» puede servir de apoyo para la concentración (1.38).[223]

Una vez que la mente está estable, hay múltiples niveles de concentración más profunda. Los cuatro primeros tienen paralelismos con las meditaciones del Buda previas al despertar: «Absorción con la conciencia física, absorción con la conciencia sutil, absorción con la dicha y absorción con la yoidad» (1.17).[224] Se denominan *samprajñata*, que significa *samadhi* con cognición. Otro nombre es *sabija*, o «con semilla», ya que su enfoque en los objetos deja huellas kármicas (1.46).[225]

Las categorías meditativas de Patañjali se solapan. Los refinamientos del *samadhi* con objetos también se denominan *samapatti*, «cuando la mente se vuelve como una joya transparente, tomando la forma de cualquier objeto que se le ponga delante, ya sea el objeto el conocedor, el instrumento del conocimiento o el objeto del conocimiento» (1.41).[226] Esto se divide a su vez en estados con conceptos mentales y sin ellos (*savitarka* y *nirvitarka*, 1.42-43),[227] y estados que tienen conciencia sutil y los que no la tienen (*savicara* y *nirvicara*, 1.44).

Detrás de todos ellos subyace la «lucidez del ser interior», una percepción experiencial de la armonía subyacente (1.47).[228] Más sutil que el pensamiento, solo puede emerger si la mente está tranquila. El último indicio de la cognición es «la determinación de poner fin [a todos los pensamientos]», dejando «solo impresiones latentes» que impiden nuevas huellas en la mente (1.18).[229] El estado resultante –más allá de todos los demás estados– es *nirbija samadhi*, una absorción «sin semillas» completamente distinta de las cosas materiales (1.51).[230]

Ver la luz

El objetivo del *Yoga Sutra* retrotrae la percepción a su fuente. Para percibir la consciencia pura, uno tiene que desmantelar su visión del mundo, que oscurece el verdadero conocimiento.

Según el Samkhya, la antigua filosofía en la que se basan los *sutras*, la mente tiene tres partes: una función cognitiva (*manas*), un narrador personal (*ahamkara*) y una inteligencia sutil (*buddhi*). Patañjali las combina como *chitta*, diciendo que el yoga acaba con la actividad en las tres. Normalmente, procesan la información de los sentidos, enredando el ser más íntimo con los objetos mundanos. «La conjunción entre el que ve y lo que es visto es la causa [del sufrimiento]», dice Patañjali (*Yoga Sutra* 2.17).[231]

En otras palabras, la unión es el problema, no la meta. Como explica Patañjali «la causa de la conjunción es la ignorancia», porque la materia –incluida la mente– se confunde con la consciencia (2.24).[232] «La ignorancia es la noción que toma el ser, que es gozoso, puro y eterno, por el inser, que es doloroso, sucio y temporal», dice (2.5).[233] La solución es sencilla: «Al eliminar la ignorancia, se elimina la conjunción» (2.25). [234] Para lograrlo, el intelecto, o *buddhi*, tiene que aprender a diferenciar la materia del espíritu.

«El medio para la liberación es el discernimiento discriminativo ininterrumpido», explica Patañjali (2.26).[236] Esta facultad, conocida como *viveka*, solo puede perfeccionarse en el mundo de la forma. Y puesto que la materia «existe con el propósito de [proporcionar] la liberación o la experiencia», podemos enredarnos más o trabajar para desenredarnos (2.18).

Pocos practicantes modernos quieren abandonar la vida mundana. Sin embargo, este enfoque puede aplicarse a las relaciones, mejorando los enredos. El método recomendado consiste en observar los *gunas*, las «cualidades» subyacentes de pesadez, vitalidad y luminosidad en todas las cosas. Centrándose atentamente en la interacción de las tendencias, se aprende a distinguir una cosa de otra, de modo que la claridad de *sattva* puede limitar las distracciones de *rajas* y *tamas*, o al menos intentar equilibrarlas. En el modelo de Patañjali, todas las formas de la materia –incluidas los *gunas*– se trascienden, hasta que todo lo que queda es la presencia atestiguadora del *purusha*.

Esto se desarrolla a través de la meditación. «Tras la destrucción de las impurezas como resultado de la práctica del yoga, surge la lámpara del conocimiento –explica Patañjali–, que culmina en el discernimiento discriminativo», que distingue la materia del espíritu (2.28).[237] Por consiguiente, brilla la luz de la consciencia: «El conocimiento nacido del discernimiento es liberador; tiene todo como objeto en todo momento simultáneamente» (3.54).[238] Y se dice que la liberación sobreviene «para aquel que ni siquiera tiene interés en [los frutos] de la sabiduría meditativa debido al más alto grado de percatación discriminadora» (4.29).[239]

Resulta difícil decir cómo es este resultado. *Purusha* es informe, descrito en la filosofía Samkhya como «el testigo, libre, indiferente, espectador e inactivo» (*Samkhya Karika* 19).[240] A veces se traduce como «alma», pero esto implica algo más que la visión de Patañjali de la conciencia clara.

Consciencia divina

A diferencia de la teoría no teísta del Samkhya en la que se basa, el *Yoga Sutra* da cabida a una deidad. Esto puede sonar desagradable para los practicantes seculares, pero el concepto de Dios de Patañjali es un arquetipo sin forma.

«El Señor es un *purusha* especial», el testigo purificado que descubre el yoga. «Él es intocado por los obstáculos [a la práctica del yoga], el *karma*, la fructificación [del *karma*] y las predisposiciones subconscientes» (*Yoga Sutra* 1.24).[241] Esto lo distingue de un yogui liberado que supera estos obstáculos: lo divino es eternamente trascendente, y nunca ha estado atado por el ciclo de nacimientos.

Este Ser Supremo –o estado inefable– es conocido como *Ishvara*, que significa «poderoso». No es un título sectario como Shiva («el auspicioso») o Vishnu («que todo lo penetra»). En cambio, se parece más a Brahman, la base omnisciente y omnipresente de la existencia: «Ishvara era también el maestro de los antiguos –dice Patañjali– porque no está limitado por el tiempo» (1.26).[242]

Haciéndose eco de los vates védicos, añade: «El nombre que lo designa es la sílaba mística Om» (1.27).[243] Esto fue explicado en la *Taittiriya Upanishad* (1.8) como: «Brahman es Om, este mundo entero es Om». El mero hecho de recitar el sonido puede liberar. «Su repetición y la contemplación de su significado [deben realizarse] –dice Patañjali–. De esto surge la realización de la consciencia interior y la liberación de todas las perturbaciones» (1.28-29).[245]

En la práctica, la «devoción al Señor» (*ishvara pranidhana*) es otro enfoque de la meditación (1.23).[246] Patañjali la alaba en tres ocasiones: la primera al describir el *samadhi*, la segunda como el último *niyama* de su sistema óctuple, y una vez más como parte fundamental del *kriya yoga*, junto con la autodisciplina (*tapas*) y el estudio independiente (*svadhyaya*). La forma más sencilla de hacer las tres cosas es cantar Om. Esto es altamente efectivo, dice Patañjali: «De la sumisión a Dios viene la perfección del samadhi» (2.45).[247]

Aunque se fomenta la devoción, está lejos de ser obligatoria. Los *sutras* enumeran múltiples formas de realizar el *samadhi*, declarando que «está cerca para aquellos que se aplican intensamente» en la concentración meditativa en cualquier objeto (1.21).[248] Sin embargo, Patañjali menciona lo divino: «Del estudio [de las escrituras], se establece una conexión con la deidad elegida», dice (2.44).[249] Puede tratarse de un dios personal, pero también puede ser la naturaleza, el amor, la vida o la perspectiva ampliada descrita en las *Upanishads*.

Los practicantes exitosos se vuelven casi divinos en sí mismos. Realizar el *purusha* significa dominar la materia para aislar la consciencia de los procesos cognitivos: «Solo en quien discierne la diferencia entre el *purusha* y el intelecto aumenta la omnisciencia y la omnipotencia», dice Patañjali (3.49).[250] Y puesto que hay que renunciar a esos poderes para alcanzar *kaivalya*, se podría incluso afirmar que los yoguis liberados trascienden lo divino.

Poderes mágicos

Cuando hoy se estudian los *sutras* de Patañjali, los dos primeros capítulos, sobre objetivos y técnicas, son los que más atención reciben. El tercero y el cuarto, que tratan de los resultados, se descuidan más. Esto se debe en parte a que lo que dicen puede ser difícil de interpretar. Alrededor de tres docenas de *sutras* –una quinta parte del texto– enumeran poderes que parecen sobrenaturales.

Estos «logros» místicos (*siddhis*) siempre han formado parte de la tradición del yoga. En el *Mahabharata* se dice que los ascetas tienen «fuerza» (*bala*), que hace referencia al control de los elementos naturales. Textos posteriores utilizan la palabra *siddha* para «aquel que ha alcanzado la meta más elevada». Tiene la misma raíz que *sadhana*, el término general para la práctica espiritual.

Patañjali dice que los *siddhis* pueden ser producto de la buena fortuna, las austeridades, las hierbas y el canto de mantras, pero el método que enseña se denomina *samyama*, que combina aspectos meditativos del *ashtanga yoga* (es decir, *dharana*, *dhyana* y *samadhi* realizados conjuntamente). Los signos de progreso comienzan a aparecer a medida que la concentración sostenida desarrolla la conciencia. La observación del ciclo de causa y efecto conduce a la capacidad de predicción: «Cuando se realiza *samyama* sobre las tres transformaciones [de las características, el estado y la condición], sobreviene el conocimiento del pasado y del futuro» (*Yoga Sutra* 3.16).[251]

Los *sutras* siguientes hacen afirmaciones similares. Se dice que «el conocimiento del habla de todas las criaturas» surge de centrarse en las palabras, revelando significados ocultos (3.17).[252] Le sigue el «conocimiento de nacimientos anteriores» a partir de huellas en la mente, y el «conocimiento de la mente de otras personas» con solo observarlas (3.18-19).[253]

Otras hazañas son aún más extravagantes: «Realizando *samyama* sobre la forma externa del cuerpo, se alcanza la invisibilidad», dice Patañjali (3.21).[254] Desconozco cómo funciona, pero, al parecer, se altera el espacio, bloqueando la luz. Algunas ediciones del texto añaden un *sutra* adicional sobre la invisibilidad (numerado 3.22 cuando aparece, aunque en realidad forma parte del comentario original al 3.21). En él se dice que un yogui puede utilizar un método para evitar ser oído, tocado, saboreado u olido. Esto ha desaparecido de la mayoría de las traducciones, que enumeran ciento noventa y cinco *sutras* (y no 196, como a veces se afirma).

Entre sus muchos logros, el maestro del *samyama* prevé su propia muerte, se vuelve tan fuerte como un elefante y conoce todo el cosmos. Puede recuperar objetos distantes y proyectar su mente fuera de su cuerpo, y «desatando la causa de la esclavitud, y mediante el conocimiento de los pasadizos de la mente, la mente puede entrar en los cuerpos de los demás» (3.38).[255] También tiene el poder de levitar y volar, ya que «mediante *samyama* sobre la naturaleza burda, la naturaleza esencial, naturaleza sutil, constitución y propósito [de los objetos, se alcanza] el dominio sobre los elementos» (3.44).[256]

Como resultado, «no hay limitaciones a causa de las capacidades naturales del cuerpo» (3.45).[257] Un yogui puede penetrar en las rocas, permanecer seco en el agua, resistir cual-

138 **Historia del yoga**

quier viento y evitar quemarse. Puede encogerse hasta el tamaño de un átomo, volverse ligero como una pluma o tan vasto como una montaña, y tocar la luna con un dedo. También hay versiones «superiores» de los sentidos, dice Patañjali, antes de advertir: «Estos poderes son logros para la mente saliente, pero obstáculos para el *samadhi*», ya que conducen a involucrarse en actividades mundanas (3.36-37).[258] Aunque *samyama* produce omnipotencia, hay que renunciar a ella: «Por el desapego incluso de este logro, y sobre la destrucción de las semillas de todas las faltas, *kaivalya*, sobreviene la liberación suprema« (3.49-50).[259]

Los comentarios tradicionales hablan de estos poderes como verdades literales. ¿Los yoguis los imaginaron o persuadieron a otras personas como hábiles magos? ¿Tal vez tuvieron experiencias en las que se sentían como volar, que se convirtieron en historias fomentando la práctica? En el contexto de la filosofía Samkhya, tienen su propia lógica. Dado que todo lo material evoluciona a partir del estado más sutil de la mente, cuando esta es controlada se vuelve como una célula madre, capaz de transformarse en cualquier otra cosa.

¿Espléndido aislamiento?

Patañjali no aclara si los yoguis liberados pueden vivir en el mundo. Describe cómo liberarse, pero dice que las cosas materiales quedan «desprovistas de todo propósito [cuando] el poder de la consciencia se sitúa en su propia naturaleza esencial» (*Yoga Sutra* 4.34).[260]

El estado emancipado de *kaivalya* puede significar tanto «unidad» (en el sentido de integración como *purusha*) como «soledad» (en el sentido de separación del mundo). En cualquier caso, no hay indicación de actividad futura. La existencia material parece formar parte del problema, por lo que la solución es cerrar la mente y separarse del cuerpo. O como dice un erudito: «El yoga exige que la persona se desintegre». Esta sombría conclusión de Yohanan Grinshpon imagina *kaivalya* como «el final absoluto e insondable», a la vez «infinitamente más profundo y definitivo que la muerte».[261]

Otros lo discuten. No hay obligación de sentarse como una piedra durante el resto de la vida. Pero esto es lo que *kaivalya* parece implicar, por lo que hacer algo diferente sugiere detenerse en seco. Una lectura alternativa de Ian Whicher considera *kaivalya* como «un cambio de identidad permanente», en el que desaparece la visión personal del mundo. En consecuencia, explica, «nuestros patrones egocéntricos de apego, aversión, miedo y demás se han transformado en formas de ser altruistas».

Por muy atractivo que esto pueda parecer, en realidad no se trata en el *Yoga Sutra*, cuyo único objetivo es aislar la consciencia. No se menciona lo que ocurre después. La apelación de Whicher a la compasión tiene más en común con el voto del bodhisattva de los budistas Mahayana, que posponen la liberación para ayudar a otros seres. «Las acciones no solo deben ejecutarse con espíritu de altruismo (es decir, sacrificio) o desapego, también deben ser éticamente sólidas», escribe Whicher.[262]

Esto no es exactamente lo mismo que el mensaje de Patañjali. Él pretende cambiar la conducta de las personas para silenciar sus mentes y retirarse de la sociedad, no involucrarse más en ella. Por supuesto, sus métodos pueden combinarse con una perspectiva diferente. Whicher destaca un *sutra* (1.5) que señala que el pensamiento puede ser «perjudicial o no perjudicial».[264] Dado que la actividad mental se interpone en el camino de la percepción de la consciencia, solo puede ser no perjudicial si está libre de aflicciones. Esto lo convertiría en iluminado, inspirando la acción altruista.

Sin embargo, si Patañjali deseaba fomentar eso, podría haberlo hecho explícitamente. Solo hay una alusión a algo similar, en el comentario que acompaña al *sutra* 4.30: «Al cesar esas acciones aflictivas, el iluminado se libera incluso en vida».[265] Siendo el conocimiento erróneo la causa del renacimiento, «nadie con un atenuado [entendimiento] vuelve a nacer». En cualquier caso, el objetivo es dejar atrás el mundo, no vivir más armoniosamente con los demás.

Los *sutras* de Patañjali se presentan a menudo como versiones de terapia, que facilitan la felicidad y una mayor plenitud. Muchas de sus ideas alivian el sufrimiento, pero, a menos que abandonemos la vida mundana, nuestro objetivo es otro. La mayoría de los practicantes modernos viven en sociedad y recurren a los *sutras* para superar las ilusiones y actuar con más habilidad. Desde la perspectiva de Patañjali, esto nos mantiene enredados. Tal vez la discrepancia significa que su filosofía necesita actualizarse, pero afirmar que dice algo diferente crea más confusión.

Teorías rivales

A pesar de su popularidad actual, el yoga de Patañjali no siempre fue tan dominante. Al cabo de pocos siglos, sus postulados habían sido desacreditados por el Vedanta, que se convirtió en la principal corriente de la filosofía índica. El *Yoga Sutra* seguía siendo influyente, pero la mayoría de los comentaristas estudiaron el texto desde una perspectiva diferente.

Patañjali cita tres fuentes válidas de conocimiento: «La percepción, la lógica y el testimonio verbal», que tradicionalmente deberían alinearse con las enseñanzas védicas (*Yoga Sutra* 1.7).[266] Él mismo fue cuestionado por el erudito del siglo VIII Adi Shankara, que promovía la unidad descrita en las *Upanishads*. Esto contradecía el objetivo de Patañjali, basado en la filosofía Samkhya, de distinguir la consciencia de la materia. «Al rechazar la tradición Samkhya, también se ha rechazado la tradición del yoga –escribió Shankara–. Esto se debe a que, contrariamente a los textos revelados, la escuela del yoga enseña que la naturaleza primordial es una causa independiente..., aunque esto no se enseña ni en los Vedas ni entre la gente» (*Brahma Sutra Bhashya* 2.1.3).[267]

Las objeciones de Shankara iban más allá: la teoría de Patañjali no solo era errónea, sino que no funcionaba. Uno de sus comentarios señala que «el control de los estados mentales es algo diferente del conocimiento del ser que surge de los textos védicos, [y] esto ha sido prescrito para la práctica en otro sistema (es decir, el yoga)». Incluso se pregunta si valdría la pena hacerlo, y concluye: «No, porque no es conocido como medio de liberación» (*Brihad Aranyaka Upanishad Bhashya* 1.4.7).[268]

Otros criticaron a Patañjali por parecer demasiado budista, una forma popular de menospreciar a pensadores rivales. Como las tradiciones devocionales proliferaban, también se le acusó de no centrarse adecuadamente en una deidad. A pesar de todo, el *Yoga Sutra* se conservó, combinándose con otras filosofías índicas a medida que el yoga se desarrollaba. Este proceso fue moldeado por el surgimiento del tantra, que añadió nuevos métodos de transformación. En lugar de renunciar a la existencia material, el cuerpo podía purificarse para acceder a la divinidad.

Aunque el yoga de Patañjali se citaba en listas de sistemas filosóficos, casi nadie se centró en sus enseñanzas. Los primeros traductores buscaron en vano expertos. «Ningún pandita en estos días profesa enseñar este sistema»,[269] escribió James Ballantyne tras recorrer Varanasi a mediados del siglo XIX. Unas décadas más tarde, Rajendralal Mitra no tuvo más éxito. «Tenía esperanzas de leer la obra con la ayuda de un yogui profesional –escribió Mitra–, pero me he sentido decepcionado. No pude encontrar a ningún pandita en Bengala que hubiera hecho del yoga el tema especial de su estudio».[270]

El interés extranjero por el texto inspiró un nuevo compromiso por parte de los maestros indios. El más destacado fue Vivekananda, que escribió un libro sobre el *Yoga Sutra* en la década de 1890. El título de esta obra era *Raja Yoga*, o «el rey de los yogas», y a pesar de estar centrada en Patañjali, algunas ediciones llevaban el subtítulo de *Vedanta Philosophy* (*Filosofía Vedanta*). Muchos maestros modernos son igual de eclécticos, combinando los *sutras* con diferentes ideas, desde la atención plena (*mindfulness*) budista a la psicología cognitiva. Mezclar y combinar siempre ha sido parte de la evolución del yoga, pero es importante tener claro que lo que «dice Patañjali» no siempre es lo mismo que lo que lo presentan los profesores.

3. *Hatha yoga*

El texto sobre yoga físico es el *Hatha Pradipika*, que se basa en una serie de enseñanzas anteriores. Junto con ideas de tradiciones ascéticas, también se incluyen algunos aspectos del tantra. Sin embargo, el énfasis está en la práctica, no en la filosofía. Y aunque sus métodos están centrados en el cuerpo, su objetivo final sigue siendo el aquietamiento de la mente.

Transformación

Las primeras enseñanzas sobre el yoga tienen poco que decir sobre la práctica postural. En su mayoría promueven sentarse quieto para abstraerse en la meditación, con el objetivo de evitar el renacimiento trascendiendo el cuerpo y el mundo. Esto empezó a cambiar con la aparición del *hatha*, un enfoque que se enseñó por primera vez en textos de hace menos de mil años.

Literalmente, *hatha* significa «obstinación» o «fuerza». Se refiere tanto al esfuerzo como a sus poderosos efectos. Algunas técnicas de *hatha* se adaptaron de las penitencias de los ascetas, como permanecer de pie sobre una pierna o mantener un brazo estirado por encima de la cabeza. Estos arduos métodos son la forma más antigua de yoga postural. El esfuerzo intenso producía calor interno, que se decía que producía poderes especiales. Sin embargo, los primeros yoguis son a menudo retratados como objetos inanimados, completamente desapegados de su entorno mundano.

Las prioridades cambiaron con el tantra, la forma religiosa más popular a finales del primer milenio. En lugar de mortificar el cuerpo para buscar la liberación, los practicantes tántricos pretendían transformarlo, preparándose para venerar al divino –e incluso unirse con él–. Los rituales tántricos incluían formas purificadoras de manipular la respiración y otras energías vitales, desarrollando ideas de la era védica. Estas se combinaron con objetivos ascéticos para dar forma al *hatha yoga*.

Posteriormente, los textos yóguicos enseñaron posturas con beneficios terapéuticos. También ayudaron a prepararse para controlar la mente utilizando fuerzas internas sutiles. El yoga físico se hizo menos extremo y más accesible a los hogares. Sin embargo, sus enseñanzas seguían siendo esotéricas, y algunas podrían sonar extrañas a los lectores modernos. El yoga, tal y como lo conocemos, se desarrolló a partir del *hatha*, pero en formas modificadas.

¿Qué es el tantra?

La palabra sánscrita *tantra* significa «telar», o los hilos utilizados para tejer. También puede referirse a un «marco» de doctrinas y métodos en textos sagrados, que a menudo son titulados tantras. Aunque el uso moderno implica algo sexual, este no es el objetivo principal de las enseñanzas tradicionales, que buscan la potenciación física y la liberación espiritual.

Entre los siglos V y XIII, las religiones tántricas se generalizaron en la India. Aunque los sacerdotes brahmanes seguían celebrando ritos védicos, estos atraían menos a los gobernantes. La devoción tántrica les proporcionó nuevas formas de aumentar su poder. Para ser apto para adorar a Shiva, Vishnu, o la Diosa –las principales deidades tántricas– había que cultivar y purificar el cuerpo. Esto también podía extenderse al cuerpo político, por lo que el proceso tenía dimensiones mundanas, y la práctica purificadora podía ser incluso dichosa.

Existen muchos sistemas de tantra diferentes, incluidas las versiones budistas que se extendieron por el Tíbet. Lo que les une es el énfasis en el ritual. Comienza con la iniciación por parte de un gurú, que comparte enseñanzas secretas. Las prácticas incluyen cantar mantras, realizar ofrendas a las deidades y visualizar fenómenos sutiles. En algunas formas de tantra, los dioses están separados. En otras, el objetivo es la unión con la divinidad. Sus enfoques van de lo ortodoxo a lo salvajemente transgresor, utilizando lo que generalmente se considera «impuro» como medio para despertar, como el sexo orgiástico embriagado en un crematorio a la luz de la luna.

Estos extremos se limitaban a las minorías, ya que los tantras interiorizaban el ritual sexual. Los textos utilizan metáforas para hablar de filosofía, uniendo deidades masculinas y femeninas. Sin embargo, también hay instrucciones para combinar –e imbuir– fluidos sexuales, además de comentarios ambiguos como este, que sugiere que los recuerdos del sexo evocan estados meditativos: «El deleite experimentado en el momento de la unión sexual, cuando la energía femenina se excita y cuando la absorción en ella se completa, es similar a la dicha espiritual [de Brahman] y se dice que esa dicha es la del ser» (*Vijñana Bhairava* 69).[1]

Sean cuales sean sus métodos, la mayoría de las enseñanzas tántricas tienen dos objetivos: la liberación y los poderes. Muchos enfoques anteriores consideraban que estos objetivos eran contradictorios. Aunque a veces los yoguis buscaban ambos, se les instaba a desprenderse de distracciones materiales, incluida la omnipotencia. Por el contrario, el tantra permitía el compromiso con el mundo, utilizando el ritual para transformar lo mundano en sagrado. La práctica tántrica se basa en la idea de que el mundo material es una manifestación de la energía cósmica, que es divina. Al desarrollar una conciencia sutil, se pueden encontrar conexiones con los dioses en el cuerpo.

Gurús y dioses

Muchos tantras describen lo que enseñan como secretos sagrados. Para comprender su significado y cómo ponerlo en práctica se necesita la iniciación. Este proceso ritual da acceso al conocimiento y al poder directo del gurú, que encarna lo divino y revela cómo realizarlo.

«El gurú es el propio Shiva supremo, manifiestamente perceptible encerrado en una piel humana», explica el *Kularnava Tantra* (13.54-56).[2] «Es para proteger y ayudar a sus devotos por lo que Shiva, aunque sin forma, toma forma y, lleno de compasión, aparece en este mundo en forma de gurú».

Tanto si las tradiciones tántricas son Shaiva (dedicadas a Shiva), Vaishnava (a Vishnu) o Shakta (a formas de la Diosa), incluyen la idea de que para adorar a una deidad hay que cultivar la divinidad en uno mismo. Como los gurús ya lo han hecho, canalizan este poder para iniciar a los alumnos. La conexión entre los gurús transmite el potencial para realizar la liberación.

«Sin iniciación no hay cualificación para [practicar] yoga», dice el *Malini Vijayottara Tantra* (4.6).[3] Otras enseñanzas tántricas explican por qué: «Solo la iniciación libera de esta esclavitud omnipresente que bloquea el estado más elevado, y conduce [al alma] por encima [de ella] al nivel de Shiva», señala una introducción a la sección sobre yoga en el *Mrigendra Tantra*.[4]

En teoría, los tantras tradicionales constan de cuatro partes: una sobre doctrina (*vidya*), otra sobre rituales (*kriya*), una tercera sobre técnicas (*yoga*) y una sección sobre la conducta (*charya*). En la práctica, la mayoría se centran en rituales para energetizar el cuerpo y divinizarlo. Por tanto, la purificación es esencial, y el proceso comienza con la iniciación. En efecto, el maestro elimina los bloqueos kármicos del alumno, al menos temporalmente, recitando mantras para canalizar a la deidad.

El objetivo de la práctica es repetirlo para uno mismo, como evoca el mantra *shivo 'ham*, o «Yo soy Shiva», un eco de la antigua máxima «Yo soy Brahman». El gurú también es venerado como una forma de dios, una idea que se ha extendido más allá de las tradiciones tántricas. Se le da voz ampliamente en veneraciones religiosas como esta (citada en textos de la Sociedad Internacional para la Consciencia de Krishna): «Ofrezco mis respetuosas reverencias a mi maestro espiritual, que con la luz de la antorcha del conocimiento ha abierto mis ojos, que estaban cegados por la oscuridad de la ignorancia».[5]

Aunque la palabra *gurú* significa «pesado» en sánscrito, algunos textos la redefinen para enfatizar este mensaje. Por ejemplo, la *Advaya Taraka Upanishad* (16): «La sílaba "gu" denota oscuridad, la sílaba "ru" apunta al que la disipa. Debido a la capacidad de disipar la oscuridad, uno es llamado gurú».[6] Esto es realmente un dispositivo de enseñanza, no el significado literal de estos sonidos, pues -*gu* es la raíz de un verbo que significa «descargar heces».

Someterse a los maestros conlleva riesgos: «Muchos son los gurús que despojan a sus discípulos de sus riquezas», advierte el *Kularnava Tantra* (13.108).[7] «Difícil de encontrar, oh, Diosa, es el gurú que destruye los sufrimientos de los discípulos». No obstante, «servir devotamente al maestro» ha sido una característica del yoga desde el *Mahabharata* (3.2.75).[8]

Puede ser difícil evitar ceder poder en el proceso de aprendizaje, por lo que la discreción es esencial a la hora de elegir un maestro. Incluso los más sabios siguen siendo seres humanos con una serie de atributos, como subraya esta oda popular a los gurús:

gurur brahma gurur vishnuh gurur devo maheshvarah
guruh sakshat param brahma tasmai shri gurave namah

«El maestro es Brahma, el creador. El maestro es Vishnu, el
  preservador.
El maestro es Shiva, el destructor.
Me inclino ante ese maestro sagrado,
que está ante mis ojos y es el Espíritu Supremo».[9]

Mantras tántricos

El canto es una de las disciplinas espirituales más antiguas de la India. Proporcionó la banda sonora –y a través de ella la sustancia– de los rituales védicos. También fue elogiado en el *Mahabharata* como una práctica liberadora, y en el *Yoga Sutra* como una manera de conseguir absorberse en la medita-

152   Historia del yoga

ción. El tantra desarrolla estos conceptos, empaquetando poderes divinos en sílabas individuales.

Un mantra es una herramienta para controlar la mente: la palabra combina la raíz verbal de «pensar» (*man*) con un término para «instrumento» (*tra*). Los rituales los utilizan para canalizar las energías de los dioses dentro del cuerpo. La corriente principal de la religión tántrica se conoce a veces como *mantra marga* –el «camino de los mantras»–, cuyos tonos sánscritos son sutiles herramientas de transformación.

El carácter sagrado del sonido se remonta a los Vedas, en los que Vach es la diosa de la palabra y el mundo toma forma a partir de una única sílaba, el imperecedero *akshara*. Este se equipara con Om, que representa tanto la unidad como Ishvara, el intemporal «maestro de los antiguos« (*Yoga Sutra* 1.26).[10] En la *Ishvara Gita* (64), se dice a un yogui que «medite en el eterno Shiva, que tiene una sola forma, después de purificar todos los elementos por medio del Om».[11] Los aspectos más poderosos de los mantras no siempre se vocalizan. La vibración de Om tiene un eco silencioso, «el sonido del espacio dentro del corazón», al que se accede para comprender (*Maitri Upanishad* 6.22).[12]

Los tantras amplían la gama de sonidos con cualidades sagradas. Las combinaciones de sílabas, que a menudo carecen de significado en el uso ordinario, forman «guirnaldas» o *mala*, mantras. Entonados por sí mismos, se conocen como mantras «semilla» o *bija*. Funcionan como hechizos, cuya repetición conjura poderosos resultados. Los textos los envuelven en mis-

Hatha yoga   **153**

terio o encriptación. Incluso descifrados, pueden no tener sentido. Por ejemplo, el mantra en el *Khechari Vidya* (1.35-41) parece ser *hskhphrim*. Los resultados de recitarlo medio millón de veces suenan más impresionantes: «Todos los obstáculos son destruidos, los dioses están complacidos y, sin duda, desaparecerán las arrugas y las canas».[13]

El aspecto transformador de los mantras depende de la fe que los practicantes depositen en ellos. Aunque se han publicado muchos, solo adquieren poder cuando los transmiten gurús relacionados con los dioses. Sin esta carga, no son más que un ruido, potencialmente útil para aquietar la mente o inducir un trance, pero no para invocar deidades.

Algunos sonidos cotidianos adquieren un significado ritual. Según uno de los primeros tantras, un yogui debe «meditar en Shiva como el alfabeto, centrándose en cada fonema por turno».[14] Esto forma parte de un método que identifica la materia y los reinos más sutiles con sílabas sánscritas. «Después de meditar sobre los veinticuatro elementos [inferiores], debe reflexionar sobre ellos mediante el mantra de la sílaba simiente», antes de refinar la conciencia para realizar estados espirituales en los que «obtendrá el poder sobrenatural asociado al elemento conocido y se igualará a Shiva» (*Nishvasa Tattva Samhita Uttarasutra* 5.7-27).

Los mantras adquieren un significado físico, dando vida a las enseñanzas como experiencias sentidas. Sin embargo, su exclusividad puede hacer sospechar a los extraños. Muchos indios modernos asocian el tantra con la magia negra, y la expresión *tantra mantra* suena parecido a «conjuro». Otro término foráneo sería *hocus-pocus* («abracadabra»). Lo utilizan los ilusionistas, que pudieran haberse inspirado en la misa católica, en la que el sacerdote convierte una oblea en carne recitando: «Esto es el cuerpo de Cristo», en latín. El término «*hocus-pocus*» podría ser una corrupción de *hoc est corpus*.

Imágenes místicas

Los rituales tántricos buscan deconstruir el cuerpo y convertirlo en divino. Los diagramas simbólicos conocidos como *yantras* ayudan a conseguirlo. Junto con los mantras y las visualizaciones, se utilizan para refinar la conciencia.

Su nombre combina una palabra para «control» (de la raíz verbal *yam*) y otra para «instrumento» (*tra*): un yantra es una herramienta para fijar la mente en su objeto de concentración. Los más sencillos son trozos de tela con mantras inscritos, que se llevan como amuletos de la suerte o se utilizan para refrescar la memoria del practicante.

Los *yantras* más elaborados son arte abstracto que representa a las deidades en formas geométricas como el *mandala* (literalmente «círculo»), que se extiende en anillos desde un punto central enmarcado por una estrella o un patrón de triángulos.

Las descripciones tántricas de los dioses son muy detalladas. En una de ellas se dice que hay que meditar en Shiva «con cuatro caras en forma de loto de color amarillo, negro, blanco y rojo, azul oscuro en la garganta, de hombros anchos, con diez brazos largos y bien formados, el pecho ancho, lleno y alto, con costados, vientre y ombligo elegantes, las caderas cubiertas con un hermoso vestido, con dos muslos llenos y bien redondeados, con rodillas y piernas bien torneadas, blancas hasta los tobillos, con pies y manos rojos, en las manos una espada, un escudo, un arco, una flecha, un bastón de calavera, una cabeza humana, un cántaro de agua, un rosario, y los gestos de generosidad y protección» (*Mrigendra Tantra Kriyapada* 3.50-54).[15]

Los diseños de los *yantras* pueden ayudar a memorizar símbolos. Suelen tener pétalos en forma de loto, que marcan la ubicación de mantras y dioses. Un mandala puede albergar todo un panteón o múltiples dimensiones de una deidad. Esta disposición puede utilizarse como mapa para la práctica tántrica, en la que las energías de los dioses se instalan en el cuerpo. El primer paso de este proceso se denomina *bhuta shuddhi*, o «purificación de los elementos», con meditaciones sobre la tierra, el agua fuego, aire y espacio mientras se recitan mantras.

«Expulsando al Señor por la fosa nasal derecha, [el practicante] se coloca en medio de un *mandala* circular que tiene la apariencia de mil soles» dice un antiguo tantra dedicado a Vishnu, el *Jayakhya Samhita* (10.23-27)[16]. «Debe visualizar [el elemento tierra] entrando en su propio cuerpo desde el exterior, y, pronunciando el mantra [*Om shlam prithivyai*

156   Historia del yoga

hum phat], debe imaginarlo como tranquilizado [para a continuación] gradualmente disuelto en su forma-mantra, y este rey-mantra disuelto en la energía del olor», que se relaciona con la tierra. Disolviendo los cinco elementos de esta manera, junto con su sentido personalizado del yo, emerge purificado.

Las deidades se canalizan mediante *nyasa*, «situando» poderes divinos en determinadas partes del cuerpo. «Habiendo instalado la sílaba sagrada llamada Bhairava [una forma feroz de Shiva] en la cresta, y Rakta en la frente, debe instalar Karala en la boca –dice el *Brahma Yamala* (12.60-62)–.[17] Y a Chandakshi en el loto de la garganta [y] a Mahocchushma en el corazón. Karali en el loto del ombligo, Dantura en el loto de los genitales, Bhimavaktra en la rodilla, Mahabala en el loto de los pies». Estos deben ser visualizados en la existencia, uno por uno, hasta que un practicante se convierte en lo divino.

Se utilizan métodos similares para crear imágenes aptas para el culto. El auge del tantra vino acompañado de otras tradiciones devocionales, que se desarrollaron en torno a las historias de los dioses que se cuentan en los *Puranas*. Las deidades rara vez eran representadas antes de este periodo. Los rituales védicos simplemente las describían. El énfasis del tantra en la visualización fue transformador, inspirando la creación de templos e imágenes, siendo ambos adoptados por los sacerdotes brahmanes.

Los seis elementos del yoga

La mayoría de los sistemas de yoga enseñados en los tantras tienen seis elementos (*shadanga*). Estos son en gran medida los mismos que los ocho de Patañjali en el *Yoga Sutra*, aunque omiten la ética de *yama* y *niyama*, y sustituyen las directrices posturales por el razonamiento (*tarka*). Al igual que otros métodos yóguicos primitivos, los rituales tántricos implican sentarse quieto para meditar.

La práctica suele comenzar con rondas de limpieza de control de la respiración. El tantra más antiguo utiliza la expresión «purificación de los canales», o *nadi shuddhi*, para referirse a la respiración alternada a través de cada fosa nasal, como resultado de la cual «cesan el apego y el odio» (*Nishvasa Tattva Samhita Nayasutra* 4.110-18).[18] También introduce términos para la inspiración (*puraka*), la espiración (*rechaka*) y la retención (*kumbhaka*) que los textos yóguicos posteriores adoptan.

El objetivo del *pranayama* es «eliminar cualquier defecto en las facultades», dice la sección sobre yoga del *Mrigendra Tantra* (4-6).[19] La atención puede entonces dirigirse hacia el interior, hasta que «la consciencia pierde todo contacto con los objetos de los sentidos, y por tanto la mente se vuelve apta para concentrarse en cualquier foco». La mayoría de los tantras especifican objetos de concentración, y el foco último es la deidad. Sin embargo, como continúa el texto: «Para el principiante, el único foco apropiado es uno de estos [ele-

158 Historia del yoga

mentos] empezando por la tierra» (*Mrigendra Tantra Yogapada* 36).[20]

Las descripciones del yoga tántrico varían mucho. Sin embargo, la mayoría alienta el enfoque interior (*pratyahara*), la concentración (*dharana*) y la meditación (*dhyana*), utilizando métodos similares a los rituales de purificación, algunos de los cuales se incluyen en los textos de *hatha yoga*. Por ejemplo, si un practicante «conduce la respiración junto con la letra *y* la deidad [*la* y Brahma] a la tierra y la mantiene allí durante dos horas, alcanzará el dominio sobre la tierra», dice el *Vasishtha Samhita* (4.10).[21] Generalmente, *dharana* ata la mente y la respiración a los elementos materiales, mientras que *dhyana* es la visualización de la deidad.

Esto conduce finalmente a la absorción en *samadhi*, que significa unión con los dioses o encarnar sus cualidades lo más estrechamente posible. El razonamiento de *tarka* ayuda en ambos casos, identificando lo que hay que desarrollar y lo que hay que evitar. En la mayoría de los sistemas de seis partes, el *tarka* es la etapa previa a *samadhi*. Esto se hace eco del papel de un término similar en el *Yoga Sutra*, que dice que el discernimiento (*viveka*) es «el medio para la liberación» (*Yoga Sutra* 2.26).[22]

Sin embargo, a diferencia del yoga de Patañjali, aquietar la mente no es el objetivo final. En muchos tantras, el silencio del *samadhi* facilita visiones de conexión divina. «*Samadhi*, en el que hay disolución en el nivel de la realidad suprema, es lo que logra la unión», dice el *Parakhya Tantra* (14.16).[23]

O como dice otro texto: «Te enseñaré sobre *samadhi*, mediante el cual el yogui puede convertirse en Shiva, cuya imagen, perfeccionada por la visualización, debe contemplar con su visión yóguica una y otra vez con un corazón claro [y] con toda su atención» (*Matsyendra Samhita* 7.75-76).[24]

Estos estados meditativos producen poderes mágicos como los descritos en el *Yoga Sutra*. Se dice que equivalen a la liberación, ya que el yogui «experimenta el despliegue de su propia naturaleza como visión y acción, llena de dicha y eterna. Una vez que ha alcanzado esto, nunca volverá a tener contacto con el sufrimiento que perpetúa [el renacimiento]» (*Mrigendra Tantra Yogapada* 62-63).[25]

Para lograrlo, la mayoría de las instrucciones tántricas son muy prescriptivas, y la práctica ritualizada depende de la precisión. Los métodos menos ortodoxos dicen que todo vale si conduce al despertar: «Todas las observancias, reglas y regulaciones [que se encuentran en otros tantras] no están ni prescritas ni prohibidas –declara el *Malini Vijayottara Tantra* (18.74-82)–.[26] De hecho, solo hay un mandamiento [superior]: el yogui debe esforzarse al máximo por fijar su conciencia en la realidad. Debe practicar todo lo que lo haga posible».

El cuerpo yógico

Una de las mayores contribuciones del tantra al yoga es cómo despierta un cuerpo místico. Las redes sutiles de canales[27] para

160   Historia del yoga

la respiración se describen en las *Upanishads*, mientras que Patañjali enumera «el círculo del ombligo» y «el loto del corazón» como puntos de concentración. Los rituales tántricos añaden otra dimensión manipulando la energía para transformarla.

Los mecanismos utilizados pueden ser difíciles de localizar en los cuerpos humanos. Al abrir un cadáver no aparece ninguna flor en el corazón, ni miles de tubos que transportan el *prana*. Una visión excesivamente materialista puede oscurecer el funcionamiento del cuerpo sutil. Independientemente de que exista en términos materiales, sus elementos se materializan a través de la visualización.

Los rituales tántricos describen distintas versiones, pero sus prioridades son similares. Las instrucciones de los textos se inscriben en el cuerpo como tatuajes trascendentes, produciendo lo que necesita para obtener poderes especiales o la liberación. La mayoría de los sistemas tántricos tienen puntos energéticos que se utilizan para focalizar la concentración. Algunos de estos centros están conectados con dioses, y, como el cuerpo contiene el universo en microcosmos, la meditación da vida a las deidades.

Por citar una descripción: «Brahma está en el corazón; Vishnu, en la garganta; Rudra, en el paladar, e Ishvara está entre las cejas, y en la punta de la nariz está [el Ser Supremo] Sadashiva –explica el *Parakhya Tantra* (14.73-74)–.[28] Los diversos lugares se enseñan de acuerdo con [sus] diversas deidades, con el propósito de la reabsorción [gradual]».

Otros textos incluyen elaboradas constelaciones, con «océanos, ríos, regiones [y] guardianes de las regiones; lugares de reunión, lugares sagrados, sedes [de deidades y] las deidades en las sedes; mansiones lunares, todos los planetas, sabios y hombres santos; la luna y el sol, moviéndose causando la creación y la destrucción; el cielo, el viento y el fuego; el agua y la tierra» (*Amrita Siddhi* 1.16-19).[29]

Los cinco últimos elementos –de los que están hechas todas las cosas– pueden aprovecharse físicamente en la práctica tántrica, reorganizando el cuerpo para reflejar la divinidad. Aunque las técnicas y los objetivos varían, la mayoría centran la atención en la columna vertebral, que corresponde al monte Meru, el hogar de los dioses. Elevar la conciencia hasta la coronilla –y más allá, hasta el infinito– formaba parte de las primeras descripciones del yoga. Posteriormente, se desarrolla de forma que el control de la respiración refina la mente para acceder a fuerzas internas sutiles. Los tantras describen esto en detalle, proporcionando un marco para la evolución del yoga físico.

Nadis invisibles

Un tema recurrente en los textos yóguicos es la presencia en el cuerpo de canales sutiles (*nadis*) que, según las *Upanishads* comienzan en el corazón y se extienden desde allí. El número exacto varía, pero la *Brihad Aranyaka Upanishad* dice que hay

162   Historia del yoga

setenta y dos mil, una cifra que se encuentra a menudo en enseñanzas posteriores.

Inicialmente, los *nadis* se utilizaban para explicar cómo la conciencia se volvía hacia el interior, asentándose en un espacio donde «el ser es lo real detrás de las funciones vitales» (*Brihad Aranyaka Upanishad* 2.1.20).[30] El alejamiento del mundo exterior reveló este yo interior, o *atman*. Al morir, ascendía por el canal principal y alcanzaba la liberación a través de la coronilla.

Las descripciones de los *nadis* tienen poco en común con la anatomía humana. Un texto dice: «Son tan finos como un cabello partido mil veces [y] contienen los fluidos más finos naranjas, blancos, negros, amarillos y rojos» (*Kaushitaki Upanishad* 4.20).[31] Estos contenidos suelen definirse como energías vitales: «Impulsados por las diez clases de respiraciones –dice el *Mahabharata* (12.178.15)-,[32] los conductos, ramificados desde el corazón, transportan los jugos líquidos que producen los alimentos, hacia arriba, hacia abajo, y en direcciones transversales».

La mayoría de las referencias a los *nadis* en los tantras hacen hincapié en la respiración: «En esos [canales] tienen lugar los movimientos del viento», dice el *Parakhya Tantra* (14.53).[33] Otros mencionan cinco *vayus* o vientos específicos: «*Prana* junto con *apana* se debe visualizar en el ano; *prana* junto con *samana*, en el ombligo; *prana* junto con *udana*, en la garganta; *prana* junto con *vyana* [hay que visualizarlo] en todas partes». (*Nishvasa Tattva Samhita Nayasutra* 4.131).[34] Una vez familiarizado con las distintas respiraciones, el yogui debe invertir el flujo de *prana*, que tiende a ascender, y *apana*, que desciende. La combinación de ambos produce un trance que puede conducir al despertar.

También se identifican dos *nadis* particulares: «Se enseña que la respiración ascendente es "el día", y la respiración descendente es "la noche"». Se debe saber que [el conducto llamado] *Sushumna*, el [movimiento del sol], procede hacia el norte; *Ida* es el movimiento hacia el sur» y entre ellos «el alma» es sostenida por la respiración (*Nishvasa Tattva Samhita Uttarasutra* 5.37).[35] Los nombres de estos canales han sido ampliamente adoptados, aunque no las descripciones. El *Shiva Samhita* –un texto yóguico del siglo XV– dice que hay trescientos cincuenta mil *nadis*, de los cuales «tres son preeminentes: Pingala, Ida y Sushumna. De los tres, Sushumna es el más importante, el amor de los maestros yoguis. Los demás canales de los seres encarnados están conectados con este» (*Shiva Samhita* 2.15-16).[36]

Sushumna es el canal central, que asciende por la columna vertebral hasta la parte superior de la cabeza. Tiene su raíz en un «bulbo» o *kanda* cerca de la base del abdomen, dice el *Vasishtha Samhita* (2.24-28) del siglo XIII: «Sushumna, que sostiene el universo,[37] [es] el camino hacia la liberación en la apertura de Brahman [en la coronilla]. Ida está situado a su izquierda y Pingala a la derecha. La luna y el sol se mueven en Ida y Pingala», extendiéndose hacia arriba hasta las fosas nasales izquierda y derecha. «Has de saber que la luna está en Ida; el sol se dice que está en Pingala».

164 Historia del yoga

El canal lunar izquierdo refresca, mientras que el canal solar derecho aporta calor. Se «purifican» respirando alternativamente a través de cada uno, desbloqueando Sushumna. Una vez completado el proceso de purificación, «la respiración obliga a abrir la boca del Sushumna y entra fácilmente en él», dice en el *Hatha Pradipika* (2.41)[38] del siglo xv. Esto es esencial para alcanzar la liberación: «Mientras la respiración en movimiento no entre en el Sushumna –advierte el *Hatha Pradipika* (4.114)–, hablar del verdadero conocimiento no será mas que parloteo arrogante y engañoso».[39]

Chakras imaginarios

Las partes más conocidas del cuerpo yóguico son a menudo las más incomprendidas. Los chakras son «ruedas» sutiles a lo largo de la columna vertebral, utilizadas originalmente como puntos de concentración. Solo existen realmente si se imaginan. Algunas enseñanzas del yoga los ignoran por completo.

Existen muchos sistemas diferentes de chakras, con distintos números y ubicaciones. El modelo predominante hoy en día, con seis a lo largo de la columna vertebral y un séptimo en la coronilla, es una mezcla de tradición e invención reciente. La referencia más antigua procede del *Kubjikamata Tantra* del siglo x (11.34-35),[40] en el que se describe el ano como el *adhara*, una «base» o «soporte», al que más tarde se añade *mula*, o «raíz», como prefijo. El *svadhishthana* se encuentra por encima de él en el pene, *manipuraka* (o *manipura*) en el ombligo, y *anahata* en el corazón. *Vishuddhi* está en la garganta, y *ajna* entre los ojos.

En general, los chakras son plantillas para la visualización. Se presentan en los tantras como formas de transformar el cuerpo de un practicante, implantando símbolos conectados a dioses. Algunos textos enumeran más de una docena, otros menos de cinco. A veces se los llama *adharas*, o «soportes» para la meditación, o «lotos», por los pétalos que enmarcan sus diseños. En cualquier caso, se dice que son centros de una red de canales de energía vital, y centrarse en sus posiciones refina la percepción.

Otra lista temprana da nombres diferentes: *nadi, maya, yogi, bhedana, dipti* y *shanta*. «Ahora te hablaré de la excelente, suprema y sutil meditación visualizadora», dice el *Netra Tantra* (7.1-2),[41] describiendo el cuerpo como compuesto por «seis chakras, las vocales de apoyo, los tres objetos y los cinco vacíos, los doce nudos, los tres poderes, el camino de las tres moradas y los tres canales». Esta desconcertante variedad de ubicaciones es habitual en los tantras, cuyos mapas de los reinos interiores suenan a menudo contradictorios.

Unos siglos más tarde, se impuso la versión de los siete chakras. Esta añade el *sahasrara* –una «rueda de mil radios» o un «loto de mil pétalos»– en la parte superior de la cabeza (o a veces por encima, como en el *Shiva Samhita*). Otro texto yóguico enumera los mismos siete puntos sin mencionar los chakras: «El pene, el ano, el ombligo, el corazón y, por encima de este, el lugar de la úvula, el espacio entre las cejas y la apertura al espacio: se dice que son los lugares de meditación del yogui» (*Viveka Martanda* 154-155).[42] Sea cual sea la definición de los puntos, estos funcionan como marcadores para la toma de conciencia.

El triunfo de este modelo es obra de sir John Woodroffe, juez británico en la India colonial, que utilizaba el seudónimo de Arthur Avalon. En 1919, escribió un libro titulado *The Serpent Power* (*El poder de la serpiente*), que incluía una traducción del *Shat Chakra Nirupana*, o «Descripción de los seis chakras», del siglo XVI. Otros escritores occidentales compartían el interés de Avalon por las ideas tántricas. El ocultista Charles Leadbeater también escribió sobre los chakras en la década de 1920. Los libros de ambos siguen siendo influyentes, junto con las teorías de Carl Gustav Jung, que incorporó los chakras a su sistema de símbolos.

Los autores *new age* han desdibujado la distinción entre creaciones mentales y hechos físicos, presentando los chakras como si existieran, en lugar de ser visualizados. Suelen representarse con colores del arco iris que no se encuentran en las fuentes sánscritas originales. También se les atribuyen atributos que los relacionan con piedras preciosas, planetas, enfermedades, glándulas endocrinas, palos del Tarot y arcángeles cristianos, entre otros.

Algunas menciones de mantras también son engañosas. Los rituales tántricos los relacionan con elementos representados en los chakras, no con los chakras en sí. Así que recitar un mantra «semilla» –o *bija*– relacionado con el aire es poco probable que sirva para abrir el corazón, salvo por efectos placebo. Sin embargo, centrar la atención en tales cosas puede hacerlas reales, al menos en el ámbito de la experiencia subjetiva. Y puesto que así es como los tantras dicen que se invoca a las deidades, quizá el uso de los chakras por parte de los practicantes modernos no sea tan diferente.

El ascenso de la Kundalini

La práctica del yoga tiene como objetivo desencadenar la transformación. El potencial para ello se simboliza en los textos como la diosa serpiente Kundalini, que significa «la que está enroscada» en la base de la columna vertebral. Se dice que permanece dormida hasta que se libera su *shakti* o «poder». Los métodos yóguicos ayudan a elevar esta energía, disolviendo la mente en la consciencia despierta.

Al igual que los chakras por los que asciende, la Kundalini recibió su nombre por primera vez en los tantras, y más tarde fue adoptada por el yoga físico. Su ubicación es «dos dedos por encima del ano, dos dedos por debajo del pene», afirma el *Shiva Samhita* (2.21-23) del siglo xv.[43] «Allí, en forma de una enredadera de relámpagos, está la gran diosa Kundalini. Enroscada tres veces y media, sutil, parecida a una serpiente».[44]

168 Historia del yoga

Otra descripción yóguica cuenta ocho espirales, y dice que la serpiente se endereza practicando el control de la respiración, impulsándola hacia el eje central del cuerpo: «El fuego encendido por la respiración quema continuamente a Kundalini. Calentada por el fuego, la diosa del canal, que entra en los tres mundos, se adentra en la boca del canal de Sushumna en la columna vertebral [y] junto con la respiración y el fuego perfora el nudo de Brahma» (*Yoga Bija* 96-97).[45]

Este es uno de los tres obstáculos que bloquean el camino de Kundalini. Estos nudos, o *granthis*, reciben el nombre de dioses: Brahma, cerca de la base de la columna vertebral; Vishnu, en el centro, y Rudra (sinónimo de Shiva) en la parte superior. Los textos más antiguos, como el *Mahabharata*, hablan de un «nudo en el corazón» creado por la duda, que al desatarse da lugar a la felicidad. La Kundalini es aún más poderosa.

«Cuando la Kundalini dormida se despierta por la gracia del gurú –dice el *Hatha Pradipika* (3.2) del siglo xv–,[46] todos los lotos e incluso los nudos se abren», de modo que el *prana* puede ascender por el canal central y vaciar la mente. Este estado es intemporal y produce la «dicha suprema», rociando el cuerpo del yogui desde la planta de los pies hasta la cabeza con el néctar fresco, untuoso y húmedo [de la inmortalidad]», añade el *Khechari Vidya* (3.11-13).[47]

Sin embargo, la experiencia no siempre es agradable ni fácil de integrar: «De repente, con un estruendo como el de una cascada, sentí una corriente de luz líquida que entraba en mi cerebro a través de la médula espinal»,[48] cuenta el místico indio Gopi Krishna, que solía sentarse durante muchas horas «contemplando un imaginario loto en flor». Un día, se convirtió en él: «Experimenté una sensación de balanceo y luego sentí que me deslizaba fuera de mi cuerpo, completamente envuelto en un halo de luz».[49] Un calor abrasador lo abrumó, y osciló entre la alegría y la desesperación durante la década siguiente.

«La tortura que sufrí al principio fue causada por la inesperada liberación de la poderosa energía vital a través de un nervio equivocado»,[50] concluye. En lugar de ascender por el canal central como se esperaba, Kundalini subió por el *nadi* Pingala, la conexión solar con la fosa nasal derecha. Solo se salvó de morir cuando «con toda la fuerza de voluntad que me quedaba, puse mi atención en el lado izquierdo del asiento de Kundalini, y traté de forzar una corriente fría imaginaria hacia arriba»[51] a través del canal lunar, Ida.

Aunque algunas técnicas puedan ser de naturaleza «imaginaria», sus resultados son alarmantemente reales para el sistema nervioso central. Al igual que ocurre con las drogas psicodélicas, se produce una experiencia. Sea cual sea su causa, los efectos son intensos. Pero también se desvanecen, por lo que no son el objetivo eterno del yoga. Sin embargo, ofrecen una visión más allá de la mente: «Igual que se abre una puerta con una llave, así el yogui abre la puerta de la liberación con Kundalini», dice el *Hatha Pradipika* (3.105).[52] Sin embargo, también hay otros caminos hacia la liberación.

Geografía sagrada

Otro aspecto del tantra que configura la práctica yóguica es la idea del cuerpo como un cosmos en miniatura. Aunque algunos de sus detalles tienen un significado añadido en los rituales tántricos, se nombran en las instrucciones para el yoga físico, conectando anatomía con lugares sagrados del mundo.

Los canales energéticos sutiles utilizados en el control de la respiración se comparan con las vías fluviales de las alturas del Himalaya. Como aparece representado en el *Hatha Ratnavali* (4.38-39): «La columna vertebral es el monte Meru»,[53] el centro del cosmos, con otros huesos mayores formando cordilleras de picos y los ríos *nadis*. «Ida es conocido como el Ganges, Pingala es el Yamuna [y] Sushumna es conocido como Sarasvati», cuyas aguas se dice que convergen en un popular lugar de peregrinación. Mientras tanto, «los componentes del cuerpo son islas, y la saliva y el sudor son los siete mares».

Otros textos nombran diferentes ríos: «Ida se llama Varana, Pingala se llama Asi. Entre ellos está Varanasi»,[54] la antigua ciudad donde ambos se unen al Ganges, dice el *Shiva Samhita* (5.132-34): «Sushumna va por el camino de Meru hacia la apertura de Brahman [en la coronilla]. Se la celebra como Ganga», que es una diosa además de un río. Millones de personas la veneran a diario, juntando las palmas de las manos en la frente antes de zambullirse en sus turbias aguas. Su mirada hacia arriba tiene una variante yóguica. Como se enseña en el *Hatha*

Pradipika (4.48): «El lugar de Shiva está entre las cejas. Allí la mente se disuelve».[55]

Una técnica relacionada, que puede parecer bizca, lleva el nombre de Shambhu, un epíteto de Shiva. Como se describe en el *Chandravalokana* (1): «Cuando [el yogui] se enfoca internamente con la mirada, sin pestañear, dirigida hacia el exterior es el *mudra shambhavi*, que está oculto en todos los tantras».[56] Otros puntos de concentración tienen un significado añadido. «Arriba –dice el *Shiva Samhita* (5.191-92)– está el divinamente hermoso loto Sahasrara, que otorga la liberación. Se llama Kailasa, y [Shiva] vive allí».[57] Kailash, como se conoce, es una montaña en el Tíbet, venerada por los hindúes, budistas y jainistas como morada yóguica.

Como resultado de esta práctica, señala el *Hatha Pradipika* (4.37),[58] «la realidad de Shiva se manifiesta. Esto no es ni el vacío ni su opuesto». En otras palabras, el yogui alcanza un estado de consciencia no filtrado, en el que todas las cosas surgen y posteriormente son reabsorbidas. Esto se equipara a Shiva en el tantra (*Vijñana Bhairava* 116): «Dondequiera que vaya la mente, ya sea fuera o dentro, allí mismo está el estado de Shiva. Puesto que él es omnipresente ¿dónde más podría ir la mente?».[59]

A pesar de sus referencias a deidades, y a veces a doctrina, la mayoría de los mapas yóguicos son formas de apuntar al infinito.

Unir los opuestos

Inspirado en parte por el objetivo tántrico de fundirse con los dioses, se dice que la meta del yoga físico es la unión. Esto invierte el objetivo de separación del *Yoga Sutra,* en el que la conciencia se separa de la materia. Las definiciones yóguicas de fusión adoptan múltiples formas, desde movimientos armonizados de la respiración hasta teorías más sutiles.

A diferencia de la conexión de *atman* y Brahman en las primeras *Upanishads*, la mayoría de estas ideas implican actividad física: «La respiración sale con un sonido *ha* y entra con un sonido *sa*. Este es el mantra *hamsa hamsa*. Todos los seres vivos lo repiten», dice el *Yoga Bija* (146-147)[60] del siglo XIV: «La repetición se invierte en el canal central y se convierte en *tan 'ham*», que significa «Yo soy eso», una declaración de unidad de las *Upanishads*.

La respiración también puede equilibrarse a través de cada fosa nasal. La izquierda es alimentada por Ida –el canal lunar, refrigerante, o *nadi*–, mientras que Pingala es su compañero solar en la derecha. Como se enseña en el *Shiva Samhita* (3.24-26): «El yogui sabio debe bloquear Pingala con su pulgar derecho, inspirar a través de Ida, y contener la respiración, [entonces] espirar a través de Pingala –suavemente no rápidamente– antes de inspirar por Pingala y contener la respiración [para luego] espirar por Ida».[61] Se dice que repetir este proceso durante veinte ciclos cuatro veces al día durante tres meses purifica los canales.

Como esto estabiliza el cuerpo para que se concentre en sí mismo, se utiliza para explicar por qué el yoga físico se conoce como *hatha*. Como se define en el *Yoga Bija* (148-49): «El sol se indica con la sílaba *ha*, la luna por la sílaba *tha*. El *hatha yoga* recibe ese nombre de la unión del sol y la luna».[62] Sin embargo, ninguna de estas sílabas significa «sol» o «luna», y *hatha* se traduce como «fuerza». Al igual que llamar a un gurú «eliminador de la oscuridad» (en lugar del significado literal, «pesado»), la definición se inventa para aclarar las enseñanzas.

En general, el yoga busca reconciliar los opuestos. El flujo ascendente del *prana* y el descenso del *apana* se invierten, combinándose en el abdomen para generar calor. Controlar la respiración conecta otras polaridades, elevando la *shakti* femenina (en forma de la diosa Kundalini) para fundirse con Shiva, su consorte masculino (y metáfora de la consciencia), por encima de la coronilla. Puesto que esta fusión da lugar al despertar, tiene implicaciones más amplias: «Del mismo modo, la unión de todas las dualidades se llama yoga» (*Yoga Bija* 90).[63]

Shiva y *shakti* son difíciles de precisar. Muchos tantras se enseñan como un diálogo entre las dos divinidades. Sin embargo, se dice que ambas están presentes en todas las cosas. Y como la vida depende de la energía y la consciencia, se dice que son inseparables. Representados como una sola figura, mitad masculina y mitad femenina, Shiva y *shakti* se conocen como Ardhanarishvara. Otras imágenes los muestran unidos

174   Historia del yoga

en cópula sexual, con la diosa encima de su pareja en posición supina. Esto ilustra un dicho popular: sin el poder de *shakti*, el poderoso Shiva sería *shava*, o «un cadáver».

En términos más generales, las formas encarnadas de práctica son maneras energéticas de trascender la mente.

¿Qué es *hatha*?

Aunque el yoga físico toma prestado material del tantra, también tiene raíces en las tradiciones ascéticas. Muchas técnicas *hatha* yóguicas fueron adaptadas de formas anteriores de austeridad, que se volvieron menos intensas y más atractivas para los practicantes comunes.

Esta distinción pasó desapercibida para los autores coloniales, que a menudo demonizaban a los yoguis como degenerados. En el diccionario de sánscrito Monier-Williams, la práctica física conocida como *hatha* se define como: «Un tipo de yoga forzado o meditación abstracta (que obliga a la mente a apartarse de los objetos externos) [que se] realiza con mucha autotortura, como ponerse de pie sobre una pierna, mantener los brazos en alto, inhalar humo con la cabeza invertida, etc.».[64]

Esto confunde el yoga con la autodisciplina intensa, o *tapas*, que los ascetas utilizan para generar poder. Aunque ambos están relacionados, sus métodos son diferentes. La palabra sánscrita *hatha* (pronunciada «huh-tuh») se traduce como «fuerza» y, por tanto, es una forma «enérgica» de yoga.[65] Sin embargo, los textos que lo instruyen dicen que debe practicarse *shanaih shanaih*, que significa «gradualmente», «lentamente» o «suavemente».

Otro significado literal de *hatha* es «obstinación», lo que arroja más luz sobre su funcionamiento. Sus técnicas son dinámicas y requieren una gran voluntad, pero esta debe equilibrarse con la moderación. La fuerza bruta está explícitamente descartada. Tanto el «sobreesfuerzo» como las «acciones que dañan el cuerpo» se mencionan como impedimentos para el éxito yóguico (*Hatha Pradipika* 1.15, 1.61).[66]

En el marketing moderno del yoga, la palabra «hatha» se utiliza a menudo para indicar un enfoque más suave, quizá en contraste con «flow». Sin embargo, si el *hatha* es realmente un estilo, incluye todas las formas posturales del yoga. Su innovación de las *asanas* sin sentarse marca un alejamiento de los rituales tántricos. A diferencia de las austeridades ascéticas, estas nuevas posturas no podían mantenerse años. Sería difícil mantener un brazo en equilibrio durante horas, por muy obstinado que fuera el practicante. Los textos sobre *hatha yoga* incluyen nuevos objetivos. Aunque la meta sigue siendo la libertad espiritual, las posturas se utilizan para cultivar el cuerpo, lo que facilita sentarse durante largos periodos manipulando la respiración. El resultado es un híbrido práctico de ideas anteriores. Inspirado en el ritual tántrico, el *hatha* utiliza esfuerzo corporal para mover las energías sutiles por la columna vertebral con objeto de disolver la mente en meditación.

Yoga para todos

Los textos sobre *hatha yoga* democratizan la práctica. Están compuestos en sánscrito sencillo, con un mínimo de filosofía. Aunque parece improbable que sustituyesen la guía de un maestro, sus instrucciones son más claras que los secretos tantras. En general, el *hatha* es un método práctico, no una doctrina esotérica.

Uno de los primeros textos que describen el *hatha yoga* dice que cualquiera puede probarlo, sea cual sea su origen o creencia: «Ya sea brahmán, asceta, budista, jainista, portador de calaveras tántrico o materialista, el sabio dotado de fe que se dedica constantemente a su práctica obtiene un éxito completo», dice el libro del siglo XIII *Dattatreya Yoga Shastra* (41-42).[67] «El éxito le sucede a quien realiza las prácticas; ¿cómo podría sucederle a quien no las realiza?».

La atención se centra en las técnicas físicas, mediante las cuales «todo el mundo, incluso los jóvenes, los ancianos o los enfermos, obtiene gradualmente el éxito» (*Dattatreya Yoga Shastra* 40).[68] El sabio Dattatreya, que presenta estas ideas, parece menos impresionado por los rituales tántricos. Llama canto a una práctica «que puede ser dominada por todos y cada uno». Dice: «El aspirante más bajo, el de pocas luces, recurre a este yoga, pues se dice que este yoga de los mantras es el más básico» (12-14).[69] Incluso formas de disolver la mente, algunas de las cuales proceden de los tantras, reciben poca atención. Como explica Dattatreya, existe una jerarquía de prácticas: «El yoga tiene muchas formas –le dice a su alumno–. Te lo explicaré todo: el yoga de los mantras (*mantra yoga*), el yoga de la disolución (*laya yoga*) y el yoga de la fuerza (*hatha yoga*). El cuarto es el yoga real (*raja yoga*), que es el mejor» (9-10).[70]

Otros textos enumeran los mismos cuatro yogas, coincidiendo en general en que el último es superior. Dattatreya dice poco sobre él, excepto que resulta del éxito en el *hatha*: «[El yogui] debe practicar utilizando estas [técnicas] que se han enseñado, cada una en el momento adecuado –dice al final de sus detalladas instrucciones sobre los métodos físicos–. Entonces surgirá el yoga real. Sin ellas definitivamente no se producirá» (160).[71]

Este mensaje se repite en textos posteriores. El *Hatha Pradipika*, del siglo xv, define el *hatha yoga* como una «escalera hacia las alturas del *raja yoga*»,[72] y dice que fue compuesto por compasión «para aquellos que desconocen el *raja yoga*, por vagar en la oscuridad de demasiadas opiniones diferentes» (*Hatha Pradipika* 1.1-3). La interdependencia de ambos se menciona a menudo: «Sin el *hatha*, el *raja yoga* no tiene éxito, ni el *hatha* tiene éxito sin el *raja yoga*. Así que el yogui debe practicar ambos hasta que estén completos» (*Shiva Samhita* 5.22).[73]

En la práctica, el *raja yoga* es *samadhi*, la máxima absorción en meditación profunda. La innovación del *hatha* consiste en hacerlo accesible mediante métodos físicos, de los que se dice que aquietan la mente si se realizan correctamen-

178 Historia del yoga

te. Por el contrario, advierte el compilador del *Hatha Pradi-pika* (4.79), «Considero que aquellos practicantes que solo hacen *hatha*, sin conocer el *raja yoga*, están trabajando infructuosamente».[74]

El rey de los yogas

El término *raja yoga* se refiere a un estado sin actividad mental. Se describe en un texto del siglo XII llamado el *Amanaska*, cuyo título significa «sin mente». Aunque el *hatha yoga* afirma que la mente puede silenciarse mediante técnicas físicas, el raja yoga también se alcanza por otros medios. El propio *Amanaska* rechaza la práctica física por considerarla irrelevante.

«¿Qué se gana –pregunta– con los cientos de [formas] de contener la respiración, que causan enfermedad y son arduas –u otros métodos de *hatha*–, que son dolorosos por naturaleza y difíciles de dominar?». En cambio, la respiración se detiene por sí misma cuando la mente está quieta (*Amanaska* 2.42).[75] Del mismo modo, «la meditación sobre los centros corporales, los canales y [otros] soportes es engaño de la mente. Por lo tanto, debes abandonar todo eso, que es creado por la mente, y no abrazar ninguna mente» (*Amanaska* 1.7).[76]

Los resultados parecen escenas meditativas del *Mahabharata*: «El yogui que ha realizado el estado natural de no-mente queda instantáneamente inmóvil como resultado de haber realizado la vacuidad de todos los estados», dice el *Amanaska* (2.76).[77] «Como es alguien en quien la respiración ha cesado radicalmente, [se asemeja] a un trozo de madera inanimado [o] a una lámpara situada en un lugar sin viento».

Esta condición se dice que es agradable: «[El yogui], que se contenta con la dicha, se vuelve devoto a la práctica constante. Cuando la práctica se ha vuelto constante, no hay método prescrito ni progreso paso a paso». (*Amanaska* 2.53).[78] Cualquier esfuerzo por llegar a alguna parte es un obstáculo. «Dondequiera que vaya la mente, no hay que impedírselo [porque] al ser impedida, aumenta su fuerza. Igual que un elefante sin una akusa que le controle, habiendo obtenido sus deseos, deja de vagar, así la mente, sin impedimentos, se disuelve por sí misma» (*Amanaska* 2.71-72).[79]

Otros textos logran la quietud mental a través del *laya yoga*, un medio tántrico de «disolver» el pensamiento: «Cuando se ha alcanzado la unión, la mente se disuelve», dice el *Yoga Bija* (150-51).[80] «La respiración se vuelve firme cuando surge la disolución. De la disolución se obtiene la felicidad, el estado más elevado de dicha en uno mismo». El *Dattatreya Yoga Shastra* enumera siete técnicas para la práctica de *laya*, desde tumbarse boca arriba hasta mirar fijamente a la frente. La mirada fija también está implicada en el *shambhavi mudra*, el único método aconsejado en el *Amanaska*, que dice que aquieta la mente elevando la energía.

En el *Hatha Pradipika* (4.57) se transmite un enfoque más sencillo en términos contundentes: «Abandona todos los pen-

180 Historia del yoga

samientos, no pienses en nada».[81] Para aquellos a los que esto les parece un reto, sugiere una alternativa: «Al final de la retención de la respiración en *kumbhaka*, la mente debe quedar libre de objetos. Practicando así, se alcanza la etapa del *raja yoga*» (*Hatha Pradipika* 2.77).[82] Independientemente de cómo se alcance, este objetivo es el más elevado. *Raja yoga* es lo mismo que *samadhi*, más una docena de sinónimos más, como *amanaska, laya* y *Advaita*, o no-dualidad, dice el *Hatha Pradipika* (4.3-5): «Así como la sal colocada en el agua se une a ella para formar una sola sustancia, así la mente forma una sustancia con el *atman*, el verdadero ser. Esto es lo que se conoce como *samadhi*».[83]

La integración de sujeto y objeto se describe ampliamente en los textos de *hatha*. «Habiéndolo abandonado todo, empezando por los estados de "yo" y "mío", aquellos cuyas mentes están estables en el venerable *raja yoga* no tienen la experiencia de ser un observador ni la de una cosa a ser vista. Solo prevalece una conciencia aislada», dice el *Yoga Taravali* (16).[84] Eso ayuda a explicar el título regio (la palabra *raja* significa «rey»). Citando el *Amanaska* (2.3): «Se llama yoga real porque es el rey de todos los yogas».[85]

Un cuerpo de conocimientos

Quinientos años antes de *Luz sobre el yoga*, de B. K. S. Iyengar, otra obra influyente arrojó «luz sobre el *hatha*», el significado del título del *Hatha Pradipika*. Aunque es conocido como un texto innovador, toma prestados muchos de sus versos de fuentes anteriores. Estos se recopilan para que la práctica de *asanas* forme parte de un sistema que conduce a la absorción en *samadhi*.

Una fuente importante es el *Dattatreya Yoga Shastra*, que es una de las primeras en llamar *hatha yoga* a sus enseñanzas. Sin embargo, algunos de estos métodos aparecen en un texto anterior de budistas tántricos. Esta obra, del siglo XI, se llama *Amrita Siddhi*, que se traduce como: «Alcanzar el Néctar de la Inmortalidad». Su enfoque físico no se denomina *hatha*, pero funciona de forma similar para elevar la energía vital. La mayoría de los textos posteriores enseñan las principales técnicas del *Amrita Siddhi*.

Esto no significa que los budistas inventaran necesariamente el *hatha yoga*, pero codificaron algunas de sus enseñanzas de forma influyente. Aunque sus textos eran esotéricos, se dirigían a un público amplio, prefigurando el mensaje del *Dattatreya Yoga Shastra*: «Tanto si [el yogui es] un padre de familia o un asceta, constantemente dedicado a la práctica del yoga y diligentemente sin centrarse [en ninguna otra cosa], debe esforzarse por alcanzar su objetivo» (*Amrita Siddhi* 19.6).[86]

A pesar de este estribillo universal, cada texto que sigue es ligeramente diferente. Hasta hace poco, se habían traducido relativamente pocos. Junto con el *Amrita Siddhi* y el *Dattatreya Yoga Shastra*, otros son el *Amaraugha Prabodha*, el *Goraksha Shataka*, el *Vasishtha Samhita*, el *Viveka Martanda*, el *Khe-*

182 Historia del yoga

chari Vidya, el *Yoga Bija* y el *Yoga Taravali*, además de los más conocidos *Yoga Yajnavalkya* y *Shiva Samhita*. Se dice que juntos forman un «corpus» o conjunto de textos sobre el *hatha yoga*.

La edición de lo más destacado del *Hatha Pradipika* tiene sus inconvenientes. La combinación de ideas puede hacer que algunas de sus enseñanzas suenen contradictorias. También cuenta una historia mítica sobre los orígenes del *hatha*. Los versos iniciales se refieren a un linaje de gurús tántricos conocidos como *Naths*: «Matsyendra, Goraksha y otros conocen bien la ciencia del *hatha*. Por su gracia, [el autor] Svatmarama también la conoce» (*Hatha Pradipika* 1.4).[87] En la práctica, un copia y pega de una serie de tradiciones, incluidas las de ascetas no tántricos.

Otros autores hicieron híbridos similares, sin nombrar a los Naths. El *Shiva Samhita* es un ejemplo de ello. Los Naths son maestros legendarios de la magia tántrica. Algunos estudiosos bromean acerca de que esto explica su reputación como inventores del *hatha*. Sin embargo, en realidad se debe a la concentración en un texto: el *Hatha Pradipika* se hizo más popular que cualquiera de sus fuentes.

Práctica, práctica...

La mayoría de los textos que enseñan *hatha yoga* temprano tienen poco que decir sobre filosofía. Aunque el *Hatha Pradi-*

pika rinde homenaje a Shiva y a los gurús tántricos Nath, la doctrina sectaria no se menciona realmente. Al igual que las fuentes cuya obra combina, las técnicas prácticas son su enfoque principal.

Esta simplicidad radical contrasta con los tantras, que solían estar envueltos en mistificación. Uno de los primeros textos *hatha* solo enseña una postura en términos sencillos, aunque insinúa una amplia gama de otras: «De los [8,4 millones] de posturas, escucha la mejor: la postura del loto enseñada por [Shiva], que ahora se describe. Gira los pies hacia arriba y colócalos cuidadosamente sobre los muslos. [Esto] destruye todas las enfermedades y es difícil de alcanzar para cualquiera» (*Dattatreya Yoga Shastra* 34-38).[88]

Incluso aquellos que se sientan cómodamente en loto pueden enfrentarse a distracciones, por lo que el sabio Dattatreya sugiere cómo minimizarlas. Para que la práctica tenga éxito, dice, uno debe limitar su exposición a «cosas que crean obstáculos al yoga».[89] Sus prohibiciones descartan «la sal, la mostaza, [y] los alimentos agrios, calientes, secos o punzantes», concluyendo: «Hay que evitar comer en exceso, así como las relaciones sexuales con mujeres. Hay que evitar el uso del fuego y la asociación con pícaros» (*Dattatreya Yoga Shastra* 69-71).[90]

El *Hatha Pradipika* añade a esta lista advertencias contra los viajes, los baños matutinos y el ayuno excesivo. Aboga por «una dieta moderada», o *mitahara*, que se define como «comer alimentos satisfactorios y dulces para el placer de Shiva, dejando el estómago un cuarto vacío [y renunciando a] alimentos amargos, agrios, picantes, salados o calientes; hojas verdes, gachas agrias, aceite, semillas de sésamo, mostaza, alcohol, pescado, cabra u otra carne, cuajada, suero de mantequilla, legumbres *kulattha*, bayas de cola, tortas de aceite, asafétida, ajo, etc.» (*Hatha Pradipika* 1.58-59).[91]

Una vez establecidos estos hábitos, se aconseja al yogui construir una cabaña de práctica. Debe estar aislada, «libre de piedras, fuego, y humedad [con] una puerta pequeña, sin ventanas, sin agujeros para ratas; ni demasiado alta, ni demasiado baja, ni demasiado larga; bien enlucida con estiércol de vaca, limpia y libre de bichos, [en] un país que esté gobernado correctamente, virtuoso, próspero y pacífico» (*Hatha Pradipika* 1.12-13).[92]

Viviendo allí, la rutina del yogui está marcada por la práctica. Dattatreya sugiere cuatro sesiones diarias: al amanecer, al mediodía, al atardecer y en la medianoche. Sus instrucciones –para repeticiones de veinte rondas de respiración alternando las fosas nasales– aparecen literalmente repetidas en el *Hatha Pradipika*, que cuadruplica cada sesión a ochenta rondas. Se dice que esto purifica los canales sutiles del cuerpo en tres meses.

Se insta a los practicantes a orientarse hacia el este, hacia el sol naciente, o hacia el norte, hacia la estrella polar, como en la tradición védica. Textos posteriores añaden más detalles sobre cómo prepararse. «Sentado en un asiento grueso de hierba *kusha*, piel de antílope [o] de tigre o una manta, debe limpiar sus *nadis*», dice el *Gheranda Samhita* (5.33)[93] del siglo XVIII, que eleva la intensidad de la práctica a ocho veces al día. En el siglo XIX, ser yogui parece un trabajo a tiempo completo: el comentario de Brahmananda sobre el *Hatha Pradipika* añade el culto ritual y el estudio de textos al ciclo regular de métodos físicos y meditación.

Si se menciona la filosofía, su tema básico es la unión no dual. Se dice que es el estado más elevado e indescriptible. La práctica puede combinarse con una amplia variedad de puntos de vista, lo que la aleja de la religión dominante. El mensaje final es claro, dice el *Hatha Pradipika* (1.65-66): los practicantes triunfan; los no practicantes no. «La plenitud en el yoga no nace simplemente de la lectura de textos sagrados. La causa de la plenitud no es llevar una ropa determinada, ni hablar de ello. La práctica es la única causa de la plenitud, esta es la verdad; no hay duda».[94]

Posturas complejas

Entre los siglos XII y XV, los textos sobre *hatha yoga* incluyen más posturas. El *Hatha Pradipika* enseña quince, casi la mitad de las cuales implican acciones dinámicas como flexiones, torsiones o equilibrios. Las presenta como parte de un sistema con beneficios físicos, que prepara el cuerpo para la meditación sentada.

Antes, la mayoría de los textos yóguicos se limitaban a nombrar formas de sentarse (la definición de *asana*). Algunos, como el *Yoga Bija*, no enseñan ninguna postura. Una innovación importante del *Hatha Pradipika* es convertirlas en preludio de otras formas de práctica: «Puesto que *asana* es la primera [parte] del *hatha yoga*, se describe en primer lugar. Se deben practicar estas *asanas*, que dan estabilidad, salud y ligereza a los miembros y extremidades» (*Hatha Pradipika* 1.17).[95]

Dos de las que enseña son los equilibrios de brazos, ambos en textos anteriores. La primera es *mayurasana*, de la que se dice que es una de «las básicas» en la *Vimanarchana Kalpa* (96) del siglo X: «Fijar las palmas de las manos en el suelo, colocar los codos a ambos lados del ombligo, levantar la cabeza y los pies, y permanecer en el aire como un bastón –explica el texto–. Esta es la postura del pavo real».[96]

Unos siglos más tarde, *kukkutasana* también se describía en términos sencillos: «En la postura del loto, desliza ambas manos entre las pantorrillas y los muslos, colócalas en el suelo y levanta el cuerpo en el aire. Esta es la postura del gallo» (*Vasishtha Samhita* 1.78).[97] El *Hatha Pradipika* (1.24) añade una variante reclinada: «En la postura del gallo, enrolla los brazos alrededor del cuello y túmbate sobre la espalda como una tortuga boca arriba. Esto se llama *uttana kurmasana*», que se asemeja a lo que los practicantes modernos llaman *garbha purmasana*.[98]

Los nombres conocidos pueden inducir a error. La *kurmasana* original suena muy diferente a doblarse hacia delante con la parte superior de los brazos bajo las rodillas: «Presiona firmemente el ano con los tobillos en direcciones opuestas y siéntate bien erguido» (*Hatha Pradipika* 1.22).[99] Otra fuente de confusión es *dhanurasana*: «Cogiendo los dedos de los pies con las manos, llévalos hasta las orejas, como si conformases un arco», dice el *Hatha Pradipika* (1.25).[100] Hoy en día, se enseña como una flexión hacia atrás, pero el comentario de Brahmananda la interpreta de forma diferente, como la postura del «arquero», *akarna dhanurasana*: «Habiendo extendido una mano con la que se sujeta el dedo gordo del pie, se debe estirar, hasta la oreja, la otra mano con la que se sujeta el [otro] dedo gordo del pie».[101]

Otras posturas parecen inalteradas. *Matsyendrasana* implica la rotación de la columna vertebral: «Coloca el pie derecho en la base del muslo izquierdo y el pie izquierdo fuera de la rodilla derecha. Sujetar el pie y permanecer con el cuerpo girado. Esta es la *asana* descrita por Matsyendra», gurú de los Naths (*Hatha Pradipika* 1.26).[102] Y *pashchimatanasana* significa inclinarse hacia delante desde una posición sentada: «Estira ambas piernas en el suelo sin doblarlas, y, habiendo agarrado los dedos de los pies con las manos, coloca la frente sobre las rodillas y descansa» (*Hatha Pradipika* 1.28).[103]

También existe la «postura del cadáver» reclinada, o *shavasana*, junto con una serie de posturas sentadas. Como otros antes que él, el autor dice que su texto ha sido selectivo: «Ochenta y cuatro *asanas* fueron enseñadas por Shiva. De ellas, describiré las cuatro esenciales», escribe (*Hatha Pradipika* 1.33).[104] Estas son *padmasana, simhasana, bhadrasana* y *siddhasana*, tres de las cuales se nombran en el comentario sobre el *Yoga Sutra*, de Patañjali.

La última de ellas es cruzar los tobillos con las rodillas abiertas para sentarse es objeto de un elogio especial: «Los sabios inspirados saben que *siddhasana* es la mejor y más especial de todas las *asanas*», dice Svatmarama (*Hatha Pradipika* 1.38-40).[105] Elimina las impurezas de los setenta y dos mil *nadis*, y produce la plenitud yóguica en doce años si se practica regularmente con una alimentación moderada e introspección.

A pesar del desarrollo de las posturas, el objetivo sigue siendo una base estable para la concentración interior.

Remedios corporales

En contraste con el énfasis meditativo de las enseñanzas anteriores, los textos *hatha* yóguicos describen los beneficios físicos de la práctica postural. Entre ellos se incluye la estimulación de las fuerzas vitales, preparando a los practicantes para enfoques más sutiles.

Hay una «secuencia de práctica en el *hatha yoga*», dice el *Hatha Pradipika* (1.56):[106] «Posturas, variedades de control de la respiración, posiciones llamadas sellos [que manipulan la energía] y la concentración en el sonido interior». Aunque el objetivo final sigue siendo la absorción en *samadhi*, «los signos de progreso del cuerpo [y] ojos muy claros», así como la «salud» general (*Hatha Pradipika* 2.78).[107]

Esto se hace eco de un verso en la *Shvetashvatara Upanishad* (2.13): «Ligereza, salud, firmeza, claridad de la tez, voz agradable, olor dulce, excreciones leves, son los primeros resultados del progreso del yoga».[108] Los textos sobre *hatha* añaden otra dimensión: las posturas individuales pueden ser terapéuticas.

Algunos beneficios parecen evidentes. Por ejemplo, tumbarse en *shavasana* «elimina la fatiga, creando reposo en la mente» (*Hatha Pradipika* 1.32).[109] Otros suenan hiperbólicos. Tanto *padmasana*[110] –loto completo– como *bhadrasana* –presionar las plantas de los pies juntas con las rodillas hacia el lado– se han declarado «destructoras de todas las enfermedades» (*Hatha Pradipika* 1.47, 1.54).[111]

Las afirmaciones de *mayurasana* –un equilibrio desafiante en el que ambos codos presionan el ombligo– suenan más centradas. «No tarda en destruir todas las enfermedades del bazo y el estómago, aleja [los desequilibrios], enciende el fuego gástrico y digiere por completo todos los alimentos malsanos y el veneno» (*Hatha Pradipika* 1.31). Asimismo, la torsión de *matsyendrasana* «aumenta el apetito [y] es un arma que destruye todas las terribles enfermedades del cuerpo; su práctica diaria despierta la Kundalini», que desencadena la transformación (*Hatha Pradipika* 1.27).[112]

Se insta a los profesionales a que utilicen posturas, junto con «bloqueos» internos, o *bandhas*, para fortalecer el cuerpo de cara a técnicas más sutiles. «El yogui avanzado que ha superado la fatiga practicando *asanas* debe practicar la purifica-

190 Historia del yoga

ción de los *nadis* y la manipulación del *prana*» por medios físicos (*Hatha Pradipika* 1.55).[113] Se le aconseja continuar con estos métodos energéticos «hasta que se obtenga el fruto del *raja yoga*» y se disuelva la mente (*Hatha Pradipika* 1.67).[114]

El factor que vincula la mayoría de estas prácticas es la respiración, que se controla para atraer la atención hacia el interior. Citando el *Hatha Pradipika* (2.1): «Cuando el yogui está firme en *asana*, posee autocontrol y sigue una dieta adecuada y moderada, debe practicar *pranayama* siguiendo el camino enseñado por el gurú».[115]

Acciones de limpieza

A veces, el *Hatha Pradipika* suena contradictorio. Por ejemplo, controlar la respiración es una forma de limpiar canales sutiles. Sin embargo, estos *nadis* deben ser limpiados a fondo antes de intentarlo.

«Cuando los *nadis* están perturbados por impurezas, la respiración no entra en el medio [es decir, en el canal liberador]. El yogui está en condiciones de controlar el *prana* solo cuando todos los *nadis* perturbados por las impurezas se vuelven puros», explica el texto (*Hatha Pradipika* 2.4-5).[116] Pero también cita una opinión contraria: «Solo con el *pranayama* se secan todas las impurezas» (*Hatha Pradipika* 2.37).[117]

A los que tienen los canales obstruidos se les aconseja que los limpien utilizando las «seis técnicas» que se agrupan bajo el nombre de *shatkarma*: «Quien es flácido y flemático debe practicar primero los seis actos. Otros que no tienen estos defectos no deben practicarlos» (*Hatha Pradipika* 2.21).[118] Estos métodos son tragar un trozo de tela antes de sacarlo (*dhauti*), enema (*basti*), introducir un hilo por cada fosa nasal y sacarlo por la boca (*neti*), mirar fijamente un objeto hasta que los ojos lloren (*trataka*), rotar los músculos abdominales (*nauli*) y respirar rápidamente (*kapalabhati*).

Hoy en día, el *kapalabhati* se enseña a menudo como *pranayama*, ya que el gurú indio Baba Ramdev lo promociona como tal en la televisión. Los demás son comparativamente poco frecuentes en las clases modernas. Sin embargo, se encuentran algunos equivalentes en los balnearios ayurvédicos, cuyos tratamientos purgativos incluyen «cinco acciones» o *panchakarma*: verter aceite por las fosas nasales, vaciar los intestinos, sangrías, enemas y vómitos.

Este último se enseña por separado en el *Hatha Pradipika*, que llama a la expulsión del contenido del estómago *gajakarani*, o «la técnica del elefante». Se utiliza para el control del recto abdominal, ayudando a sus músculos a salir como una columna. Se dice que batirlos en *nauli* es «la corona de la práctica del *hatha yoga*. Estimula el fuego gástrico si está embotado, aumenta el poder digestivo, produce felicidad y destruye todas las enfermedades y trastornos» (*Hatha Pradipika* 2.34).[119]

Otra forma de purificación aparece en algunas versiones del *Hatha Pradipika*, enseñando la ética antes que las pautas posturales. Las ediciones que así lo hacen enumeran diez *yamas* y diez *niyamas*, el doble de cada uno que el *Yoga Sutra*. Se incluyen la mayoría de los nombrados por Patañjali, junto con la paciencia, la resistencia, la sinceridad, la compasión, una dieta moderada, la caridad, la fe, la modestia, el discernimiento, el canto y el sacrificio. En cualquier caso, otro verso destaca el valor, la perseverancia, la paciencia, el conocimiento de la verdad y la intención fija como cualidades que ayudan, junto con «abandonar la socialización excesiva» (*Hatha Pradipika* 1.16).[120]

Sea como sea que uno se deshaga de las impurezas, el siguiente paso es claro: «Se debe practicar *pranayama*. Entonces el éxito en el yoga se consigue sin esfuerzo» (*Hatha Pradipika* 2.36).[121]

Respiración y bandhas

A pesar de que el *hatha yoga* se centra en las posturas, la técnica que lo define es el *pranayama*. El control de la respiración es la clave del éxito, por su poder para aquietar la mente.

«Cuando la respiración es inestable, la mente es inestable. Cuando la respiración es estable, la mente puede volverse estable. El yogui alcanza la estabilidad; por lo tanto, uno debe controlar la respiración», dice el *Hatha Pradipika* (2.2).[122] Sin embargo, advierte contra la exageración y alienta un enfoque gradual de la práctica. «Al igual que se puede domar gradualmente a un león, un elefante o un tigre, se debe prestar atención a la respiración, pues de lo contrario destruye al practicante» (*Hatha Pradipika* 2.15-16).[123] La práctica correcta reduce las enfermedades, «pero de la práctica incorrecta del yoga surgen todas las enfermedades».

La manipulación de la respiración repercute en los nervios, así como en los *nadis* por los que circula el *prana*. Los resultados son intensos, dice el *Dattatreya Yoga Shastra* (75-78): «Al principio aparece el sudor. [El yogui debe masajearse con él]. Aumentando lentamente, paso a paso, la retención del aliento, surge el temblor –advierte–. De la misma manera que una rana salta por el suelo, el yogui sentado en posición de loto se mueve por el suelo. Y al aumentar la práctica surge la levitación».[124]

El poder del *pranayama* crea una oleada ascendente de energía. El comentario original del *Yoga Sutra* llama a esto «erupción» (*udghata*).[125] Algunos tantras lo describen en términos de Kundalini, la fuerza espinal que se despierta equilibrando la respiración en cada fosa nasal, o invirtiendo su flujo ascendente y descendente. Para controlar la energía vital y ayudarla a ascender, los practicantes utilizan *bandhas*, o «bloqueos», que al principio son musculares, pero se hacen más sutiles con la práctica. Parece que proceden de tradiciones ascéticas.

«[El yogui] debe contraer la garganta y colocar firmemente la barbilla sobre el pecho. Este es el *jalandhara bandha*», o bloqueo de la barbilla, dice el *Dattatreya Yoga Shastra* (138).[126] En el extremo opuesto de la columna está el *mula bandha*, el bloqueo de la raíz. Para aprenderlo, el practicante «debe presionarse el ano con el talón y contraer enérgicamente el perineo una y otra vez, para que su respiración vaya hacia arriba» (*Dattatreya Yoga Shastra* 144).[127] También hay una elevación abdominal llamada *uddiyana bandha*, cuyas instrucciones son sencillas: «Llevar el vientre hacia atrás y el ombligo hacia arriba» (*Hatha Pradipika* 3.57).[128]

Una vez realizados, sellan el torso como un *kumbha*, que significa «olla», especialmente durante las retenciones, conocidas como *kumbhaka*. Generalmente, «el *bandha* llamado *jalandhara* debe ser después de la inspiración», mientras que «*uddiyana* debe realizarse al final del *kumbhaka* y al comienzo de la espiración» (*Goraksha Shataka* 57-61).[129] Además de la práctica purificadora de la respiración, el *Hatha Pradipika* enseña ocho técnicas de *pranayama*, a todas las cuales denomina *kumbhaka*.

Una de ellas se escucha con frecuencia en las clases modernas: *ujjayi*, un resuello «victorioso» con la garganta cerrada que puede sonar como el resuello de Darth Vader. Los otros son *bhastrika*, respiración profunda de «fuelle»; *bhramari*, respiración; *bhramari*, un «zumbido» al espirar, que suena como una abeja; *shitali*, una inspiración «refrescante» a través de la lengua rizada; *sitkari*, un equivalente de «silbido»; *suryabheda*, «atravesar el sol» inspirando por la fosa nasal derecha y espirando por la izquierda; *murccha*, retener la respiración hasta el punto de «desmayarse»; y *plavini*, «flotar» como una hoja de loto sobre el agua.

El objetivo de cada uno de estos métodos es la «estabilidad mental», o *manonmani*, que da lugar a la absorción. Al final de las retenciones de la respiración, uno debe vaciar la mente como preparación. También existe una vía rápida hacia el silencio: una retención espontánea llamada *kevala kumbhaka*. Las únicas instrucciones para ello son contundentes: «Abandonar la espiración y la inspiración», explica el *Hatha Pradipika* (2.72-74).[130] «Quien se hace poderoso por *kevala kumbhaka*, al retener la respiración como se desea, obtiene incluso el estado de *raja yoga*».

Mudras potentes

Los tres «cierres» utilizados para canalizar la respiración forman parte de una gama más amplia de «sellos», para los que el término sánscrito es *mudras*. En el ritual tántrico, la mayoría son gestos con las manos, pero los ascetas tenían diferentes enfoques que movían fuerzas sutiles del cuerpo. Como tales, son dimensiones importantes del yoga físico.

Los primeros textos sobre *hatha* definen su práctica en términos de *mudras*. Como se describe en el *Dattatreya Yoga Shastra* (30-1):[131] «Es como sigue: *maha mudra* y *maha bandha*; luego está *khechari mudra* y *jalandhara bandha; uddiyana, mula bandha* y *viparita karani; vajroli* se considera triple [comprendiendo también] *amaroli* y *sahajoli*». Cada uno de ellos eleva la energía de alguna manera.

Los dos primeros, cuyos nombres significan «gran sello» y «gran bloqueo», se enseñan normalmente con *maha vedha*, o «gran perforación». Las instrucciones precisas varían, pero *maha mudra* significa aplicar el bloqueo de la barbilla en posición sentada: «Presionando el perineo con el talón izquierdo y estirando la pierna derecha, sujeta firmemente los dedos del pie derecho con las manos. Contrae la garganta y mantén la respiración –explica el *Hatha Pradipika* (3.10-12)–.[132] La fuerza Kundalini se endereza al instante, igual que una serpiente enroscada al ser golpeada por una vara se endereza como un palo».

En *maha bandha*, los tres cierres se activan a la vez, en ocasiones presionando un pie contra el perineo. En la descripción más antigua de *maha vedha*, el cuerpo se levanta desde esta posición y se deja caer sobre el talón para forzar la respiración por el canal central de la columna vertebral. Otros textos hacen algo similar en la postura del loto: «Mientras se está en el gran cierre, [el yogui] debe golpear suavemente las nalgas contra el suelo», dice el *Dattatreya Yoga Shastra* (136).[133] «Esta es la gran perforación; lo practican los hombres perfeccionados».

Tales técnicas tienen resultados impresionantes: «Estos son los diez *mudras* que juntos destruyen la vejez y la muerte», dice el *Hatha Pradipika* (3.6-7).[134] Esto equivale a dominar sobre los elementos, como en los poderes yóguicos tradicionales. Combinando los tres bloqueos en *maha bandha* es especialmente eficaz: «Esta tríada de *bandhas* es la mejor», dice el *Hatha Pradipika* (3.76).[135] «Los yoguis saben que logra todas las prácticas *hatha*». Otros sellos se basan en teorías enigmáticas. En el *khechari mudra*, la lengua se gira hacia atrás a través del paladar blando para entrar en la cavidad nasal. Se dice que así se evitan fugas del néctar de la inmortalidad almacenado en la cabeza. Aprenderlo requiere un compromiso serio: «El yogui debe gradualmente tirar hacia arriba la punta de la lengua» y «llegar un poco más alto» desde la base cada semana, estirándola diariamente hasta que, al cabo de seis meses llegue hasta entre las cejas» (*Khecari Vidya* 1.47-50).[136] Otra práctica menos enseñada es *shakti chalana*, o «estimulación de la diosa». Una versión de esta tira de la lengua para elevar Kundalini.

Los *mudras* restantes se dirigen a una esencia vital diferente: *bindu*, o semen. De nuevo, se pensaba que se almacenaba dentro de la cabeza, desde donde goteaba hasta descargarse. A fin de invertir su descenso, los ascetas célibes utilizaban la respiración y los cierres, que lo obligaba a ir hacia arriba. También se ponían cabeza abajo en *viparita karani*, una «acción invertida» conocida en las fuentes budistas como la «penitencia del murciélago». No se dan instrucciones aparte de situar el ombligo por encima de la cabeza. No sería hasta más tarde cuando los textos enseñarían *la vela* y *el pino*, centrándose en lo que se manipula al invertirse.

«Quien conoce el yoga puede conservar su semen y triunfar sobre la muerte –dice el *Hatha Pradipika* (3.88)–. La muerte viene como resultado de la descarga de semen, y la vida se mantiene a través de su preservación».[137,138]

Sexo y yoga

Creyendo que el semen tiene poder espiritual, los yoguis procuran conservarlo. El término sánscrito para restringir su flujo es *bindu dharana*. El método más obvio es no tener relaciones sexuales para evitar las emisiones accidentales, pero también se idearon técnicas para detener la eyaculación.

Los textos yóguicos rara vez hablan de las mujeres. Las pautas posturales describen la anatomía masculina, colocando los pies «por encima del pene» o «debajo del escroto» (*Hatha Pradipika* 1.36, 1.53). Aunque a veces aparecen practicantes femeninas, como Gargi, en el *Yoga Yajnavalkya*, se insta a los hombres a evitarlas por temor a caer en la tentación de abandonar el celibato.

Una excepción se trata brevemente en el *Dattatreya Yoga Shastra* (155-56): «Un hombre debe esforzarse por encontrar una mujer dedicada a la práctica del yoga. Ya sea un hombre o una mujer si no tienen en cuenta el sexo del otro y practican solo con sus propios fines *in mente*».[139] A esto le sigue una referencia al *vajroli mudra*, un «sello» físico del *hatha yoga*: «Si el semen se mueve, entonces [el yogui] debe atraerlo hacia arriba y conservarlo».[140] No se dan más instrucciones.

Otros textos son menos crípticos. El *Hatha Pradipika* (3.87) dice: «A través de la práctica regular, uno debe atraer el semen hacia arriba cuando está a punto de pasar a la vulva de la mujer».[141] «También se debe preservar el semen que ya ha pasado a la mujer devolviéndolo al cuerpo».

La mayoría de los relatos sobre el *vajroli* implican relaciones sexuales. Esto parece contradictorio con el enfoque habitual en la restricción, pero refleja un objetivo general de los textos *hatha*: hacer más accesibles los beneficios de la disciplina yóguica: «Mediante la práctica del *vajroli*, incluso un cabeza de familia que viva según sus deseos y sin las restricciones que enseña el yoga puede liberarse», dice el *Shiva Samhita* (4.79).[142]

Aun así, es cuestionable cuánta gente aprendió el *vajroli*. Los preparativos parecen arduos. Hay que introducir un tubo por la uretra hasta la vejiga, insensibilizando los nervios que controlan el impulso de eyacular. Al final, una vez dominado esto, se pueden desviar charcos de líquido a través del pene, aunque la tubería tiene que estar en su lugar para mantener una válvula abierta.

Los textos dan a entender que esto ocurre en pleno coito: «El yogui sabio debe extraer cuidadosa y correctamente a través de su uretra el fluido generativo de la vagina de una mujer y hacerlo entrar en su cuerpo», dice el *Shiva Samhita* (4.81).[143] Esto parece inspirarse en los ritos tántricos en los que se consumían fluidos sexuales mezclados como ofrenda a deidades poderosas. Sin embargo, eso requería originalmente su producción, eliminando la necesidad del *vajroli mudra*, cuya función principal es la retención.

La eyaculación también puede detenerse mediante otras técnicas. Algunas de ellas se enseñan hoy como «sexo tántrico», que es casi un sinónimo de retener el semen, a pesar de estar implicado en los rituales tradicionales. Algunos ascetas indios adoptan un enfoque más crudo para garantizar la contención, utilizando la fuerza física para inutilizar sus genitales. Muestran su indiferencia en público, colgando piedras de un pene impotente o haciendo rodar su tronco alrededor de un palo.

El sexo no es en sí mismo una práctica yóguica. A pesar de enseñar el *vajroli*, el *Hatha Pradipika* (3.121) destaca el celibato, diciendo: «Solo quien se deleita en el *brahmacharya* verá el éxito».[144] Otros textos son menos estrictos. «Viviendo en una casa llena de hijos, esposa y demás, abandonando internamente el apego, y luego viendo el éxito en el camino del yoga, el cabeza de familia se divierte habiendo dominado mi enseñanza», dice el *Shiva Samhita* (5.260).[145] En cualquier caso, el disfrute sexual no es el objetivo principal.

Por lo tanto, no está claro si el *vajroli mudra* es más relevante para los practicantes modernos que los consejos anticonceptivos de la *Brihad Aranyaka Upanishad* (6.4.10): «Si no quiere que ella se quede embarazada, debe deslizar su pene dentro de ella, presionar su boca contra la de ella, soplar en su boca y aspirar el aliento, mientras dice: "Retiro el semen de ti con mi virilidad y mi semen". Y ella se quedará sin semen».[146]

Sonidos del silencio

Aunque el *Hatha Pradipika* enseña nuevas posturas, dedica más espacio a otra cosa: la contemplación de *nada*, los «sonidos internos». Docenas de versos explican cómo la mente desaparece en su eco, refinando la conciencia hasta un estado de absorción en *raja yoga*.

Esta técnica, llamada *nada anusandhana*, es «adecuada para el hombre común, que es incapaz de alcanzar el conocimiento de la realidad suprema», dice el *Hatha Pradipika* (4.65).[147] Como tal, es la mejor de las 12,5 millones de formas de *laya yoga*, un enfoque tántrico para disolver la mente: «El hombre contemplativo, habiendo cerrado sus oídos con las manos, debe concentrar su mente en el sonido místico que se escucha interiormente hasta que alcance el estado inmutable –explica el texto (*Hatha Pradipika* 4.82-83)–.[148] Mediante el proceso de escucha sostenida, el sonido interior ahoga los sonidos externos. El yogui supera toda inestabilidad mental en quince días y se vuelve feliz».

Al principio, estos sonidos son ruidosos, como el océano, los truenos y los timbales. Más tarde, se oyen vibraciones más tranquilas, comparadas con una flauta, una campana, y los acordes de una *vina*. En general, cuanto más sutil es la *nada*, mayor es la claridad y concentración interior. «Cuando está atada por los grilletes del sonido, la mente, habiendo abandonado toda volubilidad, se queda perfectamente quieta como un pájaro al que le han cortado las alas» (*Hatha Pradipika* 4.92).[149]

El sonido supremo es el silencio, o *anahata*. Este nombre, que significa «no golpeado», también se utiliza para el chakra del corazón: «Lo cognoscible existe dentro de la reverberación audible del sonido no golpeado –dice el *Hatha*

Pradipika (4.100-101)–.[150] La mente se une con lo cognoscible y se disuelve allí». El resultado es el autoconocimiento, definido como la unicidad descrita en las *Upanishads*: «El gran Brahman sin sonido es alabado como el ser supremo».[151]

La concentración en *nada* es, por tanto, una forma de trascender la mente. Otros métodos también lo consiguen, entre ellos el control de la respiración: el que refrena la respiración refrena también la mente», explica el *Hatha Pradipika* (4.21).[152] Cada una se disuelve donde se disuelve la otra. El resultado es la absorción, que suena como un estado más allá de la existencia mundana. «El yogui que está completamente liberado de todos estados y libre de todos los pensamientos permanece como muerto. Está liberado. Aquí no hay duda» (*Hatha Pradipika* 4.107).[153]

Como resultado, está completamente desapegado, como las descripciones de los practicantes exitosos en el *Mahabharata* y el *Yoga Sutra*: «El yogui en *samadhi* no conoce ni el olor, ni el sabor, ni la forma, ni el tacto, ni el sonido, ni a sí mismo, ni a los demás –dice el *Hatha Pradipika* (4.109-112)–.[154] Sano, aparentemente dormido en estado de vigilia, sin inspiración ni espiración, solo está inequívocamente liberado».

4. Yoga moderno

En los últimos cientos de años, el yoga ha evolucionado hasta convertirse en un negocio globalizado basado en posturas. Gran parte de lo que se enseña es comparativamente nuevo, adaptando técnicas más antiguas e incorporando elementos de diferentes enfoques. La profundidad de la conexión con la tradición yóguica varía mucho. Lo que se desarrolle a partir de aquí depende de nosotros.

Proliferación de posturas

Entre los siglos XVI y XVIII, los manuales yóguicos incluyeron más posturas. Al final de este periodo, ya se enseñaban más de cien. Además de sentarse y levantarse, abarcan flexiones hacia delante, hacia atrás, torsiones, inversiones y equilibrios de brazos.

Anteriormente, el *Hatha Pradipika* había mencionado un total de ochenta y cuatro, de las que seleccionó las quince mejores. Otros textos habían citado una cifra de ochenta y cuatro,

204 Historia del yoga

pero enseñaban incluso menos. Ochenta y cuatro posturas en el *Hatha Ratnavali* (3.7) del siglo XVII, que explica la discrepancia como sigue: «Shiva Todopoderoso ha descrito ochenta y cuatro *asanas*, tomando ejemplo de cada una de las ocho millones cuatrocientas mil [variedades de] criaturas vivientes».[1]

Aunque ochenta y cuatro parece un número arbitrario, representa la perfección en la tradición india. Algunos tantras budistas enumeran ochenta y cuatro *siddhas*, o maestros practicantes, y dicen que hay ochenta y cuatro mil maneras de iluminarse. Esto no significa literalmente ochenta y cuatro mil, sino simplemente muchas. Del mismo modo, los textos sobre yoga siguen añadiendo más posturas con el tiempo. A principios del siglo XVIII, una versión ampliada del *Hatha Pradipika* contiene más de noventa. Y unas décadas más tarde, el *Hathabhyasa Paddhati*, que significa «Manual de la práctica del *hatha*», enumera ciento doce.

Algunas de estas posturas tienen distintos nombres. En cada una de las siguientes posturas se colocan ambas piernas detrás de la cabeza (conocido en *Luz sobre el Yoga* como *dwi pada shirshasana*, o *yoga nidrasana* si se realiza tumbado). El *Hatha Ratnavali* (3.65) la denomina *phanindrasana,* o «señor de las serpientes», diciendo: «Se debe rodear el cuello con los dos pies, la cara vuelta hacia arriba, apoyada en las manos».[2] Un siglo más tarde, el *Gheranda Samhita* (3.65) enseña «el lazo», o *pashinimudra*: «Poner los pies detrás del cuello, manteniendo una sujeción apretada».[3] Pueden o no ser la misma.

Mientras tanto, la primera referencia a la «postura del perro» implica hacer crujir el abdomen: «Una vez colocado el cuerpo como un cadáver, juntar las rodillas, llevarlas sobre el ombligo, sujetar el cuello con las manos y girar las piernas. Esta es la postura del perro invertida o *shvottanasana* (*Hathabhyasa Paddhati* 6).[4] Otra instrucción combina la forma del perro boca abajo con lo que parecen flexiones: «Tumbado boca abajo, apoya las puntas de los pies en el suelo, mantén las piernas estiradas, coloca las palmas de ambas manos en la parte superior de la cabeza y levanta las nalgas. Mira al ombligo y lleva la nariz al suelo, muévala hacia delante hasta donde lleguen las manos. Repite una y otra vez. Esta es la postura del elefante» o *gajasana* (*Hathabhyasa Paddhati* 25).[5]

Además de enseñar los movimientos en posturas, el texto combina algunas, diciendo que hay que practicarlas en orden. También las agrupa por tipos: supina, prona, estacionaria, de pie, con cuerda y varias. El objetivo general es fortalecer el cuerpo, explica el autor. Parece haber paralelismos con los métodos utilizados por luchadores y artistas marciales, que también valoraban la flexibilidad. La mayoría de las posturas del *Hathabhyasa Paddhati* se encuentran en una compilación posterior, el *Shri Tattva Nidhi*, que influyó en los maestros del siglo xx.

Otro tema común es la modificación de las técnicas ascéticas. La postura de pie sobre una pierna se denomina «postura del árbol» en el *Gheranda Samhita* (2.36): «Coloca el pie derecho en la parte superior del muslo izquierdo y párate en el suelo como un árbol. Esto se llama *vrikshasana*».[6] Y en el *Joga Pradipaka* del siglo xviii,[7] la antigua penitencia de colgarse por las piernas de un árbol recibe el nombre de «postura del asceta» (*tapakarasana*). También hay una explicación de la postura de los hombros, otra variante postural del *mudra* invertido llamado *viparita karani*.

Aunque puede que muchos de estos métodos no fueran nuevos, su publicación refleja la popularidad del yoga físico. A medida que más gente lo aprendía, se proporcionaban instrucciones más completas. Algunos autores incluso compitieron por el mayor número de posturas.

Manuales ampliados

La tendencia general a medida que evolucionaba el *hatha yoga* era añadir más detalles. Los textos enseñan una amplia variedad de métodos, combinados con ideas de diversas fuentes. Su enfoque ecléctico ayudó a allanar el camino para el yoga moderno.

El *Gheranda Samhit*a, del siglo XVIII, enumera amplias variaciones. Por ejemplo, hay muchas formas de purificar el *dhauti*, que antes significaba tragar un paño antes de retirarlo. Una alternativa consiste en enjuagar el estómago con agua. Las otras implican romper a respirar, respirar rápidamente y permanecer de pie en un río para prolapsar el recto y lavar los intestinos. Esto viene con una advertencia: «Hasta que un hombre sea capaz de aguantar la respiración durante noventa minutos, no debe practicar el gran *dhauti* externo» (*Gheranda Samhita* 1.24).[8]

Otras adaptaciones del *dhauti* frotan los dientes, la lengua, los oídos y el paladar. Un palo en la garganta –o inducir el vómito– limpia el pecho, y una forma «seca» de enema también se discute, pero no se describe. Por último: «Con la ayuda de un palo de cúrcuma o de su dedo corazón, el yogui debe lavarse cuidadosa y repetidamente el recto con agua. Esto mantiene a raya los problemas intestinales y evita la acumulación de materia no digerida. Aporta belleza y salud» (*Gheranda Samhita* 1.42-43).[9]

El *Hatha Ratnavali* llama a esta limpieza anal *chakri*. Se nombra como una de las ocho acciones purificadoras preliminares, superando a las seis del *Hatha Pradipika*. Son muy eficaces: «La práctica del *pranayama* tiene éxito como resultado de estas ocho técnicas, los seis chakras se purifican adecuadamente, se eliminan todas las enfermedades y se alcanza la liberación», con el «bienestar físico» como premio (*Hatha Ratnavali* 1.61-62).[10]

La concentración es cada vez más elaborada y se inspira en ideas del Vedanta y el tantra: «Se dice que hay tres tipos de meditación: burda, luminosa y sutil», dice el *Gheranda Samhita* (6.1-2).[11] Esta última implica tanto a Brahman y a Kundalini, mientras que la burda es más compleja: «El yogui debe visualizar un sublime océano de néctar en su corazón, con una isla de joyas en su centro cuya arena está compuesta de piedras preciosas».

Los versos siguientes amplían esta imagen. Plantas aromáticas y bosques rodean «un árbol encantador que cumple deseos cuyas cuatro ramas son los cuatro Vedas y que permanentemente da flores y frutos».[12] En el centro de toda la aparición, el yogui «debe imaginar un delicioso trono en el que debe visualizar a su deidad tutelar en la meditación enseñada por su gurú», que está vestido de blanco con una consorte carmesí, sentado sobre un loto enmarcado por sagradas sílabas sánscritas (*Gheranda Samhita* 6.5-13).[13]

Esta tendencia a la amalgama da forma a otros textos, inspirando nuevos híbridos de teoría y práctica.

Cartillas de copiar-pegar

A medida que el yoga se hizo más popular a principios de la era moderna, nuevas compilaciones combinaron sus técnicas con las enseñanzas brahmánicas. Algunos de estos textos utilizaron el título «*Upanishad*» para parecer más autorizados. También se dirigían a un público más amplio, con el énfasis tanto en las ideas como en los métodos prácticos.

Esto continuó un proceso que comenzó en los comentarios sobre el *Yoga Sutra*. Mientras que el sistema de Patañjali se basa en el Samkhya, que destaca la dualidad, los que lo estudiaron eran en su mayoría seguidores del Vedanta, que habla de la unión. Las contradicciones se pasan por alto. En el siglo XVIII, los «Yoga *Upanishads*» y otras antologías hacían algo parecido, basándose en la filosofía vedántica y tántrica, junto con historias de epopeyas y Puranas. Algunas de sus fuentes se entretejen sin atribución.

En otros textos, las referencias exhaustivas muestran lo que se toma prestado. Por ejemplo, como describe el erudito Jason Birch,[14] el *Yoga Chintamani* del siglo XVII combina técnicas de *hatha yoga* con una serie de filosofías. Su autor, Shivananda Sarasvati, respalda su comentario citando el *Yoga Sutra* de Patañjali.

El objetivo último de desprenderse de la materia se asemeja a la unidad de *atman* y Brahman en las primeras *Upanishads*, ignorando las diferencias de sus perspectivas. Al introducir su fusión, el *Yoga Chintamani* dice que el yoga une el ser individual y el ser supremo. Este estado se equipara al *samadhi* más elevado descrito por Patañjali. En su apoyo se citan otras definiciones. Una, del *Skanda Purana*, llama yoga a la unión del ser con la mente, las dos cosas que Patañjali separa.

En los textos sobre *hatha yoga*, *samadhi* se define de forma no dual, lo que facilita la fusión con el Vedanta. Una cita del *Yoga Bija* refuerza esto, llamando yoga a la unión de los opuestos. La devoción a los dioses mediante versos de los *Kurma* y *Aditya Puranas*. Ambos se hacen eco de Krishna en la *Bhagavad Gita*, presentando el yoga en términos de concentración en una deidad.

Por confuso que pueda parecer, esto ayudó a que la práctica sonara más convencional, enmascarando las distinciones entre los distintos sistemas. Los autores de las compilaciones de yoga y otros textos posteriores dirigieron su trabajo al público en general. El *Hathabhyasa Paddhati* comienza con esta frase: «Para los afligidos por el dolor de la esclavitud mundana; los

210 Historia del yoga

hedonistas y los obsesionados con las mujeres; los caídos de su casta y aquellos que actúan terriblemente; por su bien, Kapala Kurantaka ha escrito este manual».[15] A medida que el yoga moderno se desarrollaba, este proceso se aceleró, reempaquetando las ideas para atraer más interés.

Eslabones perdidos

Muchas de las posturas que se practican hoy en día pueden encontrarse en textos anteriores a la era moderna. Sin embargo, algunas están ausentes. Junto con los saludos al sol, no parece haber constancia de posturas de pie con las piernas separadas, como «el triángulo» (*trikonasana*) y «el guerrero» (*virabhadrasana*). Aparentemente surgen de la nada en el siglo XX.

Cuando B. K. S. Iyengar publicó *Light on Yoga* (*Luz sobre el yoga*) en los años sesenta,[16] incluía fotografías de doscientas posturas, casi el doble de las que se enseñaban en textos anteriores. Veinte años después, un neoyorquino de origen brasileño conocido como Dharma Mittra creó un póster en el que aparecía realizando novecientas ocho.[17] Y en 2015, un californiano apodado «Mr. Yoga» publicó un libro titulado *2 100 Asanas: The Complete Yoga Poses* (*2 100 Asanas: las posturas de yoga completas*).[18] Muchas de ellas son variantes sobre el mismo tema, pero cada una es distinta, y están ostentosamente posadas por una modelo semidesnuda.

¿De dónde han salido todas estas posturas? La popularidad del yoga alimenta la creatividad, con profesores influyentes que fomentan ideas que dan forma a nuevos «estilos». Esto parece evidente en las últimas décadas, pero empezó mucho antes. Entre finales del siglo XIX y la década de 1930, se desarrollaron nuevos enfoques del yoga. Sus orígenes no siempre están claros. Solo podemos especular sobre lo que los inspiró, pero parece haber paralelismos con métodos gimnásticos, algunos de los cuales incluyen posturas que ahora se consideran yóguicas.

Parte de lo que cambió fueron los medios de instrucción. Antes, la gente aprendía yoga siguiendo la guía individual de un gurú, que exigía más compromiso que el mero asistir a clases de vez en cuando. La primera enseñanza pública como la conocemos hoy fue hace cien años. En 1918, un grupo de indios de clase media se matriculó en un curso a las afueras de Bombay. «Este fue un día señalado en rojo en la historia del yoga –dice un libro sobre el maestro Shri Yogendra–. Por primera vez se enseñó yoga al hombre mundano».[19]

Hipérboles aparte, Yogendra y sus contemporáneos eran creativos. Junto con Kuvalayananda, que tuvo el mismo gurú, y Krishnamacharya, cuyos alumnos difundieron el yoga por todo el mundo, sentó las bases de la práctica moderna. Sin embargo, ninguno de ellos se consideraban inventores. Aunque tomaron prestadas ideas de fuentes no yóguicas, estas se aplicaron en marcos tradicionales.

Inventos ocultos

Los maestros verdaderamente perspicaces hacen algo más que regurgitar lo que les enseñaron. Esto crea un dilema. O bien admiten que están haciendo algo nuevo –y, por extensión, poco ortodoxo–, o bien lo disfrazan para que suene a un desarrollo tradicional. En momentos significativos de la historia del yoga, los cambios se ocultaron para dar a entender que había continuidad.

Uno de los maestros modernos más innovadores fue un brahmán del sur de la India llamado Tirumalai Krishnamacharya, que decía que sus ideas le habían sido reveladas divinamente. En 1904, a la edad de dieciséis años, tuvo una visión del gurú del siglo IX Nathamuni, al que reclamaba como antepasado. Entró en trance, recibió una transmisión que más tarde recopiló como el *Yoga Rahasya* (*El secreto del yoga*). Su introducción sugiere una licencia poética, diciendo: «Presento aquí todo lo que puedo recordar».[20]

De niño, Krishnamacharya aprendió posturas de yoga, estudió sánscrito y filosofía índica. Combinando estas influencias, el *Yoga Rahasya* da prioridad a las *asanas*. La práctica postural se enmarca en las ideas de los textos antiguos, antiguos, como el *Yoga Sutra* de Patañjali, y la tradición religiosa familiar de Shri Vaishnavism. Se publicó en inglés tras su muerte, después de haber sido revisado a lo largo de su vida. Al igual que sus enseñanzas posteriores, subraya la importancia de adaptar la práctica a cada persona, un mensaje del que se hizo eco su hijo, T. K. V. Desikachar, que tuvo muchos alumnos occidentales.

Los primeros métodos de Krishnamacharya eran intensos.[21] Pasó un tiempo con un gurú en solitario antes de ser enviado a enseñar al público. Luchando por rentabilizarlo, hizo demostraciones de posturas difíciles para estimular el interés, y fue contratado por el marajá de Mysore en la década de 1930. Entre sus alumnos estaban B. K. S. Iyengar y K. Pattabhi Jois, cuyos respectivos enfoques en la alineación y el movimiento secuenciado son los ingredientes básicos de la mayoría de las clases modernas.

Lo que Krishnamacharya les enseñó parece radicalmente distinto de lo que había antes. Una película promocional de 1938 muestra a Iyengar realizando una práctica que se parece al Ashtanga, que más tarde popularizó Jois. Sin embargo, ningún texto anterior al siglo XX enseña este método, con sus movimientos guiados por la respiración y transiciones fluidas llamadas *vinyasa*. En la filosofía védica, este término se refiere a los factores que hacen eficaces los cantos, mientras que *nyasa* –una variante tántrica– significa «colocar» mantras en partes del cuerpo. Pero no parece haber precedentes de que Krishnamacharya utilizara este concepto en la práctica postural.

Jois dijo que la fuente de su método fue un texto perdido hace mucho tiempo llamado *Yoga Korunta*. Iyengar también menciona este título (que él deletrea *Kurunta*), y dice que era un documento manuscrito en sánscrito. ¿Procedía del gurú de Krishnamacharya, o era solo un término para sus propias in-

214 Historia del yoga

novaciones? Algunos especialistas han señalado que *kurunta* suena como *grantha*, que significa «libro», por lo que la fuente de sus enseñanzas podría ser «el libro del yoga». Otros han detectado un eco de Kapala Kurantaka, cuyo manual del siglo XVIII (el *Hathabhyasa Paddhati*) incluía técnicas que fueron copiadas en un texto (el *Shri Tattva Nidhi*) que más tarde consultó Krishnamacharya.[22]

Su *Yoga Makaranda* –compuesto en Mysore en la década de 1930– menciona el *Shri Tattva Nidhi* entre sus veintisiete textos fuente.[23] Sin embargo, la mayoría son obras de filosofía, no el origen de posturas como *trikonasana*, o los elementos de los saludos al sol desplegados en *vinyasa*: las posturas del perro hacia arriba y hacia abajo, y *chaturanga dandasana*, que se parece un poco a una flexión. En el *Yoga Rahasya* (1.47) hay una confesión: «Ahora se presentarán algunas *asanas* especiales que no se encuentran en muchos otros textos».[24]

Vinieran de donde vinieran, se combinaban con las enseñanzas tradicionales sobre la concentración interior y el trabajo con la respiración para estabilizar la mente.

Revivir la tradición

A principios del siglo XX, el yoga físico tenía mala reputación. Los funcionarios coloniales británicos veían a los yoguis con desdén, describiéndolos como una mezcla de charlatanes, mendigos y masoquistas. Se los relacionaba con contorsiones y trucos al borde de la carretera, como tumbarse sobre camas de clavos. Esto influyó en la imagen que de ellos tenía la élite india.

Un ejemplo importante fue Vivekananda, un intelectual bengalí –nacido Narendranath Datta– que promovió el yoga como disciplina mental. Desestimando el *hatha* como método que «se ocupa enteramente del cuerpo físico –declaró en una charla a finales del siglo xix–. Aquí no tenemos nada que ver con eso, porque sus prácticas son muy difíciles y no pueden aprenderse en un día y, después de todo, no conducen a ningún crecimiento espiritual».[25] En su lugar, describió una filosofía de autorrealización, combinando el *Yoga Sutra*, de Patañjali, con el Vedanta.

Su enfoque reflejaba las ideas occidentales, como las del profesor de Oxford de origen alemán Max Müller, que condenaba «la disciplina autoimpuesta y las torturas de los yoguis».[26] En opinión despectiva de Müller, algo «verdaderamente filosófico» se había perdido en el pensamiento índico en «la transición de los comienzos racionales a las exageraciones irracionales, la misma tendencia que llevó del yoga intelectual al práctico».

Habiendo interiorizado este tipo de crítica, Vivekananda la reprodujo. Su versión filosófica del yoga fue un éxito instantáneo en un «Parlamento de las Religiones» celebrado en Chicago en 1893, al que se dirigió como monje hindú. En parte por sus ecos del trascendentalismo, la visión de escritores estadounidenses como Ralph Waldo Emerson y Henry David

Thoreau, inspirados por la *Bhagavad Gita* y otros textos orientales. Para completar el intercambio, Vivekananda escribió su libro sobre el *Yoga Sutra* en Nueva York, basándose en una edición inglesa.

La fascinación occidental por el Oriente místico había inspirado a grupos ocultistas –encabezados por la Sociedad Teosófica– a traducir textos, complementando los esfuerzos de los eruditos coloniales. En su búsqueda de una verdad común detrás de todas las religiones, se sintieron atraídos por el estudio del yoga debido a su enfoque en la experiencia directa. Indios como Vivekananda tenían prioridades similares, reinterpretando el hinduismo para hacerlo compatible con la razón y la ciencia. El resultado mezclaba el pensamiento cristiano con el Vedanta, y su mensaje era universal: en última instancia, solo hay un Dios, que está presente en todos los seres, pero no tiene forma. Esto se conoce percibiéndolo.

Por tanto, los indios podían utilizar el yoga para mostrar que eran modernos, al tiempo que rechazaban los intentos de conversión de los misioneros. Incluso tenían respuestas que buscaban los occidentales. En los década de 1960, esto parecía obvio. Cuando los Beatles se retiraron a la India para aprender meditación, estaban siguiendo una tendencia como su maestro, el Maharishi Mahesh Yogi. Vivekananda fue sin duda el primer gurú internacional, adaptando sus palabras al idioma de sus oyentes sin dejar de ser distante y de otro mundo.

A pesar de desestimar el yoga físico, Vivekananda enseñaba algunos de sus métodos, incluido el *pranayama*.[27] Simplemente les restaba importancia, como era norma. A los británicos les convenía demonizar a los yoguis. Bandas guerreras de ascetas lucharon en un principio contra su ocupación, antes de ser domesticados en el siglo XIX. Sin embargo, los indios se resistieron al Raj un siglo más tarde, y el *hatha yoga* también revivió de formas novedosas.

Orgullo nacional

Antaño, la fuerza física se identificaba estrechamente con el carácter cultural. Los europeos del siglo XIX consideraban la salud y la forma física como medios para desarrollar el poder de una nación. Sus ideas se extendieron ampliamente, junto con sus métodos, desde la gimnasia al culturismo. Algunos fueron adoptados con entusiasmo por los indios, que estaban cansados de ser considerados débiles por los gobernantes británicos.

Los funcionarios coloniales lo apoyaron, alentando la práctica de ejercicio en las escuelas y los deportes de competición. El objetivo general era «una mente sana en un cuerpo sano», inspirado en el cristianismo muscular. Este espíritu se desarrolló en los internados de Inglaterra y en otros grupos como la Asociación Cristiana de Jóvenes (YMCA), que contaba con una avanzadilla en la India, organizando formación para el cuerpo, la mente, y el espíritu.

Se presentaba como un acto de benevolencia, que ofrecía herramientas para que los nativos pudieran elevarse. Como reflexionaba un dirigente de la YMCA en la revista del grupo: «No existe ningún "sistema" o "marca" de entrenamiento físico, cultura o educación que pueda responder adecuada o satisfactoriamente a las necesidades de la India. ¿Qué debe hacer entonces la India? Está claro que debe y tiene que ser ecléctica y recurrir a un grupo de principios esencialmente fundamentales y construir sobre ellos su propio programa».[28]

Otro artículo del mismo autor se titulaba «El renacimiento físico de la India».[29] Este fue también un tema en uno de los primeros libros modernos de yoga, *Yogic Physical Culture, or the Secret of Happiness*, publicado por primera vez a finales de la década de 1920. «Que Dios, que es omnisciente, derrame salud y fuerza sobre todos –exhorta su autor, el yogui Sundaram–. Que cree en los corazones de los hijos e hijas de la India un ardiente deseo de cultura física y regeneración física».[30]

Este es el contexto en el que el yoga se modernizó, inspirándose en la «cultura física», al tiempo que recuperaba métodos autóctonos. Al igual que Krishnamacharya en Mysore unos años más tarde, Sundaram incluyó nuevas posturas en su enseñanza: *trikonasana* –el omnipresente «triángulo»– y *padahastasana*, una flexión de pie hacia delante. La mayor parte del resto de su sistema lo tomó prestado de otro pionero, Kuvalayananda, que ideó una rutina que muchos maestros copiaron. Incluía una postura de cabeza y otra de hombros, tres flexiones de espalda en decúbito prono, un pliegue hacia delante sentado, una postura de torsión y un equilibrio de brazos.

El maestro de Sundaram, K.V. Iyer, era principalmente culturista. Sin embargo, ambos combinaban el levantamiento de pesas con métodos yóguicos. Iyer escribió un libro sobre los saludos al sol, que consideraba un híbrido de yoga y ejercicio. Sundaram sostenía que las *asanas* servían para ambos objetivos, aunque sus intereses eran yóguicos. A pesar de las ventajas de los métodos occidentales, afirma en su libro, «están muy por detrás de un sistema perfeccionado hace miles de años. Algunos de sus mejores ejercicios no pueden ser sino pobres imitaciones de los contenidos en el antiguo».[31]

Este mensaje tiene aspectos políticos, al presentar el yoga como un paso liberador hacia la independencia. Sundaram promete a los líderes que la práctica regular los ayudará a «obtener superfuerza para hacer de su Madre una hermana igual entre las Naciones».[32] Otro pasaje apasionante apela a su orgullo. «¿Quién es el dueño de este sistema? –pregunta–. ¿Está el propietario cosechando todos sus beneficios? ¿Y cuáles son? A la primera, la respuesta es la India; a la segunda, ¡ay, no! Y a la última, la respuesta resuena a través de siglos de negligencia: YOGA-ASANA».[33]

Aspectos gimnásticos

En la India de principios del siglo XX, la mayoría de los sistemas de ejercicios enseñados en las escuelas y en la YMCA eran escandinavos. Estos métodos de entrenamiento no requerían equipamiento y eran adecuados para grupos. Aunque algunos parecen ejercicios militares, su objetivo básico era terapéutico. Originalmente se conocieron en inglés como *the movement cure* («la cura del movimiento»).

El modelo subyacente fue desarrollado en Suecia en el siglo xix por Per Henrik Ling, que lo llamó «gimnasia». Los alumnos estiraban el cuerpo en posturas, moviéndose entre ellas con conciencia. Según Hugo Rothstein, que se formó con Ling e introdujo su enfoque en el ejército prusiano: «Es necesario que se observe la mayor tranquilidad, orden, atención, precisión, etc., y que se obedezca al pie de la letra las instrucciones y órdenes del maestro».[34]

La idea de Ling era hacer cambios internos a través del esfuerzo muscular: «Quizá no se comprenda fácilmente que un movimiento, o una acción mecánica, es competente para afectar partes interiores del organismo –explica en un esbozo de su método–. Es necesario comprender primero que el sistema humano es una unidad, completa e indivisible».[35]

Otros perfeccionaron su método para desarrollar fuerza física. Una variante, enseñada por el danés J. P. Müller,[36] incluye un movimiento parecido a una flexión de brazos, en el que «el cuerpo se mantiene tan derecho como una tabla», y luego se baja hasta el equivalente de *chaturanga dandasana*, la «postura del palo con cuatro extremidades». Este sistema, presentado como «atractivo y accesible», parece haber influido en los profesores indios.[37] A pesar de criticar a Müller y a otros instructores de *fitness*, Yogendra incluye algunos de sus calentamientos en *Yoga Asanas Simplified*, uno de los primeros manuales modernos.

Hubo otro método danés popular en la India: *Primary Gymnastics*, de Niels Bukh –traducido al inglés en 1925– que combinaba «un minucioso trabajo y tonificación de todo el cuerpo» con «movimientos rítmicos libres, que tienden a favorecer una respiración profunda y libre».[38] Algunas de estas acciones se parecen al yoga moderno, incluidas algunas posturas que no se encuentran en los textos anteriores a este periodo. Las más llamativas son las posturas de pie (como *prasarita padottanasana*), equilibrios sentados como *navasana*, flexiones con rodilla doblada hacia delante e incluso una transición de «salto hacia atrás» desde la posición sentada.

Las secuencias fluidas no se consideraron yoga hasta la era moderna. La primera referencia a un saludo al sol en textos yóguicos aparece en el comentario de Brahmananda del siglo XIX sobre el *Hatha Pradipika*, que advierte contra «actividades que causan estrés físico, como el exceso de *surya namaskars* o llevar cargas pesadas».[39] Otra forma de traducirlo es «levantar pesos» o halterofilia, que también fue popular en la década de 1930. A menudo no está claro qué vino de dónde, pero hay solapamientos evidentes entre la gimnasia y las formas dinámicas de yoga, tales como las enseñadas en Mysore por Krishnamacharya.

En aquella época, estas aparentes conexiones parecían incontrovertibles. Los profesores indios hablaban a menudo del yoga como una forma superior de cura en movimiento.

Salud holística

Hace cien años, los promotores del ejercicio hacían hincapié en la aptitud mental y espiritual. Mientras tanto, los profesores de yoga querían demostrar los beneficios físicos. Inspirados por esta polinización cruzada, los primeros manuales indios utilizaban jerga científica para subrayar su mensaje.

Citemos *Yoga Asanas Simplified* de Yogendra: «La educación neuromuscular mediante el ejercicio habitual del esfuerzo y la resistencia puede lograr la máxima contractibilidad de todo el sistema muscular y, en consecuencia, elevar el tono y ampliar el campo de eficiencia. Cuando esta sencilla verdad se aplica a los órganos internos –como sucede con la cultura física del yoga– no es de extrañar que la eficacia física se multiplique y se alcance la perfección biológica».[40]

Otra visión de la perfección surgió de un movimiento llamado *New Thought* (Nuevo Pensamiento), cuya psicología positiva americana tenía giros indios: «Todos somos parte de ELLO», dice un libro de 1904 subtitulado *The Yogi Philosophy of Physical Well-Being* (*Filosofía Yogui del bienestar físico*), que fue escrito por un nativo de Baltimore utilizando el seudónimo Ramacharaka: «Si podemos captar la más leve idea de lo que esto significa, nos abriremos a un influjo tal de vida y vitalidad que nuestros cuerpos serán prácticamente rehechos y se manifestarán perfectamente».[41]

En la búsqueda de tales resultados, el entrenamiento físico se combinaba a menudo con la autohipnosis. Paramahansa Yogananda enseñó una mezcla de ambos en Estados Unidos en la década de 1920, llamándola Yogoda y describiéndola como «recarga muscular a través de la fuerza de voluntad».[42] Sus «ejercicios de energetización» prometían bienestar. «Lo deseable en la cultura corporal es el desarrollo armonioso del poder sobre las acciones voluntarias de los músculos y los procesos involuntarios del corazón, los pulmones, el estómago, etc. –decía uno de sus folletos–. Esto es lo que da la salud».[43]

El bienestar se convirtió en el principal objetivo de los maestros indios, que comercializaban curas para el estrés moderno. «Un sistema ideal que debe prever especialmente el fortalecimiento de los nervios»,[44] explica un artículo sobre el yoga de los años veinte escrito por Kuvalayananda, que investigaba los beneficios físicos en su instituto Kaivalyadhama, cerca de Bombay. Los objetivos espirituales se mencionan con menos frecuencia. Desde la perspectiva de Kuvalayananda: «La terapéutica yóguica tiene como objetivo restaurar las secreciones internas a su normalidad asegurando la salud de los órganos endocrinos».[45]

A pesar de todo lo que se habla de ciencia, muchos experimentos yóguicos parecen no ser concluyentes, ni siquiera hoy en día. Aunque los sujetos dicen sentirse mejor, no está claro el papel de los efectos placebo, incluido el poder de la autosugestión. El yoga integral enseñado por Aurobindo Ghose a principios del siglo XX suena a Nuevo Pensamiento. Defendiendo el servicio a una realidad mayor que el ego, Aurobindo dice: «Hay que entrenar a todo el ser para que pueda responder y transformarse cuando sea posible que esa Luz y Fuerza mayores actúen en la naturaleza».[46]

Los enfoques occidentales tenían ideas similares. Según Per Henrik Ling: «Los ejercicios gimnásticos no son solo un medio para el desarrollo del cuerpo, sino también para el del hombre mental y espiritual».[47] En la década de 1930, esto también era cierto para las mujeres. Con la práctica regular del «Stretch-and-Swing System» de posturas similares al yoga, según su creadora Mollie Bagot Stack –que pasó tiempo en la India–, una mujer «puede entrar en armonía con las grandes y misteriosas fuerzas que la rodean, y adquirir un poder interior que la llevará triunfante a través de los lugares difíciles de la vida».[48]

Unas décadas más tarde, la esencia restauradora de la práctica fue captada por el título de un libro de B. K. S. Iyengar: *Yoga: The Path to Holistic Health* (*El camino hacia la salud holística*).[49]

Relajarse y revivir

Otra influencia de la «cultura física» en el yoga fue la relajación. Los textos tradicionales hablan de ello de pasada, desde los beneficios de tumbarse en *shavasana* o de encontrar una postura para la meditación. Sin embargo, los enfoques occidentales proponen un nuevo objetivo: liberar el estrés como práctica terapéutica en sí misma.

Así lo dice desde su portada un libro superventas de los años 30: *You Must Relax* (*Hay que relajarse*).[50] La técnica principal, que aún se enseña hoy, consiste en tensar y destensar los músculos para reducir la ansiedad, junto con las perspectivas de infarto, úlcera, hipertensión e indigestión. Aunque es estrictamente médica en sus descripciones, trabaja sobre el cuerpo para dirigirse a la mente, como los ejercicios holísticos y el yoga.

Los maestros indios adaptaron estos métodos y los hicieron parecer más antiguos. «Los antiguos yoguis, conocidos por su autodominio sobre todo el organismo voluntario e involuntario, eran plenamente conscientes de las muchas ventajas de la relajación –dice *Hatha Yoga Simplified*, publicado por Yogendra en 1931–. Según ellos, la relajación proporciona la máxima cantidad de fuerza renovada en el mínimo tiempo».[51]

Estas palabras se basan en fuentes más recientes, en particular el trabajo de una estadounidense, Genevieve Stebbins: «Relajación significa recuperar la fuerza dinámica mediante el reposo», escribe Stebbins en *Dynamic Breathing and Harmonic Gymnastics*,[52] un manual de 1892 que combina ejercicio, el descanso y la religión en «un sistema completo para el desarrollo del cuerpo, el cerebro y el alma; un sistema de entrenamiento que llevará a esta gran trinidad del microcosmos humano a un unísono continuo e interactivo».

Yogendra cita a Stebbins por su nombre y la parafrasea: «La relajación no debe confundirse con inercia; tampoco significa tumbarse de forma perezosa», dice en *Yoga Asanas Simplified*, abogando por una larga *shavasana* tras la práctica.[53] «El objetivo es establecer el equilibrio muscular lo antes posible mediante el descanso consciente tras un esfuerzo consciente. Esto significa que cuanto más perfecto es el esfuerzo, más perfecta es la relajación».

O como Stebbins describe la idea: «La relajación perfecta y el descanso es el principio vital que recupera. Regenera los centros nerviosos, recoge las fuerzas dispersas y revitaliza el cuerpo».[54] Basándose en esta teoría, el enfoque de Yogendra busca minimizar la fatiga. Sus clases públicas comienzan con las piernas cruzadas en *sukhasana*, «estableciendo la armonía interior con uno mismo, la euforia a través del aplomo, y la compostura mediante la eliminación de la agitación muscular y nerviosa, proporcionando así la condición más favorable para la práctica de otros ejercicios».[55]

En términos más generales, Yogendra explica: «Lo que necesita énfasis en lo que respecta a la educación física del yoga es el hecho de que el objetivo de la buena salud en el sentido del yoga no es el bestial impulso de fuerza física, músculos abultados y un físico robusto, ya que la fuerza bruta conduce a la violencia».[56] En cambio, en la «fuerza» utilizada tradicionalmente en el *hatha yoga*, destacan formas de inducir la calma con la respiración rítmica, y un enfoque que hacía del yoga algo más suave.

Teniendo en cuenta el impacto de mujeres como Stebbins, algunos estudiosos sacan conclusiones incómodas. «En muchos sentidos –escribe Mark Singleton–, la típica clase transnacional de *hatha yoga* de hoy debe más a estas tradiciones de gimnasia femenina que a los sistemas de *hatha* yoga transmitidos a lo largo de la historia de la India».[57]

Artes indígenas

Dos de los primeros promotores del yoga terapéutico practicaban originalmente artes marciales. Yogendra era un poderoso luchador, mientras que Kuvalayananda blandía palos. Cuando ambos se iniciaron en el yoga, encontraron al mismo gurú, una figura enigmática llamada Madhavadasaji, que trataba a los enfermos con métodos yóguicos.

La curación y la lucha no son tan distintas como podría parecer. La formación en *shastra vidya*, «el arte de las armas», incluía la práctica de posturas yóguicas, que al parecer le curaron una tos crónica. Su maestro también ayudó a otros pacientes, asignándoles diferentes *asanas* para tratar sus dolencias. Sin embargo, la prioridad era desarrollar fuerza y flexibilidad.

Los métodos autóctonos de entrenamiento para las artes marciales se conocen como *vyayam*. En el siglo XX, esta palabra podía significar cualquier cosa, desde ejercicios de lucha hasta musculación. Algunas formas de *vyayam* implican movimientos rítmicos: las *dands* parecen *burpees* (ejercicios de salto de rana) con un arco de espalda de «perro hacia arriba»,

228   Historia del yoga

y los *bethaks* son sentadillas, que se repiten con una atención concentrada. Un *dand* podría compararse con parte de un saludo al sol.

Otras tradiciones indias pueden haber influido en las posturas utilizadas en el yoga, y viceversa. Artes marciales como el *kalaripayattu* y el *varmakkalai* requieren potencia y destreza, pero también utilizan el masaje y el conocimiento sutil del cuerpo para ayudar la recuperación. Las esculturas de los templos muestran a acróbatas y bailarines junto a yoguis, lo que sugiere que practicaban juntos o se reunían en festivales religiosos. Los orígenes de algunas de las posturas de empuje en el yoga no están claros, pero parecen guardar cierto paralelismo con el entrenamiento físico de los luchadores.

Sin embargo, muchos innovadores yóguicos despreciaron otros métodos. Habiendo abandonado su uso de expansores de pecho y mancuernas, Yogendra se lanzó contra el ejercicio occidental: «Separados de la pureza mental y moral, ¿qué son todos los sistemas de educación física, sino meras fuentes de biología y mecánica de la animalidad?», se burla en *Yoga Asanas Simplified*.[58]

Kuvalayananda también podía ser mordaz. En 1934, Krishnamacharya visitó su instituto, trayendo estudiantes que realizaron una exhibición de posturas fluidas. En respuesta, Kuvalayananda envió una carta condescendiente al jefe de su rival, el marajá de Mysore: «He aconsejado [a Krishnamacharya] que simplifique sus ejercicios cuando vayan a ser ofrecidos a la generalidad de los estudiantes y a las personas adultas –afirma esta misiva–. También le he recomendado que los ejercicios yóguicos no sean adulterados por la mezcla de sistemas no yóguicos de cultura física».[59]

La mayoría de los maestros de los años treinta desdibujaron este límite. Los saludos al sol son un claro ejemplo, aunque sus orígenes son turbios. En su libro de 1928 titulado *Surya Namaskars*, el rajá de Aundh dice que empezó con «el estilo antiguo», que aprendió de su padre.[60] Lo mejoró para hacerlo más vigoroso y propuso un régimen diario de trescientos ciclos, que le llevaban una hora. Aunque su principal objetivo era el culturismo, también cantaba mantras sánscritos durante su práctica, y decía que hacerlo tenía un poder purificador.

Cuando un periodista inglés escribió una actualización en los años treinta, se hizo hincapié en otros aspectos para ampliar el público. Retitulado *The Ten-Point Way to Health* (*El camino de diez puntos hacia la salud*), el libro del rajá afirma que los saludos al sol «erradican las impurezas tóxicas mediante la transpiración profusa» y que el resplandor que esto produce es «un factor ventajoso para hombres y mujeres en los negocios y en la vida social».[61] También se habla de otros beneficios: «El significado del "hálito vital" se conoce en Oriente desde el principio de los tiempos –explica el texto–. La respiración es uno de los secretos del maravilloso poder de los ejercicios para revitalizar el cuerpo».[62]

Enfoque postural

Una de las principales razones por las que el yoga moderno se centra en métodos físicos es B. K. S. Iyengar. Tras publicar *Light on Yoga*, que daba instrucciones detalladas de las posturas y sus beneficios, formó a profesores en Londres, donde se impartían clases financiadas por el Gobierno. Solo había una condición: debían presentarse como una sesión de ejercicios físicos.

La Autoridad Educativa de Londres concedió la autorización en 1969, «siempre que la instrucción se limite a *asanas* y *pranayamas* (posturas y disciplinas respiratorias) y no se extienda a la filosofía del yoga en su conjunto».[63] En su lugar, la práctica debe ser «un medio para mantenerse en forma».[64] Iyengar consintió, reflexionando más tarde: «Una vida mejor puede enseñarse sin utilizar palabras religiosas. La meditación es de dos tipos, activa y pasiva. Yo tomé el lado activo de la meditación haciendo que los alumnos se absorbieran totalmente en las posturas».[65]

Al exigir atención, el enfoque de Iyengar podía ser disciplinario. Sin embargo, él lo defendía como una forma de enseñar autodisciplina: «Mientras les grito que enderecen las piernas en *shirshasana* (parada de cabeza), no pueden estar preguntándose qué hay para cenar o si les ascenderán o degradarán en el trabajo. Para quienes habitualmente huyen del presente, una hora de experiencia del "ahora" puede ser desalentadora, incluso agotadora».[66]

A algunos les puede distraer, pero la tempestad de detalles mantienen enganchados a otros. «Supongamos que te pidiera que hicieras una meditación, que cerraras los ojos y permanecieras en silencio —escribe Iyengar en *The Tree of Yoga* (*El árbol del yoga*)—. Tal vez lo llamarías espiritual, pero yo diría que no hay espiritualidad allí porque tu mente estará divagando en otra parte. Ese no es mi método de enseñanza. Enseño externamente, pero al hacerlo mantengo tus órganos internos en un estado de conciencia concentrado durante cuatro horas seguidas».[67]

El yoga de Iyengar ha sido tan influyente que tiene su propia entrada en los diccionarios Oxford, que lo definen como «centrarse en la correcta alineación del cuerpo».[68] Su creador prefería describirlo en términos más amplios: «Solo intento que el cuerpo físico esté alineado con el cuerpo mental, el cuerpo mental con el cuerpo intelectual, y este con el espiritual, para que estén equilibrados —declaró en una ocasión a *Yoga Journal*—: Es puro yoga tradicional, de nuestros antepasados, de nuestros gurús, de Patañjali».[69]

Aunque el *Yoga Sutra* no incluye posturas, se accede a cada parte de su sistema a través de *asanas*, afirma Iyengar. Solo hay que practicar centrándose en «la unidad desde la célula hasta el ser, desde el cuerpo físico hasta el núcleo del ser».[70] Comparando su enfoque con el fomento de la verdad y la inofensividad por parte de Gandhi, pregunta: «Si una parte de *yama* pudo hacer a Mahatma Gandhi tan grande, tan puro, tan honesto y tan divino, ¿no debería ser posible tomar otro miembro del yoga –*asana*– y a través de él alcanzar el más alto nivel de desarrollo espiritual?».[71]

Tal vez, pero el estado último no tiene objeto de enfoque. Por lo tanto, parece difícil alcanzarlo en la práctica postural. Iyengar discrepa, citando la lógica de la transformación *hatha-yóguica*. «El yogui conquista el cuerpo mediante la práctica de asanas y lo convierte en un vehículo apto para el espíritu –afirma en *Light on Yoga*–. El cielo está en él mismo, [por lo que] el cuerpo no es un impedimento para su liberación espiritual ni es la causa de su caída, sino un instrumento para realizarla».[72]

Ajustes y apoyos

Sabemos muy poco sobre cómo se enseñaba el yoga antes del siglo XX. Los textos tradicionales ofrecen escasas instrucciones, y los ascetas modernos parecen despreocupados por los detalles más sutiles, si sus posturas de inversión sobre la cabeza están ladeadas. Es posible que la atención a la alineación solo haya comenzado en las clases públicas.

Las teorías de la propiocepción –o conciencia del movimiento– son relativamente recientes y han estimulado el interés por optimizar la postura en los últimos cien años. Por tanto, las formas modernas de enseñanza, con correcciones verbales y ajustes físicos, pueden derivar de otras disciplinas, como la gimnasia, la fisioterapia y la técnica Alexander.

Algunas de las primeras descripciones de la asistencia práctica suenan alarmantes. Recordando su experiencia con Krishnamacharya en la década de 1930, B. K. S. Iyengar reflexiona: «Era como un gran maestro zen en el arte de enseñar. Nos golpeaba con fuerza en la espalda, como con varas de hierro. No pudimos olvidar la severidad de sus golpes durante mucho tiempo».[73] Sin embargo, Iyengar también podía ser duro y golpear a los alumnos que no aprendían. Algunos bromeaban diciendo que sus iniciales significaban «BKS, *bang, kick, slap*» («golpe, patada y bofetada»). Otros lo encontraban inquietante y nunca volvían.[74]

Justificaba su ferocidad como «lo que podría llamarse tratamiento de choque», diseñado para despertar a los practicantes de mente embotada.[75] «Doy un toque a la parte en la que las células aún están naciendo, para que haya un poco de germinación, para que las células tengan nueva vida. Creo vida en esas células mediante este ajuste que hago tocando –explica–. Pero algunos consideran este ajuste creativo como violencia, y me describen como un profesor violento o agresivo».[76]

En el sistema Ashtanga Vinyasa, enseñado por K. Pattabhi Jois, se suelen ofrecer ajustes físicos. Los alumnos aprenden secuencias fijas de posturas, añadiendo una cada vez a medida que van adquiriendo destreza. Para ayudar a sus cuerpos a entender lo que deben hacer, los profesores los ayudan en *asanas* difíciles. Estos ajustes pueden ser bastante intensos y exigen fe en la habilidad del profesor. Si se realizan con cuidado y con el consentimiento del alumno, el riesgo de lesiones se reduce

234   Historia del yoga

al mínimo, pero a veces los profesores y los practicantes ansiosos presionan demasiado. El contacto físico también puede derivar en abuso: algunos alumnos de Jois han afirmado que les agredió, lo que ha suscitado debates sobre el valor pedagógico del contacto físico.[77]

Una forma diferente de aprender lo que requiere una postura es utilizar el equipo. Se representa en esculturas de ascetas antiguos y se menciona en los comentarios del *Yoga Sutra*, de Patañjali, que dicen que sentarse «con apoyo», o *sopashraya*, proporciona una base estable para la meditación.[78] Esto significa atar un cinturón o un trozo de tela, conocido como *yogapatta*, alrededor las espinillas y la parte baja de la espalda. En la actualidad, estas correas, junto con almohadones, mantas y bloques, tienen su sitio en las estanterías de los estudios de yoga.

La innovación de enseñar con accesorios se atribuye generalmente a Iyengar, que al principio los fabricaba con lo que encontraba: «Recogía piedras y ladrillos tirados en la carretera y los utilizaba como "soportes" y "sostenedores de peso" para avanzar en el dominio de las asanas»,[79] recuerda. Aunque a menudo se utilizan como apoyos, esta no es su función principal: «Los apoyos sirven para dar sensación de dirección, alineación y comprensión de la asana –dice–. Una vez que estos puntos se establecen, uno debe seguir de forma independiente».

Métodos alternativos

Hay muchas variantes de yoga, y no todas se centran en las posturas. Algunos profesores fomentan la meditación o destacan la devoción. Otros comparten su propia versión de la doctrina espiritual. Muchos ashrams –en la India y otros lugares– combinan las tres cosas. Pero, en gran parte del mundo, la palabra «yoga» es casi sinónimo de práctica postural.

Este es el resultado de las innovaciones del siglo XX, a través de las cuales los profesores indios hicieron más atractivos los métodos físicos. Junto con Yogendra (cuyo instituto de Bombay celebró su centenario en 2018), Kuvalayananda (cuyo centro lleva el lema «Donde la tradición del yoga y la ciencia se encuentran») y Krishnamacharya (cuyos influyentes estudiantes cimentaron un movimiento de seguidores en todo el mundo), hubo otros colegas que desempeñaron un papel importante.

En Rishikesh, Swami Sivananda enseñó una secuencia de posturas basada en la de Kuvalayananda. Envió a su alumno Vishnudevananda a Norteamérica, donde abrió el primero de muchos centros Sivananda Yoga Vedanta y dirigió uno de los primeros cursos de formación de profesores. Otro discípulo de Sivananda, Satchidananda, fundó el Integral Yoga en Nueva York y apareció en Woodstock. Un tercero, Satyananda, estableció la Bihar School of Yoga (Escuela de Yoga de Bihar), cuyos libros se utilizan ampliamente en todo el mundo.

Por otra parte, antes de escribir el éxito de ventas *Autobiografía de un yogui*, Yogananda practicó posturas en Bengala. Su hermano menor, Bishnu Ghosh, desarrolló un sistema de ochenta y cuatro *asanas*, que enseñó a su yerno, Buda Bose. En la década de 1930, Ghosh y Bose viajaron por la India, Europa y América ofreciendo demostraciones. Uno de los alumnos de Ghosh fue Bikram Choudhury, que se trasladó a California con un método simplificado de veintiséis posturas, que enseñaba en salas climatizadas con el nombre de Bikram Yoga.

Otros gurús modernos inventaron un linaje para lanzar sus carreras. Un ejemplo llamativo es el de Yogi Bhajan (nacido Harbhajan Singh Puri), creador de la Healthy, Happy, Holy (3HO) y el Kundalini Yoga. Este híbrido de posturas, movimiento, cánticos, respiración vigorosa y meditación se presentó como sijismo.[80] Cuando la gente discutió su origen, aparecieron nuevas versiones. También aparecieron empresas derivadas, como Yogi Tea y una empresa de seguridad privada.

Los movimientos contemporáneos convierten el espíritu empresarial en un activo. Isha Yoga,[81] dirigido por Jaggi Vasudev –más conocido como Sadhguru– vende «un curso integral de crecimiento personal» llamado *Inner Engineering*, que combina con ideas yóguicas. El Arte de Vivir de Shri Shri Ravi Shankar ofrece programas similares. Ambos gurús llenan estadios deportivos en todo el mundo, al igual que Amma, la «madre» devocional, que se sienta en un escenario y abraza a todos los asistentes. Muchos grupos globalizados han evitado escándalos, desde los precios que se cobran por los mantras en la meditación trascendental hasta los asesinatos entre devotos de la Sociedad Internacional para la Consciencia de Krishna. Lo que más parece importar es si la gente encuentra útiles las enseñanzas y las prácticas.

No hay espacio suficiente para explorar cada forma de yoga moderno, o cómo cada una de ellas se relaciona con el pasado distante. Los enfoques más tradicionales suelen ser menos visibles y de difícil acceso. Sin embargo, incluso en la India, no se puede evitar el impacto de la modernidad: los *sadhus* itinerantes también utilizan smartphones.

Autenticidad frente a utilidad

Con tanta diversidad en las formas modernas de yoga, es tentador preguntarse cuál es la correcta. Esto suele ser menos perspicaz que preguntarse qué funciona, que es como suele evolucionar la práctica. A lo largo de la historia del yoga, los profesores se han nutrido de diversas tradiciones, asimilando lo que les resultaba útil y descartando el resto.

Puede resultar difícil definir la autenticidad. El yoga necesita definirse en su contexto, y los contextos cambian, por muy atemporalmente que la gente los describa. Esto no significa que todo valga, o que un enfoque sea puro, y el resto, corrupto. Existen distinciones claras entre la práctica moderna y los métodos anteriores, pero muchas innovaciones siguen teniendo sus raíces en enseñanzas antiguas. Si se eliminan estas, ¿puede una práctica ser yóguica? Si es así, ¿cómo y por qué? Si no, entonces, ¿qué es? Hay pocas respuestas concluyentes, salvo sacar nuestras propias conclusiones.

El desarrollo del yoga desde el siglo XIX se ha comparado con la pizza. Hace cien años, los inmigrantes sicilianos y calabreses en Estados Unidos convirtieron un alimento sencillo en algo elaborado, con diferentes grosores, coberturas y tamaños. Estas formas más sofisticadas se reimportaron a Italia y se convirtieron en un plato nacional. Un «efecto pizza» similar se está produciendo en la India moderna, donde el yoga postural globalizado es cada vez más popular, mientras que los nacionalistas reivindican que su invención se remonta a la antigüedad.[82] Hay tantas capas en el comercio de ideas que los estudiosos del yoga aún no han terminado de desentrañarlas. Mientras tanto, la evolución continúa. Hay una tendencia general a tomar prestado cualquier método que pueda ser valioso. Esta mentalidad es a menudo una característica de la tradición india. También es la norma en el mercado moderno, donde los estudiantes buscan consejos técnicos de profesores no yóguicos con conocimientos biomecánicos. Si lo que ofrecen parece funcionalmente útil, los practicantes lo aceptan.

Las prioridades cambian con el tiempo, e incluso los linajes rígidos cambian lo que enseñan. En la tradición índica, algunas ideas básicas son no son negociables, como la doctrina del renacimiento. Pocos estudiantes occidentales intentan evitar reencarnarse. Muchos solo quieren relajarse o ponerse en forma. ¿Los convierte eso en inauténticos? No necesariamente.

Algunos textos yóguicos alientan los beneficios mundanos, junto con ser virtuoso, ganarse la vida y encontrar liberación.

Si la diversión está permitida, ¿puede el consumo de alcohol formar parte de una clase de yoga? Una vez más, depende. Hay ascetas tántricos que beben hasta reventar y se emborrachan ritualmente, aunque se dice que tienen objetivos más amplios. En algún momento tenemos que decidir por qué hacemos lo que hacemos. Parece que emborracharse impide discernir y centrarse en uno mismo. No es obligatorio ver a través de las ilusiones, pero este parece ser el objetivo en la mayoría de los textos tradicionales.

Otra forma de concebir el proceso es ser auténtico con uno mismo, algo que comienza con la pregunta «¿Quién soy yo?», y actuar en consecuencia. Vigilar lo que hacen los demás parece menos importante que esa pregunta.

¿Qué es apropiado?

Tras décadas de comercialización, el yoga moderno suele estar separado de las raíces tradicionales. Sin embargo, vende sus productos con nombres sánscritos y símbolos indios. Esto levanta suspicacias, especialmente en Internet, donde estridentes activistas denuncian a los cómplices del pecado de «apropiación cultural».

Como muchas de las creaciones de la humanidad, el yoga ha evolucionado a través de un intercambio de ideas. Sin embargo, algo de esto fue sutilmente coercitivo. Las formas modernas de la práctica se desarrollaron bajo la ocupación británica. Hacia el final del dominio colonial, los indios utilizaron el yoga para afirmar su propio poder, pero lo hicieron en formas que a menudo estaban condicionadas por las prioridades extranjeras, desde la primacía de la ciencia hasta la promoción de la forma física. La cuestión fundamental no es el intercambio cultural, sino la forma en que se produjo, ya que lo que está en juego es la falta de respeto y la explotación.

Mucho antes de que el yoga se convirtiera en mercancía, los imperialistas saqueadores valoraban los recursos indios, pero no los conocimientos locales. En una infame «Minuta sobre la educación», que pretendía civilizar a los nativos enseñándoles en inglés, el político británico lord Macaulay se mofaba: «Estoy muy dispuesto a tomar el aprendizaje oriental según la valoración de los propios orientalistas. Nunca he encontrado entre ellos a nadie que negase que un solo estante de una buena biblioteca europea valía más que toda la literatura nativa de la India y Arabia».[83]

El legado de este tipo de arrogancia se suma a las frustraciones con el yoga globalizado. Descontextualizado en un estilo de vida para consumidores urbanos, sugiere que los occidentales codiciosos toman lo que quieren y desprecian la tradición. Sin embargo, la reacción es a menudo engañosa. Por sinceros que sean los críticos modernos, la noción de un yoga puro y sin adulterar es ilusoria. Las prácticas y teorías siempre han sido compartidas por diversos grupos, desde las primeras interacciones con budistas y jainistas hasta las fusiones con el islam y el cristianismo.

Según esto, ¿está entonces bien publicar selfies donde se aparece semidesnuda haciendo gala de tus inversiones sobre la cabeza mientras amamantas lactantes? En cualquier caso, la gente lo hace, acompañado de pies que propugnan el «amor propio». También hay preocupación por hacerse tatuajes «yóguicos» con imágenes sagradas, o poner esas imágenes en las esteras sobre las que se colocan los practicantes. La mera existencia de una industria de miles de millones de dólares podría parecer grosera o completamente irrelevante, pero denunciarla hace poco por cambiarla o para defender el «verdadero yoga», sea lo que sea.

Mientras tanto, en la India, el yogui más famoso ha colonizado Patañjali, bautizando su negocio con el nombre del autor del *Yoga Sutra*: Baba Ramdev, un icono de la televisión con millones de alumnos, predice que para 2025 su marca –que vende de todo, desde dentífricos a vaqueros– eclipsará a todos sus rivales en «bienes de consumo rápido», incluidas Unilever, Nestlé y Procter & Gamble. El dominio de Patañjali ya es tal que una búsqueda en Google Imágenes[84] hace que aparezcan sus productos, en lugar de un sabio con cola serpentina. La empresa vende incluso «cremas para blanquear la piel». ¡Demasiado para los *yamas* de Patañjali de verdad e inofensivos!

Yoga de poder

Los nacionalistas hindúes se aprovechan de la popularidad del yoga. En 2014, el primer ministro de la India, Narendra Modi, consiguió el respaldo de las Naciones Unidas para un Día Internacional del Yoga, que ahora se celebra cada año el 21 de junio. Este evento aparentemente inocuo tiene efectos secundarios insidiosos, pues afirma la propiedad del yoga y fomenta al mismo tiempo ideas sobre la supremacía hindú.

Para las celebraciones de 2018, en las que cien mil indios participaron en la mayor clase nunca celebrada, Modi marcó la ocasión publicando ilustraciones de sí mismo enseñando posturas.[85] También calificó el yoga como «uno de los regalos más especiales de los antiguos sabios indios» y «la clave de la forma física y el bienestar».[86] Ninguna de estas prioridades es antigua, y cuando los extranjeros persiguen los mismos objetivos, son denunciados por apropiación indebida del yoga.

El Gobierno indio hace un uso dudoso del yoga. En una reciente campaña turística aparecían ilustraciones modernas de flexiones hacia atrás junto al eslogan: «Vuelve al año 3000 a. C. y disfruta de una vida más sana». No se conserva ninguna práctica yóguica de esa época, y mucho menos *dhanurasana*, que se enseñó por primera vez en textos del siglo XV sin ninguna referencia a sus beneficios. Aunque los hechos pueden ser difíciles de establecer, las fechas engañosas sirven a fines políticos, identificando el yoga con una forma deshistorizada del hinduismo.

El objetivo general es hacer retroceder el reloj todo lo posible. Vincular el yoga a la cultura védica lo convertiría en brahmánico desde el principio, no un desarrollo paralelo. Y si los Vedas datan de mucho antes, anteriores a la inmigración desde Asia Central, entonces los «arios» mencionados en los textos serían indígenas. Las conexiones con otras tradiciones (como las de Irán, cuyo nombre procede de *arya*) significarían que los indios se desplazaron hacia el oeste y no viceversa. Esta teoría no demostrada reedita el trabajo de los eruditos que a menudo veneraban a los arios y su civilización marcial.

Este tipo de ideas impulsaron la ilusión nazi de que los europeos del norte eran descendientes directos de esta antigua raza superior. El Tercer Reich tomó prestados símbolos hindúes, distorsionando el significado de la esvástica, que significa auspiciosidad (la palabra combina *su*, «bueno», con *asti*, «es», más el sufijo *ka*). Invirtiendo el proceso, el nacionalismo hindú moderno se inspira en el nacionalsocialismo, y algunos de los primeros activistas apoyaron a Hitler contra el Imperio británico. Incluso hoy, se le venera en la India por su fuerte liderazgo, y *Mein Kampf* sigue a la venta.

Otro tratado de 1920 desarrolló la doctrina de Hindutva, que significa «hinduidad».[87] El autor, V. D. Savarkar, llama a la India el hogar de «una raza» con sus raíces en el antiguo valle del Indo: «Los hindúes no son meros ciudadanos del Estado indio porque están unidos no solo por una patria común, sino también por los lazos de una sangre común», escribe Savarkar. Aunque la India es nominalmente laica, esta mentalidad militante la define como hindú y moviliza a las turbas contra los musulmanes y otras minorías.

El hindutva actual se expresa a menudo en un lenguaje más sutil. Ayudó a Modi a ganar el poder con una plataforma modernizadora, con apoyo de un grupo nacional inspirado en los fascistas europeos (el RSS, o Rashtriya Swayamsevak Sangh, una red voluntaria hindú). Algunas de sus ideas se respaldan inconscientemente en los círculos del yoga, sobre todo en cuanto a la atemporalidad de las tradiciones, cuyas ideas espirituales son tan universales que podrían ser la base de otras religiones. Por muy atractivas que parezcan estas teorías, también pueden tener siniestras agendas ocultas.

Yoga terapéutico

El yoga moderno se describe a menudo como una práctica curativa. Esto tiene sus raíces en las explicaciones de los beneficios físicos en los textos medievales y fue refinada por pioneros del siglo XX que presentaron sus métodos en términos terapéuticos. Desde entonces se han publicado miles de estudios científicos con resultados diversos. A pesar de sus muchos méritos, el yoga no es una panacea.

El popular gurú indio Baba Ramdev ha afirmado que cura el cáncer, la homosexualidad y el VIH con la respiración yóguica y los remedios herbales de su multimillonaria empresa. Aunque ahora es un firme aliado del primer ministro nacionalista Narendra Modi, Ramdev fue reprendido por un Gobierno anterior: «Aunque el yoga y el ejercicio regular ciertamente ayuda a las personas seropositivas a estar más sanas –afirmó en un comunicado–, sería demasiado atrevido asegurar que se hallará la cura del sida a través del yoga en los próximos años».[88]

A principios del siglo XX, Kuvalayananda tenía menos ambiciones: «Las enfermedades siguientes, especialmente en su condición crónica, pueden ser tratadas eficazmente por métodos yóguicos –anunciaba su revista–:[89] estreñimiento, dispepsia, dolor de cabeza, almorranas, cardiopatía, neuralgias, diabetes, histeria, consumo, obesidad, esterilidad (ciertos tipos), impotencia, apendicitis, etc.». Depende mucho del significado de «tratamiento». Aliviar los síntomas y curar la enfermedad son objetivos diferentes, y aunque el yoga a veces puede hacer ambas cosas, sus técnicas no son fáciles de estandarizar.

En 2014, el Gobierno indio creó un ministerio de yoga y medicina tradicional. Cinco años después,[90] su Portal Nacional de Salud enumeraba diecisiete institutos yóguicos, entre ellos los de Iyengar, Ashtanga, Sivananda, Satyananda y Krishnamacharya, además del antiguo centro de Yogendra en Bombay y un puñado de ashrams. Ninguno tiene un programa terapéutico disponible para cualquier persona ajena a su sistema.

En 2016, la base de datos mundial de profesores gestionada por Yoga Alliance prohibió toda referencia al yoga terapéutico: «Los profesores y las escuelas que utilizan los términos "terapia" y "terapeuta" pueden estar engañando involuntariamente al público sobre sus cualificaciones y experiencia»,[91] señaló, argumentando que el diagnóstico y el tratamiento de enfermedades mentales y físicas deben dejarse en manos de los médicos. «Cualquier instructor de yoga que haga este tipo de afirmaciones sin la titulación correspondiente se arriesga a una acusación de práctica no autorizada de la medicina».

Parte del problema es que las personas son complejas y la práctica les afecta de distintas maneras. Algunas dolencias son más fáciles de tratar con resultados predecibles. Un curso de estiramientos suaves para el dolor de espalda puede ayudar a la mayoría de los participantes, pero es difícil replicarlo con programas específicos para otras dolencias, como «yoga para la esquizofrenia». Con dificultades de financiación, el Servicio Nacional de Salud del Reino Unido está estudiando iniciativas con objetivos más modestos: mantener a los pacientes con enfermedades crónicas fuera del hospital, ofreciéndoles clases que combinen el contacto social con el ejercicio consciente.

Las expectativas humildes son útiles en general. Es poco probable que el yoga solucione todos los problemas. El psicólogo John Welwood observó «una tendencia generalizada a utilizar ideas y prácticas espirituales para eludir o evitar enfrentarse a problemas emocionales no resueltos, heridas psicológicas y tareas de desarrollo inacabadas»,[92] lo que denominó «*bypass* espiritual». La psicoterapia podría ofrecer más beneficios que la positividad fingida. Una forma de *bypass* relacionado alienta el ensimismamiento: los privilegiados pueden vivir en una burbuja, al margen de la política y la injusticia social, pero consolándose con ideas sobre la interconexión.

Otro escollo común es obsesionarse con los resultados, lo que se define como «materialismo espiritual». Como explicó el maestro budista tibetano Chögyam Trungpa, que adaptó su mensaje a los seguidores occidentales: «Podemos engañarnos pensando que nos estamos desarrollando espiritualmente cuando en realidad estamos reforzando nuestro egocentrismo mediante técnicas espirituales».[93] La propia lucha de Trungpa con las adicciones –murió alcohólico– nos recuerda que las intuiciones reveladoras y los defectos coexisten.

Nuevas direcciones

A medida que el yoga evoluciona en el siglo XXI, una vanguardia de activistas quiere reformarlo. Preocupados por los efectos de los métodos establecidos, dan prioridad a la seguridad, la autonomía individual y la inclusión. Esto forma parte de un movimiento para integrar el yoga con prioridades éticas, políticas, sociales y culturales.

Todos los profesores tienen defectos humanos. A pesar de estar comprometidos –al menos en teoría– con no dañar a los demás, algunos lo hacen. Esto se aplica a casi todos los sistemas modernos de yoga. La lista de abusos incluye mala conducta sexual y agresiones sexuales, intimidar y herir a los estudiantes, explotarlos económicamente y reprimir la disidencia mediante dinámicas de grupo que a veces parecen sectas.

No hay práctica ni experiencia espiritual que impida que esto ocurra. Gurús venerados como monjes iluminados han utilizado su poder para obligar a jóvenes estudiantes a mantener relaciones sexuales. Como observó irónicamente el erudito Agehananda Bharati en la década de 1970: «No se aprende el comportamiento ético a través del yoga y la meditación, como no se aprende a amar al prójimo jugando al póquer o tocando el violonchelo».[94] En otras palabras, para que las cosas mejoren, puede que también se necesiten salvaguardias más eficaces.

Aunque el objetivo general sea la capacitación de los estudiantes, algunas soluciones pueden sonar incapacitadoras. En lugar de encontrar un equilibrio entre los derechos (a no ser maltratado) y responsabilidades (establecer sus propios límites), los profesores tienen cada vez más la responsabilidad de hacer las clases «más seguras« tratando a todos como si estuvieran traumatizados. Cuando se lleva al extremo, esto significa evitar el uso de instrucciones, el contacto físico e incluso la idea de que hay algo más que enseñar que una vaga invitación a hacer lo que sientes y cómo lo sientes.[95]

Es evidente que hay que tener en cuenta los traumas, sobre todo en las prisiones y con los grupos vulnerables. Sin embargo, no todos los estudiantes quieren este enfoque cauteloso. Algunos de sus defensores insinúan que hay otros métodos que permiten los abusos y que, por tanto, deben prohibirse o abandonarse. Se trata de un dogma. En lugar de intentar eliminar todos los problemas –una tarea imposible– sería más constructivo si se ayudara a la gente a definir sus propios límites y a decidir lo que funciona para ellos. El pensamiento crítico redistribuye poder, pero el propio acto de enseñar implica un desequilibrio hasta cierto punto.

La práctica del yoga se reduce a las relaciones, tanto con los demás como con nosotros mismos. Las clases modernas ofrecen lo que un experto llama un «ritual curativo secularizado». Esto puede adoptar muchas formas, desde ejercicios con bandas sonoras hasta «compartir» entre iguales, con el objetivo de reconfigurar las dinámicas de poder. Aunque es importante que el yoga sea accesible a quienes se sienten marginados, ningún enfoque puede atraer a todos los estudiantes. Sin embargo, una minoría ruidosa sugiere que esto debería suceder para servir a la justicia social. En discusiones acaloradas especialmente en línea, la retórica progresista puede caer rápidamente en el autoritarismo. Muchos críticos de los métodos existentes tienen algo que vender, y no son más inmunes de volverse abusivos que los gurús a la antigua.

Los profesores tienen ideas diferentes sobre lo que hay que cambiar. Algunos están dispuestos a adaptarse según convenga, mientras que otros quieren normas y reglamentos estandarizados. Decir a los demás lo que tienen que hacer parece contradictorio con el desarrollo de los objetivos personales: la gente debe ser libre de elegir lo que prefiere. Los practicantes de yoga siempre han perseguido diversos objetivos. Un mode-

250 Historia del yoga

lo contemporáneo alienta el servicio a la comunidad, con un mensaje evangélico que debe tanto al cristianismo y a la política radical como a las tradiciones yóguicas. Citando a un grupo de Chicago: «Este ejército de guerreros pacíficos puede predicar con el ejemplo para crear una sociedad más pacífica, sana e igualitaria».[96] Por muy inspirador que pueda sonar, para la gente las definiciones de lo que implica variarán.

Epílogo

Adaptación

En el mercado moderno del yoga, millones de personas gastan miles de millones de dólares cada año. Los trucos ayudan a mantener esta demanda, con modas recientes como el «yoga de la rabia», el «yoga de la discoteca silenciosa» y el «yoga del borracho». Resulta demasiado fácil afirmar que estas tendencias no tienen sentido. Eso supone que podemos decir cuál es el objetivo, lo que implica un consenso que no existe.

Es evidente que existen tensiones entre el propósito original del yoga y las prioridades occidentales. Renunciar al mundo para evitar el renacimiento no es una razón popular para iniciarse en la práctica. Sin embargo, también hay textos yóguicos que destacan la acción. La idea de una tradición única es tan ilusoria como la reciente insinuación de que cualquier cosa es yoga porque alguien dice que lo es. A medida que cambian los métodos, ¿qué los mantiene anclados en lo que hubo antes, y cómo conecta eso con los objetivos contemporáneos? Las respuestas definitivas a este tipo de preguntas parecen difíciles de encontrar. Solo podemos hablar de lo que nos funciona a nosotros.

Muchos practicantes modernos toman prestadas enseñanzas antiguas, traduciendo lo que les parece útil de forma que tengan sentido para ellos. Admitir que esto es lo que estamos haciendo elimina la pretensión de que nuestras reinterpretaciones son interpretaciones fieles. No todo el mundo lo hace, por supuesto. Pero mientras algunos se rigen por un gurú –o el contenido de determinados textos– esa no es la inclinación del racionalista medio. Como dijo Immanuel Kant en el siglo XVIII: «¡Atrévete a saber! "Ten el valor de usar tu propio entendimiento" es, por tanto, el lema de la iluminación».[1]

Es muy posible que nos equivoquemos si pensamos por nosotros mismos, pero al menos los errores serán nuestros. Patañjali parece alentar esto, sugiriendo que prioricemos lo que percibimos en lugar de someternos ciegamente a lo que otros nos dicen. Según el comentario original del *Yoga Sutra* 1.32: «La superioridad de la percepción directa no puede ser impugnada por ninguna otra prueba; las otras pruebas [es decir, la inferencia lógica y el testimonio respaldado por las escrituras] solo ganan aceptación cuando están respaldadas por la percepción».[2]

El yoga es una disciplina espiritual, con enfoques prácticos sobre el autoconocimiento e incluso la trascendencia. La idea de la iluminación puede sonar evasiva, pero las cargas mentales pueden «iluminarse» prestando atención. La claridad está ahí, en el fondo, todo el tiempo. Todo lo que tenemos que hacer es quitarnos de en medio. Los intentos de superación personal pueden convertirse fácilmente en autoflagelación, y no hay nada que mejorar en lo más profundo de uno mismo. La única mejora real elimina la confusión que lo oscurece.

En la era de la distracción, las ideas sobre la perspicacia se empaquetan fácilmente y se publican en Internet como citas inspiradoras, a menudo yuxtapuestas con fotos de posturas que parecen no tener nada que ver. No hay nada inherentemente yóguico en ninguna *asana*. La postura «estable y cómoda» de Patañjali depende de la «absorción en el infinito» (*Yoga Sutra* 2.46-47).[3] La práctica del yoga se define, por tanto, por la meditación, aunque las dos parecen distintas en la cultura contemporánea. La gente va a clases para moverse en una esterilla durante noventa minutos, pero les resulta difícil sentarse en silencio a solas. El vigor físico puede atravesar el desorden en la mente, pero lo que marca la diferencia es el desapego. Los métodos más poderosos alcanzan un delicado equilibrio entre esforzarse y dejar que las cosas sucedan. La verdadera dimensión yóguica no es tanto lo que hacemos, sino la forma de hacerlo.

Integración

Todo el mundo es libre de crear una nueva versión de la filosofía del yoga. Sin embargo, parece prudente comprometerse con la tradición antes de ir por libre. La alternativa es como intentar tocar jazz sin conocer las escalas, o intentar pintar abstracto sin aprender a dibujar. Podemos estar dotados de percatación, pero las posibilidades de liarla son mucho mayores.

Como este libro ha explorado, también hay buenas razones para cuestionar la tradición. Algunos sistemas de yoga se contradicen entre sí, y los métodos posturales modernos mantienen tenues vinculaciones con los textos antiguos. Incluso podemos dudar de que los objetivos tradicionales sigan teniendo sentido. Puesto que vivimos en el mundo y tenemos una sola vida (al menos por lo que sabemos en esta encarnación), ¿deberíamos intentar trascenderla o hacer algo antes de que termine?

El yoga no es en sí mismo una respuesta mágica, pero nos ofrece herramientas que pueden hacer la vida menos dolorosa. Como dice la *Bhagavad Gita* (2.40): «Incluso un poco de esta disciplina protege a uno de grandes peligros».[4] La práctica yóguica se dirige a la mente que experimenta el sufrimiento. La solución más sencilla sería ignorar su agitación, pero esto es difícil de conseguir y puede llevar a extremos como las austeridades ascéticas. Un enfoque más mundano promueve el objetivo de la transformación. Si observamos cómo nos sentimos, sin añadir nada a la historia de «yo y mi vida», las fuentes de la angustia pueden disolverse lentamente y dar paso a la satisfacción.

No existe lo que se ha dado en llamar «una persona iluminada». Liberación significa percibir impersonalmente, más allá de la dimensión del monólogo personal. Aparte de ese cambio, la vida sigue como antes. O eso me dice la gente. A pesar de algunos atisbos de lo que esto implica, todavía me tomo las cosas personalmente la mayoría de las veces, aunque encuentro más espacio para dejarlas pasar.

Resulta un poco desalentador escribir una conclusión sin haber llegado a una, al menos en el sentido del objetivo final. Sin embargo, de eso se trata: los objetivos ultramundanos parecen menos importantes que intentar estar presente en la vida cotidiana. Con un poco más de conciencia de los pensamientos, palabras y acciones, me doy cuenta de su impacto en mí y en los demás. Como resultado, puedo intentar ser más claro, enredándome menos en formas poco útiles. También intento preguntarme: ¿qué es ese «yo» con el que la mente parece obsesionada? ¿Es solo una idea? ¿Hay algo más allá? Por muy fugazmente que se perciba, puede ser transformador.

El yoga nos ayuda a ver desde una perspectiva diferente. Cómo interpretemos lo que aprendemos depende de nosotros. No parece útil seguir un guion, tratando de ser «un buen yogui», ya sea de la Edad de Hierro o de más recientemente. Hagamos lo que hagamos, a menos que provenga del corazón, proyecta otra historia sobre quiénes somos.

En cualquier caso, puede que necesitemos nuevas historias para mantener las cosas unidas. Los retos convergentes del siglo XXI –desde el colapso medioambiental hasta la inestabilidad social– parecen muy distintos de los que inspiraron a los primeros yoguis, aunque la psicología humana ha cambiado muy poco. Si nuestro objetivo es vivir en el mundo y hacer lo que podamos para aliviar el sufrimiento, ¿necesita un nuevo marco una antigua filosofía basada en la renuncia? Un modelo más comunitario podría alimentar la compasión, facilitando la acción basada en percepciones trascendentales. O podría simplemente recordarnos formas de ser más amables.

Sean cuales sean nuestras prioridades, una cosa parece clara: a menos que nos desconectemos por completo, la mente crea ilusiones. Y si las historias dan forma a nuestras vidas, ¿por qué no elegir las buenas?

Notas

Introducción

1. Hariharānanda Āraṇya y P. N. Mukerji, *Yoga Philosophy of Patañjali* (Albany, N.Y.: SUNY Press, 1983), 255
2. Wendy Doniger, "Micromyths, Macromyths and Multivocality," in *The Implied Spider: Politics and Theology in Myth* (Nueva York: Columbia University Press, 2011), 88.
3. Edwin Bryant, *The Yoga Sūtras of Patañjali* (Nueva York: North Point Press, 2009), 10.
4. James Haughton Woods, *The Yoga System of Patañjali* (Cambridge, Mass.: Harvard University Press, 1914), 8.
5. Philipp Maas, «The So-called Yoga of Suppression in the *Pātañjala Yogaśāstra*», in *Yogic Perception, Meditation, and Altered States of Consciousness*, comp. Eli Franco (Vienn: Verlag der Österreichischen Akademie der Wissenschaften, 2009), 265.
6. Kofi Busia, «The Yoga Sūtras of Patañjali», visitado el 25 de mayo de 2019, http://www.kofibusia.com/yogasutras/yogasutras1.php.

1. Yoga primigenio

1. Johannes Bronkhorst, *The Two Traditions of Meditation in Ancient India* (Delhi: Motilal Banarsidass, 1993), 7–10.
2. Sarvepalli Radhakrishnan, *The Principal Upaniṣads* (Londres: George Allen & Unwin, 1953), 719. (Tener en cuenta que el sánscrito del *Rig Veda* 5.81.1 se repite literalmente en la *Shvetashvatara Upanishad* 2.4.).

258 Historia del yoga

3. Wendy Doniger, *The Rig Veda* (Londres: Penguin, 1981), 127.
4. W. Falconer, *The Geography of Strabo*, vol. 3 (Londres: Henry G. Bohn, 1857), 111-112.
5. En una entrevista publicada bajo el título «Oriental Observations, n.° X: The Travels of Pran-Puri, a Hindoo, who Travelled over India, Persia, and Part of Russia», *European Magazine and Londres Review* 57 (1810): 264.
6. Doniger, *Rig Veda*, 61.
7. Doniger, *Rig Veda*, 116.
8. Doniger, *Rig Veda*, 137-138.
9. Doniger, *Rig Veda*, 134-135.
10. Doniger, *Rig Veda*, 25-26.
11. Bryant, *Yoga Sūtras*, 406.
12. William Dwight Whitney, *Atharva-Veda Saṃhitā* (Cambridge, Mass.: Harvard University Press, 1905), 632-633.
13. Whitney, *Atharva-Veda*, 789-791.
14. Zoë Slatoff, *Yogāvatāraṇam: The Translation of Yoga* (Nueva York: North Point Press, 2015), 367.
15. Slatoff, *Yogāvatāraṇam*, 424.
16. La mayoría agradece la energía solar. Ralph T. H. Griffith, *The Hymns of the Rig Veda*, vol. 1 (Benares: E. J. Lazarus and Co., 1889), 199.
17. Radhakrishnan, *Principal Upaniṣads*, 390.
18. La siguiente docena se escucha por doquier: Satyananda Saraswati, *Surya Namaskara* (Munger: Yoga Publications Trust, 2002), 35-38.
19. El sol fue hecho de sus ojos: Doniger, *Rig Veda*, 31.
20. Por ejemplo, del brahmán: Patrick Olivelle, *Manu's Code of Law: A Critical Edition and Translation of the Mānava-Dharmaśāstra* (Nueva York: Oxford University Press, 2005), 131.
21. Doniger, *Rig Veda*, 80.
22. Slatoff, *Yogāvatāraṇam*, 398.
23. Penitencias como permanecer en pie: Johannes Bronkhorst, «Asceticism, Religion and Biological Evolution», *Method & Theory in the Study of Religion* 13 (2001): 385.
24. Swami Madhavananda, *The Bṛhadāraṇyaka Upaniṣad with the Commentary of Śaṅkarācārya* (Mayavati: Advaita Ashrama, 1950), 783.
25. Bryant, *Yoga Sūtras*, 143.

26. Patrick Olivelle, *Early Upaniṣads* (Nueva York: Oxford University Press, 1998), 307.
27. Olivelle, *Early Upaniṣads*, 323.
28. Incluyen lo transformador: Valerie Roebuck, *The Upanishads* (Londres: Penguin Classics, 2003), 21.
29. Roebuck, *Upanishads*, 21.
30. La misma idea expresada: Bryant, *Yoga Sūtras*, 228.
31. Bryant, *Yoga Sūtras*, 228.
32. Swami Gambhirananda, *Eight Upaniṣads*, vol. 2, con el Comentario de Śaṅkarācārya (Mayavati: Advaita Ashrama, 1937), 181.
33. Olivelle, *Early Upaniṣads*, 67.
34. Olivelle, *Early Upaniṣads*, 67.
35. Slatoff, *Yogāvatāraṇam*, 397.
36. Gambhirananda, *Eight Upaniṣads*, vol. 2, 65.
37. Olivelle, *Early Upaniṣads*, 323.
38. Ramana Maharshi, *Who Am I?* (Tiruvannamalai: Sri Ramanasramam, 2014), 18-19.
39. Nisargadatta Maharaj, *I Am That* (Bombay: Chetana Pvt, 1973), 70.
40. Olivelle, *Early Upaniṣads*, 353.
41. Las apariencias pueden resultar engañosas: Olivelle, *Early Upaniṣads*, 425.
42. A pesar de las apariencias: Ganganatha Jha, *The Chāndogyopaniṣad* (Poona: Oriental Book Agency, 1942), 295.
43. Y, por lo tanto, un sabio: Jha, *Chāndogyopaniṣad*, 488.
44. Swami Gambhirananda, *Eight Upaniṣads,* vol. 1, con el Comentario de Śaṅkarācārya (Mayavati: Advaita Ashrama, 1957), 143.
45. Esta verdad liberadora: Olivelle, *Early Upaniṣads*, 383.
46. El objeto le dice a Nachiketas: Gambhirananda, *Eight Upaniṣads*, vol. 1, 196.
47. Gambhirananda, *Eight Upaniṣads*, vol. 1, 167.
48. Slatoff, *Yogāvatāraṇam*, 396.
49. Bryant, *Yoga Sūtras*, xxii.
50. Este es «El estado más elevado»: Radhakrishnan, *Principal Upaniṣads*, 645.
51. Olivelle, *Early Upaniṣads*, 389.
52. Olivelle, *Early Upaniṣads*, 381.

260   Historia del yoga

53. Eknath Easwaran, *The Upanishads* (Tomales, Calif.: Nilgiri Press, 2007), 114.
54. Roebuck, *Upanishads*, 73.
55. Olivelle, *Early Upaniṣads*, 69.
56. Bryant, *Yoga Sūtras*, xxii.
57. Roebuck, *Upanishads*, 300.
58. Gambhirananda, *Eight Upaniṣads*, vol. 1, 287-307.
59. Olivelle, *Early Upaniṣads*, 301-303.
60. Existen 101 canales sutiles: Jha, *Chāndogyopaniṣad*, 441.
61. Otras *Upanishads* lo desarrollan: Roebuck, *Upanishads*, 337.
62. De todas las funciones corporales: Radhakrishnan, *Principal Upaniṣads*, 305.
63. Por lo tanto, «la respiración es inmortalidad»: Roebuck, *Upanishads*, 28.
64. Roebuck, *Upanishads*, 243.
65. Roebuck, *Upanishads*, 337.
66. Roebuck, *Upanishads*, 337.
67. Slatoff, *Yogāvatāraṇam*, 403.
68. Olivelle, *Early Upaniṣads*, 475-77.
69. Olivelle, *Early Upaniṣads*, 477.
70. *Bhagavad Gita*: Winthrop Sargeant, *The Bhagavad Gītā* (Albany, N.Y.: SUNY Press, 2009), 656.
71. Roebuck, *Upanishads*, 373.
72. Está más claro en *Katha*: Bryant, *Yoga Sūtras*, xxii.
73. Roebuck, *Upanishads*, 280.
74. Easwaran, *Upanishads*, 165.
75. El Buda aprendió a meditar: Bhikkhu Bodhi, *The Middle Length Discourses of the Buddha: A New Translation of the Majjhima Nikāya* (Somerville, Mass.: Wisdom Publications, 1995), 900-902.
76. Olivelle, *Early Upaniṣads*, 235.

2. Yoga clásico

1. Olivelle, *Early Upaniṣads*, 367-369.
2. Roebuck, *Upanishads*, 326.

3. Olivelle, *Early Upaniṣads*, 121, 403.
4. En esta esfera sobrenatural: Bryant, *Yoga Sūtras*, 457.
5. Bronkhorst, *Two Traditions*, 46.
6. Narra otro fragmento: Bronkhorst, *Two Traditions*, 51.
7. La liberación surge a través de la percatación: Sargeant, *Bhagavad Gītā*, 139.
8. Slatoff, *Yogāvatāraṇam*, 382.
9. Bryant, *Yoga Sūtras*, 305.
10. Bryant, *Yoga Sūtras*, 305.
11. Otro verso menciona doce: Kisari Mohan Ganguli, *The Mahabharata of Krishna-Dwaipayana Vyasa: Çanti Parva*, vol. 2 (Calcuta: Bharata Press, 1891), 168.
12. Siete concentraciones (*dharana*): Ganguli, *Mahabharata: Çanti Parva*, vol. 2, 170.
13. Entre tanto, una referencia a cuatro: Ganguli, *Mahabharata: Çanti Parva*, vol. 2, 50-52.
14. El Yoga definido como meditación: Bryant, *Yoga Sūtras*, xxiv.
15. Ambos requieren preparación: Ganguli, *Mahabharata: Çanti Parva*, vol. 2, 276.
16. Ganguli, *Mahabharata: Çanti Parva*, vol. 2, 277.
17. Kisari Mohan Ganguli, *The Mahabharata of Krishna-Dwaipayana Vyasa: Anusasana Parva* (Calcuta: Bharata Press, 1893), 298.
18. Tras doce años de penitencias: Ganguli, *Mahabharata: Anusasana Parva*, 301.
19. Aunque liberado por la percatación: Ganguli, *Mahabharata: Anusasana Parva*, 301.
20. Ganguli, *Mahabharata: Çanti Parva*, vol. 2, 54.
21. Ganguli, *Mahabharata: Çanti Parva*, vol. 2, 54.
22. Se anuncian resultados desdichados: Ganguli, *Mahabharata: Çanti Parva*, vol. 2, 54.
23. Otros preliminares recomendados: Ganguli, *Mahabharata: Çanti Parva*, vol. 2, 53.
24. Ganguli, *Mahabharata: Çanti Parva*, vol. 2, 65.
25. *The Nueva York Times*: Ann Powers, «Tuning In to the Chant Master of American Yoga», *The New York Times*, 4 de junio de 2000, 31.

26. Ganguli, *Mahabharata: Çanti Parva*, vol. 2, 86.
27. Angelika Malinar, «Yoga Powers in the *Mahābhārata*», en *Yoga Powers: Extraordinary Capacities Attained Through Meditation and Concentration*, comp. Knut Jacobsen (Leiden, Holanda: Brill, 2012), 37.
28. Por ejemplo en la historia: Kisari Mohan Ganguli, *The Mahabharata of Krishna-Dwaipayana Vyasa: Çanti Parva*, vol. 3 (Calcuta: Bharata Press, 1893), 89.
29. Sin embargo, él también es atravesado: Ganguli, *Mahabharata: Çanti Parva*, vol. 3, 111.
30. Ganguli, *Mahabharata: Çanti Parva*, vol. 2, 65.
31. Ganguli, *Mahabharata: Çanti Parva*, vol. 2, 65.
32. Kisari Mohan Ganguli, *The Mahabharata of Krishna-Dwaipayana Vyasa: Adi Parva* (Calcuta: Bharata Press, 1884), 410.
33. Ganguli, *Mahabharata: Adi Parva*, 410.
34. Ganguli, *Mahabharata: Çanti Parva*, vol. 2, 376.
35. No es tanto sobre lo físico: Ganguli, *Mahabharata: Çanti Parva*, vol. 2, 376.
36. Kisari Mohan Ganguli, *The Mahabharata of Krishna-Dwaipayana Vyasa: Svargarohanika Parva* (Calcuta: Bharata Press, 1896), 300.
37. Carole Satyamurti, *Mahabharata: A Modern Retelling* (Nueva York: Norton, 2015), 843.
38. Kisari Mohan Ganguli, *The Mahabharata of Krishna-Dwaipayana Vyasa: Udyoga Parva* (Calcuta: Bharata Press, 1886), 84.
39. Kisari Mohan Ganguli, *The Mahabharata of Krishna-Dwaipayana Vyasa: Çalya Parva* (Calcuta: Bharata Press, 1889), 232.
40. Ganguli, *Mahabharata: Çanti Parva*, vol. 2, 367.
41. Julian Woods, *Destiny and Human Initiative in the Mahābhārata* (Albany, N.Y.: SUNY Press, 2001), 65.
42. La *Gita* describe su conversación: Sargeant, *Bhagavad Gītā*, 116.
43. Nicholas Sutton, *Bhagavad-Gita:The Oxford Centre for Hindu Studies Guide* (Oxford: Oxford Centre for Hindu Studies, 2016), 33.
44. Sutton, *Bhagavad-Gita*, 101.
45. Sutton, *Bhagavad-Gita*, 35.
46. Sutton, *Bhagavad-Gita*, 35.
47. Cuando solo queda Arjuna: Sutton, *Bhagavad-Gita*, 36.

48. Slatoff, *Yogāvatāraṇam*, 377.
49. Sutton, *Bhagavad-Gita*, 44.
50. Resistir al dominio colonial: Mohandas Gandhi, *The Bhagavad Gita According to Gandhi* (Blacksburg, Va.: Wilder Publications, 2011).
51. Tapan Ghosh, *The Gandhi Murder Trial* (Bombay: Asia Publishing, 1974), 303.
52. Slatoff, *Yogāvatāraṇam*, 378.
53. Sutton, *Bhagavad-Gita*, 44.
54. W.J. Johnson, *The Bhagavad Gita* (Oxford: Oxford University Press, 1994), 16.
55. Sutton, *Bhagavad-Gita*, 54.
56. Sutton, *Bhagavad-Gita*, 54.
57. Sargeant, *Bhagavad Gītā*, 182.
58. Sutton, *Bhagavad-Gita*, 64.
59. Sutton, *Bhagavad-Gita*, 49.
60. Sutton, *Bhagavad-Gita*, 45.
61. Sargeant, *Bhagavad Gītā*, 154.
62. Sutton, *Bhagavad-Gita*, 69.
63. Sutton, *Bhagavad-Gita*, 75.
64. El yoga de la acción de Krishna: Sargeant, *Bhagavad Gītā*, 138.
65. Slatoff, *Yogāvatāraṇam*, 380.
66. Sutton, *Bhagavad-Gita*, 48.
67. Sutton, *Bhagavad-Gita*, 47.
68. Laurie Patton, *The Bhagavad Gita* (Londres: Penguin, 2008), 63.
69. Sutton, *Bhagavad-Gita*, 86.
70. Sutton, *Bhagavad-Gita*, 79.
71. Sutton, *Bhagavad-Gita*, 72.
72. Sutton, *Bhagavad-Gita*, 88.
73. Sutton, *Bhagavad-Gita*, 84.
74. Sutton, *Bhagavad-Gita*, 96.
75. Sutton, *Bhagavad-Gita*, 83.
76. Un yogui imparcial: Sutton, *Bhagavad-Gita*, 88.
77. Sutton, *Bhagavad-Gita*, 96-97.
78. Sargeant, *Bhagavad Gītā*, 281.
79. Slatoff, *Yogāvatāraṇam*, 384-385.

80. Sutton, *Bhagavad-Gita*, 101.
81. También ofrece consejos: Sutton, *Bhagavad-Gita*, 91.
82. Esto puede conducir a lo más elevado: Sargeant, *Bhagavad Gītā*, 286-289.
83. Sea cual sea el método utilizado: Sutton, *Bhagavad-Gita*, 101.
84. Sutton, *Bhagavad-Gita*, 102.
85. Sutton, *Bhagavad-Gita*, 102.
86. Sutton, *Bhagavad-Gita*, 106.
87. Sutton, *Bhagavad-Gita*, 155.
88. Sutton, *Bhagavad-Gita*, 184.
89. Slatoff, *Yogāvatāraṇam*, 394.
90. Sargeant, *Bhagavad Gītā*, 430.
91. Sargeant, *Bhagavad Gītā*, 324.
92. Pero a veces lo parece: Sargeant, *Bhagavad Gītā*, 325.
93. Él permea el mundo: Sargeant, *Bhagavad Gītā*, 386.
94. Sutton, *Bhagavad-Gita*, 182.
95. Sutton, *Bhagavad-Gita*, 185.
96. Como la divinidad en el *Shvetashvatara*: Sargeant, *Bhagavad Gītā*, 322.
97. Slatoff, *Yogāvatāraṇam*, 385.
98. Sutton, *Bhagavad-Gita*, 162.
99. Sutton, *Bhagavad-Gita*, 117.
100. Slatoff, *Yogāvatāraṇam*, 387.
101. Sargeant, *Bhagavad Gītā*, 449.
102. Dependiendo de las propias inclinaciones: Sargeant, *Bhagavad Gītā*, 387.
103. Incluso acepta el politeísmo: Sutton, *Bhagavad-Gita*, 143.
104. Sutton, *Bhagavad-Gita*, 264.
105. Slatoff, *Yogāvatāraṇam*, 386.
106. Sutton, *Bhagavad-Gita*, 143.
107. Sutton, *Bhagavad-Gita*, 148.
108. Otras opciones incluyen: Sutton, *Bhagavad-Gita*, 195.
109. Patton, *Bhagavad Gita*, 120.
110. Sutton, *Bhagavad-Gita*, 169.
111. Sargeant, *Bhagavad Gītā*, 455.

112. Slatoff, *Yogāvatāraṇam*, 387.
113. William Blake, *The Marriage of Heaven and Hell and A Song of Liberty* (Londres: Chatto & Windus, 1911), 62.
114. Descripción de Huxley: Aldous Huxley, *The Doors of Perception* (Londres: Chatto & Windus, 1954), 8.
115. Está frente a una figura: Sutton, *Bhagavad-Gita*, 167.
116. Sutton, *Bhagavad-Gita*, 167.
117. Sutton, *Bhagavad-Gita*, 169.
118. Todos los soldados preparándose: Sutton, *Bhagavad-Gita*, 170.
119. Sutton, *Bhagavad-Gita*, 170.
120. Sutton, *Bhagavad-Gita*, 170.
121. Sargeant, *Bhagavad Gītā*, 484.
122. Slatoff, *Yogāvatāraṇam*, 387.
123. Robert Oppenheimer, «The Decision to Drop the Bomb», NBC White Paper, consultado el 25 de mayo de 2019, https://archive.org/details/DecisionToDropTheBomb.
124. Sutton, *Bhagavad-Gita*, 204.
125. Slatoff, *Yogāvatāraṇam*, 52.
126. Sutton, *Bhagavad-Gita*, 197.
127. William Blake, «Auguries of Innocence» en *William Blake, Poems Selected by A.T. Quiller-Couch* (Oxford: The Clarendon Press, 1908), 25.
128. Sutton, *Bhagavad-Gita*, 232.
129. Sutton, *Bhagavad-Gita*, 234.
130. Sutton, *Bhagavad-Gita*, 232.
131. Incluye «audacia»: Sutton, *Bhagavad-Gita*, 229-230.
132. Sargeant, *Bhagavad Gītā*, 612.
133. Sutton, *Bhagavad-Gita*, 61.
134. Sutton, *Bhagavad-Gita*, 264.
135. Sargeant, *Bhagavad Gītā*, 708.
136. Slatoff, *Yogāvatāraṇam*, 381.
137. Sutton, *Bhagavad-Gita*, 149.
138. Sutton, *Bhagavad-Gita*, 262.
139. Sutton, *Bhagavad-Gita*, 268.
140. Sutton, *Bhagavad-Gita*, 270.

141. Sargeant, *Bhagavad Gītā*, 734.
142. Sutton, *Bhagavad-Gita*, 57.
143. Sargeant, *Bhagavad Gītā*, 717.
144. Sutton, *Bhagavad-Gita*, 253.
145. Sargeant, *Bhagavad Gītā*, 406.
146. Reforzando el mensaje: Sutton, *Bhagavad-Gita*, 241.
147. Su enfoque es «demoníaco»: Patton, *Bhagavad Gita*, 177.
148. Logrando un equilibrio: Sargeant, *Bhagavad Gītā*, 734.
149. A pesar del eco de sus: Sutton, *Bhagavad-Gita*, 128.
150. Sutton, *Bhagavad-Gita*, 250.
151. Sutton, *Bhagavad-Gita*, 191.
152. El origen de este conocimiento: Sutton, *Bhagavad-Gita*, 201.
153. Sargeant, *Bhagavad Gītā*, 562.
154. Sargeant, *Bhagavad Gītā*, 549.
155. Sutton, *Bhagavad-Gita*, 201.
156. Sutton, *Bhagavad-Gita*, 194.
157. Slatoff, *Yogāvatāraṇam*, 382.
158. Sutton, *Bhagavad-Gita*, 204.
159. Sutton, *Bhagavad-Gita*, 197.
160. Sutton, *Bhagavad-Gita*, 205.
161. Sutton, *Bhagavad-Gita*, 211.
162. Sutton, *Bhagavad-Gita*, 214.
163. Sutton, *Bhagavad-Gita*, 213.
164. *Sattva* suena a sano: Sutton, *Bhagavad-Gita*, 211.
165. Sutton, *Bhagavad-Gita*, 214.
166. Sutton, *Bhagavad-Gita*, 217.
167. Quien lo percibe: Sutton, *Bhagavad-Gita*, 215-216.
168. Sutton, *Bhagavad-Gita*, 215.
169. Bryant, *Yoga Sūtras*, 4.
170. James Fitzgerald, «Prescription for Yoga in the *Mahabharata*», en *Yoga in Practice*, comp. David White (Princeton, N.J.: Princeton University Press, 2012), 53-54.
171. Bryant, *Yoga Sūtras*, 304.
172. El *Mahabharata* identifica: Ganguli, *Mahabharata: Çanti Parva*, vol. 3, 197.

Notas **267**

173. Bryant, *Yoga Sūtras*, 10.
174. Bryant, *Yoga Sūtras*, 22.
175. Bryant, *Yoga Sūtras*, 24.
176. Philipp Maas, «A Concise Historiography of Classical Yoga Philosophy», en *Periodisation and Historiography of Indian Philosophy*, comp. Eli Franco (Viena: Universidad de Viena 2013), 58.
177. Citando a Philipp Maas: Maas, «Concise Historiography», 65-66.
178. Bryant, *Yoga Sūtras*, 288.
179. Bryant, *Yoga Sūtras*, 212.
180. Cada uno de estos: Bryant, *Yoga Sūtras*, 175-192.
181. Bryant, *Yoga Sūtras*, 195.
182. Bryant, *Yoga Sūtras*, 194.
183. Se los considera debilitados: Bryant, *Yoga Sūtras*, 169-75.
184. Como en la *Bhagavad Gita*: Āraṇya and Mukerji, *Yoga Philosophy*, 114.
185. Bryant, *Yoga Sūtras*, 234.
186. Bryant, *Yoga Sūtras*, 317.
187. Esta cadena kármica: Bryant, *Yoga Sūtras*, 158.
188. Y como «los *samskaras*»: Bryant, *Yoga Sūtras*, 162.
189. Bryant, *Yoga Sūtras*, 255.
190. Zoë Slatoff, «Contemplating the Opposite», *Nāmarūpa* 13, n.º 2 (2011): 2.
191. Al estar absorto en meditación: Bryant, *Yoga Sūtras*, 288.
192. Otra técnica que ayuda: Zoë Slatoff, «Freedom from Suffering», *Pushpam*, n.º 3 (2017): 24.
193. Ofrece pautas éticas: Bryant, *Yoga Sūtras*, 270.
194. Son: «inofensividad»: Bryant, *Yoga Sūtras*, 242-252.
195. «The ascetic Mahavira»: Hermann Jacobi, «Âkârâṅga Sûtra», en *The Sacred Books of the East*, vol. 22, comp. Max Müller (Oxford: Clarendon Press, 1884), 202.
196. Olivelle, *Manu's Code*, 141.
197. Bryant, *Yoga Sūtras*, 264.
198. Otros cinco votos son: Slatoff, «Contemplating the Opposite», 2.
199. Bryant, *Yoga Sūtras*, 267.
200. Los más conocidos de lejos: Bryant, *Yoga Sūtras*, 242.
201. Procede del verbo: Monier-Williams, *A Sanskrit-English Dictionary* (Oxford: Clarendon Press, 1899), 159.

202. Concretamente se trata del Monier-Williams, *Sanskrit-English Dictionary*, 159.
203. Bryant, *Yoga Sūtras*, 283.
204. Esto se consigue utilizando: Bryant, *Yoga Sūtras*, 287.
205. Enfoque general de Patañjali: Bryant, *Yoga Sūtras*, 47.
206. Bryant, *Yoga Sūtras*, 48-51.
207. Bryant, *Yoga Sūtras*, 52.
208. El comentario original: Bryant, *Yoga Sūtras*, 285-87.
209. Son muchas las distracciones: Bryant, *Yoga Sūtras*, 118.
210. Bryant, *Yoga Sūtras*, 121.
211. Bryant, *Yoga Sūtras*, 139.
212. B. K. S. Iyengar, *The Tree of Yoga* (Boston: Shambhala, 2002), 47-50.
213. K. Pattabhi Jois, *Yoga Mala*, 2.ª ed. (Nueva York: North Point Press, 2010), 16-17.
214. Bryant, *Yoga Sūtras*, 289.
215. James Mallinson y Mark Singleton, *Roots of Yoga* (Londres: Penguin Classics, 2017), 140-141.
216. Bryant, *Yoga Sūtras*, 295-297.
217. Esto se manifiesta en primer lugar: Bryant, *Yoga Sūtras*, 297-298.
218. Con la atención dirigida hacia el interior: Bryant, *Yoga Sūtras*, 301-303.
219. Bryant, *Yoga Sūtras*, 306.
220. When only consciousness: Bryant, *Yoga Sūtras*, 403.
221. Bryant, *Yoga Sūtras*, 318.
222. Bryant, *Yoga Sūtras*, 130-135.
223. Bryant, *Yoga Sūtras*, 138.
224. Bryant, *Yoga Sūtras*, 61.
225. Otro nombre es *sabija*: Bryant, *Yoga Sūtras*, 156.
226. Purificaciones de *samadhi*: Bryant, *Yoga Sūtras*, 142.
227. Que a su vez se divide: Bryant, *Yoga Sūtras*, 144-149.
228. Tras todo se encuentra: Bryant, *Yoga Sūtras*, 157.
229. El último indicio de cognición: Bryant, *Yoga Sūtras*, 70.
230. El resultado más allá: Bryant, *Yoga Sūtras*, 164.
231. Bryant, *Yoga Sūtras*, 213.
232. Como explica Patañjali: Bryant, *Yoga Sūtras*, 232.
233. Bryant, *Yoga Sūtras*, 179.

234. Bryant, *Yoga Sūtras*, 234.
235. Bryant, *Yoga Sūtras*, 234.
236. Y como la materia «existe»: Bryant, *Yoga Sūtras*, 216.
237. Bryant, *Yoga Sūtras*, 240.
238. Bryant, *Yoga Sūtras*, 402.
239. Y se dice que la liberación: Bryant, *Yoga Sūtras*, 450.
240. El *Purusha* es informe: Bryant, *Yoga Sūtras*, xlvi.
241. Bryant, *Yoga Sūtras*, 87.
242. Bryant, *Yoga Sūtras*, 103.
243. Bryant, *Yoga Sūtras*, 105.
244. Bryant, *Yoga Sūtras*, 105.
245. Bryant, *Yoga Sūtras*, 109-118.
246. En la práctica, «devoción por»: Bryant, *Yoga Sūtras*, 81.
247. Bryant, *Yoga Sūtras*, 279.
248. Bryant, *Yoga Sūtras*, 79.
249. Bryant, *Yoga Sūtras*, 273.
250. Bryant, *Yoga Sūtras*, 389.
251. Bryant, *Yoga Sūtras*, 329.
252. Bryant, *Yoga Sūtras*, 339.
253. Seguido de: Bryant, *Yoga Sūtras*, 343-345.
254. Bryant, *Yoga Sūtras*, 347.
255. Bryant, *Yoga Sūtras*, 369.
256. Bryant, *Yoga Sūtras*, 378.
257. Bryant, *Yoga Sūtras*, 383.
258. Bryant, *Yoga Sūtras*, 366-367.
259. Bryant, *Yoga Sūtras*, 389-393.
260. Describe cómo situarse: Bryant, *Yoga Sūtras*, 457.
261. Yohanan Grinshpon, *Silence Unheard: Deathly Otherness in Pātañja-la-Yoga* (Albany, N.Y.: SUNY Press, 2002), 1-2.
262. Lectura alternativa: Ian Whicher, «The Integration of Spirit (*Puruṣa*) and Matter (*Prakṛti*) in the *Yoga Sūtra*» en *Yoga: The Indian Tradition*, comps. Ian Whicher y David Carpenter (Londres: Routledge-Curzon, 2003), 58-60.
263. Whicher, «The Integration of Spirit» 59.
264. Whicher resalta un *sutra*: Bryant, *Yoga Sūtras*, 27.

270 Historia del yoga

265. Āraṇya y Mukerji, *Yoga Philosophy*, 398.
266. Patañjali cita tres fuentes válidas: Bryant, *Yoga Sūtras*, 32.
267. Andrew Nicholson, «Is Yoga Hindu? On the Fuzziness of Religious Boundaries», *Common Knowledge* 19, n.° 3 (2013): 494.
268. Una de sus notas: Madhavananda, *Bṛhadāraṇyaka Upaniṣad*, 132.
269. James Ballantyne, *Yoga Philosophy of Patañjali with Illustrative Extracts from the Commentary of Bhoja Rájá* (Allahabad: Presbyterian Mission Press, 1852), ii.
270. Rajendralal Mitra, *The Yoga Aphorisms of Patañjali with the Commentary of Bhoja Rájá, Bibliotheca Indica* (Calcuta: The Asiatic Society of Bengal, 1883), xc.

3. *Hatha yoga*

1. Swami Lakshman Joo, *Vijñāna Bhairava: The Practice of Centring Awareness* (Varanasi: Indica Books, 2002), 92.
2. Nicholas Sutton, *The Philosophy of Yoga* (Oxford: Oxford Centre for Hindu Studies, 2016), 146.
3. Somadeva Vasudeva, *The Yoga of the Mālinīvijayottaratantra: Chapters 1-4, 7, 11-17. Critical Edition, Translation and Notes* (Pondicherry: Institut français de Pondichéry / École française d'Extrême-Orient, 2004), 244.
4. Alexis Sanderson, «Yoga in Śaivism: The Yoga Section of the *Mṛgendratantra*», 1 (borrador sin publicar, 1999), acceso el 23 de mayo de 2019, https://www.academia.edu/6629447.
5. A.C. Bhaktivedanta Swami, *Śrīmad Bhāgavatam: Eighth Canto* (Los Ángeles: Bhaktivedanta Book Trust, 1999), 108.
6. Slatoff, *Yogāvatāraṇam*, 86.
7. Sutton, *Philosophy of Yoga*, 146.
8. Kisari Mohan Ganguli, *The Mahabharata of Krishna-Dwaipayana Vyasa: Vana Parva* (Calcuta: Bharata Press, 1884), 11.
9. Zoë Slatoff, «Guruji: In Loving Memory», Ashtanga Yoga Upper West Side, website, acceso el 13 de mayo de 2019, https://www.ashtangayogaupperwestside.com/articles/guruji.

Notas **271**

10. Se equipara a Om: Bryant, *Yoga Sūtras*, 103.
11. En el siglo xviiii: adaptado de Andrew Nicholson, *Lord Śiva's Song: the Īśvara Gītā* (Albany, N.Y.: SUNY Press, 2014), 137-138.
12. Roebuck, *The Upanishads*, 373.
13. James Mallinson, *The Khecarīvidyā of Ādinātha* (Abingdon: Routledge, 2007), 118-119.
14. Según un antiguo tantra: Dominic Goodall et al., *The Niśvāsatattvasaṃhitā: The Earliest Surviving Śaiva Tantra,* vol. 1 (París: École Française d'Extrême-Orient, 2015), 388-394.
15. Uno dice meditar en Shiva: Sanderson, «Yoga in Śaivism», 30.
16. «Expelling the Lord through»: Gavin Flood, «The Purification of the Body», en *Tantra in Practice*, comp. David White (Princeton, N. J.: Princeton University Press, 2000), 514-515.
17. Mallinson y Singleton, *Roots of Yoga*, 203.
18. Goodall et al., *Niśvāsatattvasaṃhitā*, 489-494.
19. El objeto del *pranayama*: Sanderson, «Yoga in Śaivism» 5-7.
20. Sanderson, «Yoga in Śaivism», 17.
21. Mallinson y Singleton, *Roots of Yoga*, 302.
22. Bryant, *Yoga Sūtras,* 234.
23. Dominic Goodall, *The Parākhyatantra: A Scripture of the Śaiva Siddhānta* (Pondicherry: Institut Français de Pondichéry, 2004), 356.
24. Csaba Kiss, *Matsyendranātha's Compendium (Matsyendrasaṃhitā): A Critical Edition and Annotated Translation of Matsyendrasaṃhitā 1-13 and 55 with Analysis* (Tesis de doctorado en Filosofía, University of Oxford, 2009), 269.
25. Sanderson, «Yoga in Śaivism», 27.
26. Christopher Wallis, *Tantra Illuminated* (Petaluma, Calif.: Mattamayūra Press, 2013), 187.
27. Āraṇya y Mukerji, *Yoga Philosophy*, 249.
28. Goodall, *Parākhyatantra*, 372.
29. Otros textos incluidos desarrollan más el tema: Mallinson and Singleton, *Roots of Yoga*, 199.
30. Olivelle, *Early Upaniṣads*, 65.
31. Olivelle, *Early Upaniṣads*, 361.
32. Ganguli, *Mahabharata: Çanti Parva*, vol. 2, 42.

33. Goodall, *Parākhyatantra*, 366.
34. Goodall et al., *Niśvāsatattvasaṃhitā*, 498.
35. Goodall et al., *Niśvāsatattvasaṃhitā*, 397.
36. El *Shiva Samhita*: James Mallinson, *The Shiva Samhita* (Nueva York: YogaVidya.com, 2007), 29.
37. Mallinson y Singleton, *Roots of Yoga*, 194-195.
38. Proceso de purificación: Radha Burnier et al., comps., *The Haṭhapradīpikā of Svātmārāma, with the Commentary Jyotsnā of Brahmānanda and English Translation* (Madrás: Adyar Library and Research Centre, 1972), 29.
39. «As long as the moving»: Brian Akers, *The Hatha Yoga Pradipika* (Nueva York: YogaVidya.com, 2002), 113.
40. La referencia más antigua: Dory Heilijgers-Seelen, «The doctrine of the Ṣaṭcakra according to the Kubjikāmata», en *The Sanskrit Tradition and Tantrism*, trad. Teun Goudriaan (Leiden, Holanda: Brill, 1990), 59.
41. «Now I will tell you about»: Gavin Flood et al., *The Lord of Immortality: An Introduction, Critical Edition, and Translation of the Netra Tantra*, vol. 1 (Londres: Routledge, de próxima aparición).
42. «The penis, the anus, the navel»: Mallinson y Singleton, *Roots of Yoga*, 319-320.
43. Su localización es «dos dedos»: Mallinson, *Shiva Samhita*, 31.
44. Slatoff, *Yogāvatāraṇam*, 426.
45. Mallinson y Singleton, *Roots of Yoga*, 215.
46. Slatoff, *Yogāvatāraṇam*, 418.
47. Este estado es atemporal: Mallinson, *Khecarīvidyā*, 131.
48. Gopi Krishna, *Kundalini: The Evolutionary Energy in Man* (Boston: Shambhala, 1970), 11-12.
49. Krishna, *Kundalini*, 13.
50. Krishna, *Kundalini*, 136-37.
51. Krishna, *Kundalini*, 66.
52. Akers, *Hatha Yoga Pradipika*, 77.
53. M. Venkata Reddy, *Hatharatnavali of Srinivasabhatta Mahayogindra* (Arthamuru: M. Ramakrishna Reddy, 1982), 105.
54. Mallinson, *Shiva Samhita*, 135-136.
55. Akers, *Hatha Yoga Pradipika*, 96.

56. Mallinson and Singleton, *Roots of Yoga*, 247.
57. Mallinson, *Shiva Samhita*, 150.
58. Como resultado de esta práctica. Adaptado de Burnier et al., *Haṭhapradīpikā*, 68.
59. Joo, *Vijñāna Bhairava*, 137.
60. Mallinson y Singleton, *Roots of Yoga*, 32.
61. Mallinson, *Shiva Samhita*, 150.
62. Slatoff, *Yogāvatāraṇam*, 433.
63. Mallinson y Singleton, *Roots of Yoga*, 23.
64. Monier-Williams, *Sanskrit-English Dictionary*, 1.287.
65. La palabra sánscrita *hatha*: Jason Birch, «The Meaning of *haṭha* in Early Haṭhayoga», *Journal of the American Oriental Society* 131, n.º 4 (2011): 531.
66. Akers, *Hatha Yoga Pradipika*, 6, 30.
67. James Mallinson, «Dattātreya's Discourse on Yoga», 3 (borrador no publicado, 2013), visitado el 16 de mayo de 2019, https://www.academia.edu/3773137.
68. Mallinson, «Dattātreya's Discourse», 3.
69. Mallinson, «Dattātreya's Discourse», 1.
70. Mallinson, «Dattātreya's Discourse», 1.
71. Mallinson, «Dattātreya's Discourse», 8.
72. El *Hatha* del siglo xv: Slatoff, *Yogāvatāraṇam*, 413.
73. Mallinson, *Shiva Samhita*, 158.
74. Akers, *Hatha Yoga Pradipika*, 104.
75. Jason Birch, «Rājayoga, The Reincarnations of the King of All Yogas», *International Journal of Hindu Studies* 17, n.º 3 (2013): 406-407.
76. Mallinson and Singleton, *Roots of Yoga*, 40.
77. Jason Birch, «The Origins and Emergence of Haṭha and Rāja Yoga», 39 (transparencias no publicadas presentada en la Jagiellonian University's Yoga Studies Summer School en Krakovia, 2017).
78. Birch, «Rājayoga», 424, n.º 25.
79. Birch, «Meaning of *haṭha*», 544-545.
80. Mallinson y Singleton, *Roots of Yoga*, 32-33.
81. Akers, *Hatha Yoga Pradipika*, 98.
82. Burnier et al., *Haṭhapradīpikā*, 36.

274 Historia del yoga

83. Sutton, *Philosophy of Yoga*, 164.
84. Jason Birch, «The *Yogatārāvalī* and the Hidden History of Yoga», *Nāmarūpa*, n.° 20 (2015): 4.
85. Birch, «Rājayoga», 424, n.° 22.
86. Mallinson y Singleton, *Roots of Yoga*, 57.
87. Akers, *Hatha Yoga Pradipika*, 2.
88. Mallinson, «Dattātreya's Discourse», 3.
89. Para que la práctica tenga éxito: Mallinson, «Dattātreya's Discourse», 4.
90. Mallinson, «Dattātreya's Discourse», 4.
91. Akers, *Hatha Yoga Pradipika*, 28.
92. Akers, *Hatha Yoga Pradipika*, 4-6.
93. James Mallinson, *The Gheranda Samhita* (Nueva York: YogaVidya.com, 2004), 96.
94. Slatoff, *Yogāvatāraṇam*, 416.
95. Slatoff, *Yogāvatāraṇam*, 414.
96. Mallinson y Singleton, *Roots of Yoga*, 101.
97. Mallinson y Singleton, *Roots of Yoga*, 105.
98. Adaptado de Burnier et al., *Haṭhapradīpikā*, 12.
99. Burnier et al., *Haṭhayogapradīpikā*, 12.
100. Adaptado de Burnier et al., *Haṭhapradīpikā*, 12.
101. Jacqueline Hargreaves y Jason Birch, «Dhanurāsana», *The Luminescent*, 20 de noviembre de 2017, consultado por última vez el 18 de mayo de 2019, http://theluminescent.blogpotcom/2017/11 /dhanurasana-two-versions-of-bow-pose.html.
102. Adaptado de Burnier et al., *Haṭhapradīpikā*, 12-13.
103. Mallinson y Singleton, *Roots of Yoga*, 109.
104. Akers, *Hatha Yoga Pradipika*, 16.
105. Slatoff, *Yogāvatāraṇam*, 415.
106. Burnier et al., *Haṭhapradīpikā*, 19.
107. Akers, *Hatha Yoga Pradipika*, 51.
108. Radhakrishnan, *Principal Upaniṣads*, 723.
109. Por ejemplo, tenderse en *shavasana*: Slatoff, *Yogāvatāraṇam*, 415.
110. Akers, *Hatha Yoga Pradipika*, 22, 26.
111. Swami Digambarji, *Haṭhapradīpikā of Svātmārāma* (Lonavla: Kaivalyadhama, 1970), 16.

112. Burnier et al., *Haṭhapradīpikā*, 13.
113. Digambarji, *Haṭhapradīpikā*, 28.
114. Akers, *Hatha Yoga Pradipika*, 32.
115. Slatoff, *Yogāvatāraṇam*, 416.
116. Akers, *Hatha Yoga Pradipika*, 34.
117. Slatoff, *Yogāvatāraṇam*, 417.
118. Burnier et al., *Haṭhapradīpikā*, 25.
119. Burnier et al., *Haṭhapradīpikā*, 34.
120. En cualquier caso, otro versículo: Slatoff, *Yogāvatāraṇam*, 414.
121. Burnier et al., *Haṭhapradīpikā*, 28.
122. Slatoff, *Yogāvatāraṇam*, 416.
123. Slatoff, *Yogāvatāraṇam*, 417.
124. Mallinson, «Dattātreya's Discourse», 4.
125. El *Yoga Sutra* original: Mallinson y Singleton, *Roots of Yoga*, 141.
126. Mallinson, «Dattātreya's Discourse», 7.
127. Mallinson, «Dattātreya's Discourse», 8.
128. Akers, *Hatha Yoga Pradipika*, 66.
129. James Mallinson, «The Original *Gorakṣaśataka*!», en *Yoga in Practice*, comp. David White (Princeton, N. J.: Princeton University Press, 2012), 269-270.
130. Akers, *Hatha Yoga Pradipika*, 50.
131. Mallinson, «Dattātreya's Discourse», 2.
132. Burnier et al., *Haṭhapradīpikā*, 39.
133. Mallinson, «Dattātreya's Discourse», 7.
134. Akers, *Hatha Yoga Pradipika*, 53.
135. Akers, *Hatha Yoga Pradipika*, 70.
136. Mallinson, *Khecarīvidyā*, 119.
137. Sutton, *Philosophy of Yoga*, 161.
138. Akers, *Hatha Yoga Pradipika*, 16, 26.
139. Mallinson, «Dattātreya's Discourse», 8.
140. Mallinson, «Dattātreya's Discourse», 8.
141. Sutton, *Philosophy of Yoga*, 161.
142. Mallinson, *Shiva Samhita*, 95.
143. Mallinson, *Shiva Samhita*, 96.
144. Akers, *Hatha Yoga Pradipika*, 81.

145. Mallinson, *Shiva Samhita*, 168.
146. Olivelle, *Early Upaniṣads*, 157.
147. Esta técnica se denomina: Digambarji, *Haṭhapradīpikā*, 154.
148. Burnier et al., *Haṭhayogapradīpikā*, 77.
149. Digambarji, *Haṭhapradīpikā*, 166.
150. Akers, *Hatha Yoga Pradipika*, 109.
151. Mallinson y Singleton, *Roots of Yoga*, 355.
152. Burnier et al., *Haṭhayogapradīpikā*, 65.
153. Akers, *Hatha Yoga Pradipika*, 111.
154. Akers, *Hatha Yoga Pradipika*, 111-112

4. Yoga moderno

1. Reddy, *Hatharatnavali*, 68.
2. Seth Powell, «Etched in Stone: Sixteenth-century Visual and Material Evidence of Śaiva Ascetics and Yogis in Complex Non-seated Āsanas at Vijayanagara», *Journal of Yoga Studies* 1 (2018): 75.
3. Mallinson, *Gheranda Samhita*, 82.
4. Jason Birch, «The Proliferation of *Āsana*-s in Late-Medieval Yoga Texts», en *Yoga in Transformation: Historical and Contemporary Perspectives*, comps. Karl Baier, Philipp Maas y Karin Preisendanz (Viena: Vienna University Press, 2018), 149.
5. Adaptado de Birch, «Proliferation of *Āsana*-s», 153.
6. Mallinson, *Gheranda Samhita*, 44.
7. Y en el siglo XVIII: Gudrun Bühnemann, *Eighty-four Āsanas in Yoga: A Survey of Traditions (with Illustrations)* (Delhi: D.K. Printworld, 2007), 51, 151.
8. Mallinson, *Gheranda Samhita*, 6.
9. Mallinson, *Gheranda Samhita*, 11.
10. M.L. Gharote et al., *Haṭharatnāvalī (A Treatise on Haṭhayoga) of Śrīnivāsayogī* (Lonavla: The Lonavla Yoga Institute, 2009), 28-29.
11. Mallinson, *Gheranda Samhita*, 113.
12. Mallinson, *Gheranda Samhita*, 114.
13. Mallinson, *Gheranda Samhita*, 113.

Notas **277**

14. Birch, «Rājayoga», 403.
15. Adaptado de Birch, «Proliferation of *Āsana*-s», 130.
16. Cuando B. K. S. Iyengar publicó: B. K. S. Iyengar, *Light on Yoga* (Londres: George Allen & Unwin, 1966), 507-512.
17. Veinte años más tarde, un brasileño, Dharma Mittra, «Master Yoga Chart», Dharma Yoga Center website, visitado el 20 de febrero de 2019, https://www.dharmayogacenter.com/resources/yoga-poses/master-yoga-chart.
18. Y en 2015, un californiano, Daniel Lacerda, *2 100 Asanas: The Complete Yoga Poses* (Nueva York: Black Dog & Leventhal, 2015).
19. Santan Rodrigues, *The Householder Yogi: Life of Shri Yogendra* (Santacruz, India: The Yoga Institute, 1982), 72.
20. T. Krishnamacharya, *Nathamuni's Yoga Rahasya* (Chennai: Krishnamacharya Yoga Mandiram, 2004), 18.
21. Mark Singleton y Tara Fraser, «T. Krishnamacharya, Father of Modern Yoga», en *Gurus of Modern Yoga*, comps. Mark Singleton y Ellen Goldberg (Nueva York: Oxford University Press, 2014), 92, 104, n.º 10.
22. Otros han detectado un eco: Jason Birch y Mark Singleton, «The Yoga of the *Haṭhābhyāsapaddhati*: Haṭhayoga on the Cusp of Modernity», *Journal of Yoga Studies* 2 (2019): 11-12, 51-52.
23. His *Yoga Makaranda*: T. Krishnamacharya, *Yoga-Makaranda: The Nectar of Yoga,* 1.ª parte (Chennai: Media Garuda, 2011), 42.
24. Krishnamacharya, *Yoga Rahasya*, 55.
25. Vivekananda, *Yoga Philosophy: Lectures Delivered in Nueva York, Winter of 1895-6 by the Swâmi Vivekânanda on Râja Yoga, or Conquering the Internal Nature. Also Patañjali's Yoga Aphorisms, with Commentaries* (Londres: Longmans, Green and Co., 1896), 18.
26. Su enfoque era reflejo del occidental: Max Müller, *The Six Systems of Indian Philosophy* (Londres: Longmans, Green and Co., 1899), 407-465.
27. Elliott Goldberg, *The Path of Modern Yoga: The History of an Embodied Spiritual Practice* (Rochester, Vt.: Inner Traditions, 2016), 52.
28. John Gray, «India's Physical Education: What Shall It Be?», *Vyayam* 1, no. 4 (1930): 8.
29. John Gray, «India's Physical Renaissance», *The Young Men of India* 25 (1914): 341-347.

278   Historia del yoga

30. S. Sundaram, *Yogic Physical Culture, or the Secret of Happiness* (Bangalore: Brahmacharya Publishing House, 1930), 167.
31. Sundaram, *Yogic Physical Culture*, 3.
32. Sundaram, *Yogic Physical Culture*, 166.
33. Sundaram, *Yogic Physical Culture*, 4.
34. Hugo Rothstein, *The Gymnastic Free Exercises of P.H. Ling,* trad. M. Roth (Londres: Groombridge and Sons, 1853), x.
35. P. H. Ling, «General Principles of Gymnastics», citado en *An Exposition of the Swedish Movement-Cure*, George Taylor (Nueva York: Fowler and Wells, 1860), 53.
36. Una variante enseñada por J. P. Müller, *My System: 15 Minutes' Exercise a Day for Health's Sake!* (Londres: Athletic, 1939 [edición revisada]), 82.
37. J. P. Müller, *My System: 15 Minutes' Work a Day for Health's Sake!* (Copenhagen: Tillge's Boghandel, 1905), 21.
38. Otro método danés: Niels Bukh, *Primary Gymnastics: The Basis of Rational Physical Development* (Londres: Methuen, 1925), 3-10.
39. Swami Maheshananda y B. R. Sharma, comps., *A Critical Edition of Jyotsnā, Brahmānanda's Commentary on Haṭhapradīpikā* (Lonavla: Kaivalyadhama, 2012), 114.
40. Yogendra, *Yoga Asanas Simplified* (Santacruz, India: The Yoga Institute, 1928), 56-57.
41. Ramacharaka, *Hatha Yoga or the Yogi Philosophy of Physical Well-Being* (Chicago: Yogi Publication Society, 1904), 242.
42. Paramahansa Yogananda, *Autobiography of a Yogi* (Nueva York: Philosophical Library, 1946), 374.
43. Yogananda, *Descriptive Outline, General Principles and Merits of Yogoda, or a System for Harmonious and Full Development of Body, Mind and Soul* (Los Ángeles: Yogoda Sat-Sanga Art of Super-Living Society of America, 1930), 33.
44. Kuvalayananda, «The Rationale of Yogic Poses», *Yoga-Mīmāṅsā* 2, no. 4 (octubre de 1926): 261.
45. Kuvalayananda, *Āsanas* (Lonavla: Kaivalyadhama, 1933), 24.
46. Aurobindo Ghose, «Sri Aurobindo's Teaching», en *The Teaching and the Asram of Sri Aurobindo* (Chandernagore: Rameshwar & Co., 1934), 13.

Notas **279**

47. Rothstein, *Gymnastic Free Exercises*, 8.
48. Con la práctica regular: Mary M. Bagot Stack, *Building the Body Beautiful: The Bagot Stack Stretch-and-Swing System* (Londres: Chapman and Hall, 1931), 2.
49. B. K. S. Iyengar, *Yoga: The Path to Holistic Health* (Londres: Dorling Kindersley, 2001).
50. Edmund Jacobsen, *You Must Relax: A Practical Method of Reducing the Strains of Modern Living* (Nueva York: Whittlesey House, 1934).
51. Yogendra, *Hatha Yoga Simplified* (Santacruz, la India: The Yoga Institute, 1931), 124.
52. Genevieve Stebbins, *Dynamic Breathing and Harmonic Gymnastics: A Complete System of Psychical, Aesthetic and Physical Culture* (Nueva York: E. S. Werner, 1892), 80.
53. Yogendra, *Yoga Asanas Simplified*, 155-156.
54. Stebbins, *Harmonic Gymnastics*, 80.
55. Yogendra, *Yoga Asanas Simplified*, 128-129.
56. Yogendra, *Yoga Asanas Simplified*, 44.
57. Mark Singleton, «Transnational Exchange and the Genesis of Postural Yoga», en *Yoga Traveling: Bodily Practice in Transcultural Perspective*, comp. Beatrix Hauser (Heidelberg: Springer, 2013), 49-50.
58. Yogendra, *Yoga Asanas Simplified*, 102.
59. R. K. Bodhe y G. Ramakrishna, *Yogi and Scientist: Biography of Swami Kuvalayananda* (Lonavla: Kaivalyadhama, 2012), 371.
60. Bhavanarao Pant Pratinidhi, *Surya Namaskars for Health, Efficiency & Longevity* (Aundh: Aundh State Press, 1928), 100.
61. Retitulado *The Ten-Point Way*: Bhavanarao Pant Pratinidhi y Louise Morgan, *The Ten-Point Way to Health: Surya Namaskars* (Londres: J. M. Dent & Sons, 1938), 109-110.
62. Pratinidhi y Morgan, *The Ten-Point Way*, 38-39.
63. The Inner Londres Education: I.L.E.A. Further and Higher Education Sub-Committee Papers, octubre-diciembre de 1969, citado en *Yoga in Britain: Stretching Spirituality and Educating Yogis*, de Suzanne Newcombe (Sheffield: Equinox, 2019), 99.
64. I.L.E.A. Further and Higher Education Sub-Committee Papers, enero-febrero de 1967, citado en Newcombe, *Yoga in Britain*, 94.

280 Historia del yoga

65. Julie Dale, «B. K. S. Iyengar: An Introduction by One of His Students» (documento sin fecha en la biblioteca del Ramamani Iyengar Memorial Yoga Institute in Pune, la India).
66. B. K. S. Iyengar, *Light on the Yoga Sūtras of Patañjali* (Londres: The Aquarian Press, 1993), 221.
67. Iyengar, *Tree of Yoga*, 162.
68. Iyengar Yoga: véase la entrada de «Iyengar», *Concise Oxford English Dictionary*, 12th ed. (Oxford: Oxford University Press, 2011), 756.
69. Diane Anderson, «The Namesake», *Yoga Journal* (diciembre de 2008): 120.
70. Iyengar, *Tree of Yoga*, 48.
71. Iyengar, *Tree of Yoga*, 46.
72. Iyengar, *Light on Yoga*, 41-42.
73. B. K. S. Iyengar, *Aṣṭadaḷa Yogamālā*, vol. 1 (Delhi: Allied Publishers, 2000), 52.
74. Algunos bromearon sobre sus iniciales: Mark Tully, «Yoga: Head to Toe», BBC World Service, 2001, consultado el 4 de de 2019, http://www.bbc.co.uk/worldservice/people/highlights/010116_iyengar.shtml.
75. Iyengar, *Tree of Yoga*, 163.
76. Iyengar, *Tree of Yoga*, 44.
77. Eliza Griswold, «Yoga Reconsiders the Role of the Guru in the Age of #MeToo», *The Nueva Yorker* website, 23 de julio de 2019, visitado 24 de julio de 2019, https://www.newyorker.com/news/news-desk/yoga-re-considers-the-role-of-the-guru-in-the-age-of-metoo.
78. Aparece en esculturas: Seth Powell, «The Ancient Yoga Strap», *The Luminescent*, 16 de junio de 2018, visitado el 4 de mayo de 2019, https://www.theluminescent.org/2018/06/the-ancient-yoga-strap-yogapatta.html.
79. B. K. S. Iyengar, «Uso de accesorios», en *70 Glorious Years of Yogacharya B.K.S. Iyengar* (Mumbai: Light On Yoga Research Trust, 1990), 391-395.
80. Un sorprendente ejemplo aparece en: Philip Deslippe, «From Maharaj to Mahan Tantric: The Construction of Yogi Bhajan's Kundalini Yoga», *Sikh Formations* 8, n.º 3 (2012): 369.
81. Isha Foundation, «Inner Engineering-Offered by Sadhguru», visitado el 29 de abril de 2020, https://www.innerengineering.com

82. Un «pizza effect» parecido: esta frase fue acuñada por Agehananda Bharati en «The Hindu Renaissance and Its Apologetic Patterns», *Journal of Asian Studies* 29, n.º 2 (1970): 273.

83. Thomas Macaulay, «Minute by the Hon'ble T. B. Macaulay, Dated the 2nd February, 1835», en *Bureau of Education, India: Selections from Educational Records,* parte 1, comp. Henry Sharp (Calcuta: Superintendent Government Printing, 1920), 109.

84. Baba Ramdev, un icono televisivo: «Patañjali to Be World's Largest FMCG Brand: Baba Ramdev», *Economic Times*, 9 de octubre de 2018, visitado el 18 de mayo de 2019, https://economictimes.indiatimes.com/industry/cons-products/fmcg/Patañjali-to-be-worlds-largest-fmcg-brand-baba-ramdev/articleshow/66128069.cms.

85. Para las celebraciones de 2018: Michael Safi, «Yoga with Modi: Indian PM Stars in Cartoon Video of Poses», *The Guardian*, 29 de marzo de 2018, visitado el 3 mayo de 2019, https://www.theguardian.com/world/2018/mar/29/indian-pm-narendra-modi-releases-youtube-video-of-yoga-poses.

86. Narendra Modi, video colgado en Twitter, el 18 de junio de 2018, visitado el 12 de marzo de 2019, https://twitter.com/narendramodi/status/1008719118885933057.

87. Otro tratado de la década de 1920: V. D. Savarkar, *Hindutva: Who Is a Hindu?* (Bombay: Veer Savarkar Prakashan, 1969 [1923]), 84.

88. Government of India, «Baba Ramdev's Claims to Cure HIV by Yoga», Press Information Bureau, 22 de diciembre de 2006, visitado el 10 de marzo de 2019, http://www.pib.nic.in/newsite/erelease.aspx?relid=23593.

89. Kuvalayananda, «The Popular Section», *Yoga-Mīmāṅsā* 2, n.º 2 (abril de 1926): 146.

90. Government of India, «List of Yoga Institutes», National Health Portal, 2017, visitado el 4 de junio de 2019, https://www.nhp.gov.in/list-of-yoga-institutes.mtl.

91. Yoga Alliance, «Overview of the New Yoga Therapy Policy», 25 de enero de 2016, visitado el 6 de marzo de 2019, https://wwwd.yogaalliance.org/AboutUs/PoliciesandFinancials/OurStatementonYogaTherapy/OverviewofNewYogaTherapyPolicy.

92. John Welwood: Tina Fossella, «Human Nature, Buddha Nature: An Interview with John Welwood», *Tricycle* (primavera de 2011), visitado el de marzo de 2019, https://tricycle.org/magazine/human-nature-buddha-nature.
93. Chögyam Trungpa, *Cutting Through Spiritual Materialism* (Boston: Shambhala, 2002), 3.
94. Agehananda Bharati, *The Light at the Center: Context and Pretext of Modern Mysticism* (Santa Bárbara: Ross-Erikson, 1976), 179.
95. Elizabeth De Michelis, *A History of Modern Yoga: Patañjali and Western Esotericism* (Londres: Continuum, 2004), 15.
96. Socially Engaged Yoga Network, «Vision», visitado el 6 de marzo de 2019, http://www.seynchicago.org/vision.

Epílogo

1. Immanuel Kant, «Beantwortung der Frage: Was ist Aufklärung?» En *Berlinische Monatsschrift* (1784, Zwölftes Stük), trad. Mary C. Smith, visitado el 4 de mayo de 2019, http://www.columbia.edu/acis/ets/CCREAD/etscc/kant.html.
2. Āraṇya y Mukerji, *Yoga Philosophy*, 75.
3. Bryant, *Yoga Sūtras*, 283-288.
4. Sargeant, *Bhagavad Gītā*, 125.

Bibliografía

Akers, Brian. *The Hatha Yoga Pradipika*. Nueva York: YogaVidya.com, 2002.

Anderson, Diane. «The Namesake». *Yoga Journal* (diciembre de 2008): 120.

Āraṇya, Hariharānanda y P. N. Mukerji. *Yoga Philosophy of Patañjali*. Albany, N.Y.: SUNY Press, 1983.

Bagot Stack, Mary M. *Building the Body Beautiful: The Bagot Stack Stretch-and-Swing System*. Londres: Chapman and Hall, 1931.

Ballantyne, James. *Yoga Philosophy of Patañjali with Illustrative Extracts from the Commentary of Bhoja Rájá*. Allahabad: Presbyterian Mission Press, 1852.

Bhaktivedanta Swami, A.C. *Śrīmad Bhāgavatam: Eighth Canto*. Los Ángeles: Bhaktivedanta Book Trust, 1999.

Bharati, Agehananda. «The Hindu Renaissance and Its Apologetic Patterns», *The Journal of Asian Studies* 29, n.º 2 (1970): 267-287.

— *The Light at the Center: Context and Pretext of Modern Mysticism*. Santa Barbara: Ross-Erikson, 1976.

Birch, Jason. «The Meaning of *haṭha* in Early Haṭhayoga». *Journal of the American Oriental Society* 131, n.º 4 (2011): 527-554.

— «Rājayoga: The Reincarnations of the King of All Yogas». *International Journal of Hindu Studies* 17, n.º 3 (2013): 401-444.

— «The *Yogatārāvalī* and the Hidden History of Yoga». *Nāmarūpa*, no. 20 (2015): 4-13.

— «The Origins and Emergence of Haṭha and Rāja Yoga». Transparencias no publicadas y presentadas en la Jagiellonian University's Yoga Studies Summer School en Cracovia, 2017.

— «The Proliferation of *Āsana*-s in Late-Medieval Yoga Texts». En *Yoga in Transformation: Historical and Contemporary Perspectives*, comp. por Karl Baier, Philipp Maas y Karin Preisendanz, 101-180. Viena: Vienna University Press, 2018.

Birch, Jason y Mark Singleton. «The Yoga of the *Haṭhābhyāsapaddhati*: Haṭhayoga on the Cusp of Modernity», *Journal of Yoga Studies*, 2 (2019): 3-70.

Blake, William. «Auguries of Innocence», en *William Blake, Poems Selected by A.T. Quiller-Couch*, 25-27. Oxford: The Clarendon Press, 1908.

— *The Marriage of Heaven and Hell and A Song of Liberty*. Londres: Chatto & Windus, 1911.

Bodhe, R. K. y G. Ramakrishna. *Yogi and Scientist: Biography of Swami Kuvalayananda*. Lonavla: Kaivalyadhama, 2012.

Bodhi, Bhikkhu. *The Middle Length Discourses of the Buddha: A New Translation of the Majjhima Nikāya*. Somerville, Mass.: Wisdom Publications, 1995.

Bronkhorst, Johannes. *The Two Traditions of Meditation in Ancient India*. Delhi: Motilal Banarsidass, 1993.

— «Asceticism, Religion and Biological Evolution». *Method & Theory in the Study of Religion* 13 (2001): 374-418.

Bryant, Edwin. *The Yoga Sūtras of Patañjali*. Nueva York: North Point Press, 2009.

Bühnemann, Gudrun. *Eighty-four Āsanas in Yoga: A Survey of Traditions (with Illustrations)*. Delhi: D.K. Printworld, 2007.

Bukh, Niels. *Primary Gymnastics: The Basis of Rational Physical Development*. Londres: Methuen, 1925.

Burnier, Radha, Srinivasa Iyangar, A. A. Ramanathan, S. V. Subrahmanya Sastri y Tookaram Tatya, comps. *The Haṭhayogapradīpikā of Svātmārāma, with the Commentary Jyotsnā of Brahmānanda and English Translation*. Madrás: Adyar Library and Research Centre, 1972.

Busia, Kofi. «The Yoga Sūtras of Patañjali». Visitado el 25 de mayo de 2019, http://www.kofibusia.com/yogasutras/yogasutras1.php.

Concise Oxford English Dictionary. 12.ª ed. Oxford: Oxford University Press, 2011.

Dale, Julie. «B. K. S. Iyengar: An Introduction by One of His Students». Documento sin fechar guardado en la biblioteca del Ramamani Iyengar Memorial Yoga Institute en Pune, India.

De Michelis, Elizabeth. *A History of Modern Yoga: Patañjali and Western Esotericism*. Londres: Continuum, 2004.

Deslippe, Philip. «From Maharaj to Mahan Tantric: The Construction of Yogi Bhajan's Kundalini Yoga». *Sikh Formations* 8, n.º 3 (2012): 369-387.

Digambarji, Swami. *Haṭhapradīpikā of Svātmārāma*. Lonavla: Kaivalyadhama, 1970.

Doniger, Wendy. *The Rig Veda*. Londres: Penguin, 1981.

— «Micromyths, Macromyths and Multivocality». En *The Implied Spider: Politics and Theology in Myth*, 87-121. Nueva York: Columbia University Press, 2011.

Easwaran, Eknath. *The Upanishads*. Tomales, Calif.: Nilgiri Press, 2007.

Economic Times. «Patañjali to Be World's Largest FMCG Brand: Baba Ramdev». 9 de octubre de 2018. Visitada el 18 de mayo de 2019, https://economictimes.indiatimes.com/industry/cons-products/fmcg/Patañjali-to-be-worlds-largest-fmcg-brand-baba-ramdev/articleshow/66128069.cms.

Falconer, William. *The Geography of Strabo*, vol. 3. Londres: Henry G. Bohn, 1857.

Fitzgerald, James. «Prescription for Yoga in the *Mahabharata*». En *Yoga in Practice*, comp. por by David White, 43-57. Princeton, N.J.: Princeton University Press, 2012.

Flood, Gavin. «The Purification of the Body». En *Tantra in Practice*, compilado por David White, 509-520. Princeton, N.J.: Princeton University Press, 2000.

Flood, Gavin, Bjarne Wernicke-Olesen y Rajan Khatiwoda. *The Lord of Immortality: An Introduction, Critical Edition, and Translation of the Netra Tantra*, vol. 1. Londres: Routledge, de próxima aparición.

Fossella, Tina. «Human Nature, Buddha Nature: An Interview with John Welwood». *Tricycle* (Primavera de 2011). Visitado el 9 de marzo de 2019, https://tricycle.org/magazine/human-nature-buddha-nature.

Gambhirananda, Swami. *Eight Upaniṣads,* vol. 1, 57.

— *Eight Upaniṣads,* vol. 2, con el Comentario de Śaṅkarācārya. Mayavati: Advaita Ashrama, 1937.

Gandhi, Mohandas. *The Bhagavad Gita According to Gandhi*. Blacksburg, Va.: Wilder Publications, 2011.

Ganguli, Kisari Mohan. *The Mahabharata of Krishna-Dwaipayana Vyasa: Adi Parva*. Calcuta: Bharata Press, 1884.

— *The Mahabharata of Krishna-Dwaipayana Vyasa: Udyoga Parva*. Calcuta: Bharata Press, 1886.

— *The Mahabharata of Krishna-Dwaipayana Vyasa: Çalya Parva*. Calcuta: Bharata Press, 1889.

— *The Mahabharata of Krishna-Dwaipayana Vyasa: Çanti Parva*, vol. 2. Calcuta: Bharata Press, 1891.

— *The Mahabharata of Krishna-Dwaipayana Vyasa: Çanti Parva*, vol. 3. Calcuta: Bharata Press, 1893.

— *The Mahabharata of Krishna-Dwaipayana Vyasa: Anusasana Parva*. Calcuta: Bharata Press, 1893.

— *The Mahabharata of Krishna-Dwaipayana Vyasa: Svargarohanika Parva*. Calcuta: Bharata Press, 1896.

Gharote, M. L., Parimal Devnath y Vijay Kant Jha. *Haṭharatnāvalī (A Treatise on Haṭhayoga) of Śrīnivāsayogī*. Lonavla: The Lonavla Yoga Institute, 2009.

Ghose, Aurobindo. «Sri Aurobindo's Teaching». En *The Teaching and the Asram of Sri Aurobindo*. Chandernagore: Rameshwar & Co., 1934.

Ghosh, Tapan. *The Gandhi Murder Trial*. Bombay: Asia Publishing, 1974.

Goldberg, Elliott. *The Path of Modern Yoga: The History of an Embodied Spiritual Practice*. Rochester, Vt.: Inner Traditions, 2016.

Goodall, Dominic. *The Parākhyatantra: A Scripture of the Śaiva Siddhānta*. Pondicherry: Institut français de Pondichéry, 2004.

Goodall, Dominic, Alexis Sanderson, and Harunaga Isaacson. *The Niśvāsatattvasaṃhitā: The Earliest Surviving Śaiva Tantra*, vol. 1. París: École Française d'Extrême-Orient, 2015.

Gobierno de la India. «Baba Ramdev's Claims to Cure HIV by Yoga». Press Information Bureau. December 22, 2006. Visitada el 10 de Marzo de 2019, http://www.pib.nic.in/newsite/erelease. aspx?relid=23593.

— «List of Yoga Institutes». National Health Portal. 2017. Visitado el 4 de junio de 2019, https://www.nhp.gov.in/list-of-yoga-institutesmtl.

Gray, John. «India's Physical Education: What Shall It Be?». *Vyayam* 1, n.° 4 (1930): 5-9.

— «India's Physical Renaissance». *The Young Men of India* 25 (1914): 341-347.

Griffith, Ralph T.H. *The Hymns of the Rigveda*, vol. 1. Benares: E. J. Lazarus and Co., 1889.

Grinshpon, Yohanan. *Silence Unheard: Deathly Otherness in Pātañjala-Yoga*. Albany, N.Y.: SUNY Press, 2002.

Griswold, Eliza. «Yoga Reconsiders the Role of the Guru in the Age of #MeToo». Página web de *The New Yorker*. 23 de julio de 2019. Visitada el 24 de julio de 2019, https://www.newyorker.com/news/news-desk/yoga-reconsiders-the-role-of-the-guru-in-the-age-of-metoo.

Hargreaves, Jacqueline y Jason Birch. «Dhanurāsana». *The Luminescent*. 20 de noviembre de 2017. Visitado el 18 de mayo de 2019, http://theluminescent.blogspot.com/2017/11/dhanurasana-two-versions-of-bow-pose.html.

Heilijgers-Seelen, Seelen, Dory. «The doctrine of the Ṣaṭcakra according to the Kubjikāmata». En *The Sanskrit Tradition and Tantrism*, Teun Goudriaan (comp.), 56-65. Leiden, Holanda: Brill, 1990.

Huxley, Aldous. *The Doors of Perception*. Londres: Chatto & Windus, 1954.

Isha Foundation. «Inner Engineering—Offered by Sadhguru». Visitada el 29 de abril de 2020, https://www.innerengineering.com.

Iyengar, B. K. S. *Light on Yoga*. Londres: George Allen & Unwin, 1966.

— «Use of Props». En *70 Glorious Years of Yogacharya B.K.S. Iyengar*, 391-402. Bombay: Light On Yoga Research Trust, 1990.

— *Light on the Yoga Sūtras of Patañjali*. Londres: The Aquarian Press, 1993.

— *Yoga: The Path to Holistic Health*. Londres: Dorling Kindersley, 2001.

— *The Tree of Yoga*. Boston: Shambhala, 2002.

Jacobi, Hermann. «Âkârâṅga Sûtra». En *The Sacred Books of the East*, vol. 22, comp. por Max Müller, 1-213. Oxford: Clarendon Press, 1884.

Jacobsen, Edmund. *You Must Relax: A Practical Method of Reducing the Strains of Modern Living*. Nueva York: Whittlesey House, 1934.

Jha, Ganganatha. *The Chāndogyopaniṣad*. Poona: Oriental Book Agency, 1942.

Johnson, W. J. *The Bhagavad Gita*. Oxford: Oxford University Press, 1994.

Jois, K. Pattabhi. *Yoga Mala*. 2.ª ed. Nueva York: North Point Press, 2010.

Joo, Swami Lakshman. *Vijñāna Bhairava: The Practice of Centering Awareness*. Varanasi: Indica Books, 2002.

Kant, Immanuel. «Beantwortung der Frage: Was ist Aufklärung?». En *Berlinische Monatsschrift* (1784, Zwölftes Stük), traduc. inglesa de Mary C. Smith. Visitada el 4 de mayo de 2019, http://www.columbia.edu/acis/ets/CCREAD/etscc/kant.html.

Kiss, Csaba. *Matsyendranātha's Compendium (Matsyendrasaṃhitā): A Critical Edition and Annotated Translation of Matsyendra-*

saṃhitā 1-13 and 55 with Analysis. Tesis de doctorado en Filosofía, University of Oxford, 2009.

Krishna, Gopi. *Kundalini: The Evolutionary Energy in Man*. Boston: Shambhala, 1970.

Krishnamacharya, Tirumalai. *Nathamuni's Yoga Rahasya*. Chennai: Krishnamacharya Yoga Mandiram, 2004.

— *Yoga-Makaranda: The Nectar of Yoga,* parte 1. Chennai: Media Garuda, 2011.

Kuvalayananda. «The Popular Section». *Yoga-Mīmāṅsā* 2, n.° 2 (abril de 1926): 145-156.

— «Rationale of Yogic Poses». *Yoga-Mīmāṅsā 2*, n.° 4 (octubre de 1926): 259-267.

— *Āsanas*. Lonavla: Kaivalyadhama, 1933.

Lacerda, Daniel. *2,100 Asanas: The Complete Yoga Poses*. Nueva York: Black Dog & Leventhal, 2015.

Maas, Philipp. «The So-called Yoga of Suppression in the *Pātañjala Yogaśāstra*». En *Yogic Perception, Meditation, and Altered States of Consciousness*, compilado por Eli Franco, 263-282. Viena: Verlag der Österreichischen Akademie der Wissenschaften, 2009.

— «A Concise Historiography of Classical Yoga Philosophy». En *Periodisation and Historiography of Indian Philosophy*, Eli Franco (comp.), 53-90. Viena: University of Vienna, 2013.

Macaulay, Thomas. «Minute by the Hon'ble T. B. Macaulay, con the 2nd February, 1835.» En *Bureau of Education, India: Selections from Educational Records,* parte 1, Henry Sharp (comp.), 107-117. Calcuta: Superintendent Government Printing, 1920.

Maharaj, Nisargadatta. *I Am That*. Bombay: Chetana Pvt, 1973.

Maharshi, Ramana. *Who am I?* Tiruvannamalai: Sri Ramanasramam, 2014.

Maheshananda, Swami y B. R. Sharma, comps. *A Critical Edition of Jyotsnā, Brahmānanda's Commentary on Haṭhapradīpikā.* Lonavla: Kaivalyadhama, 2012.

Malinar, Angelika. «Yoga Powers in the *Mahābhārata*». En *Yoga Powers: Extraordinary Capacities Attained Through Meditation and Concentration*, comp. por Knut Jacobsen, 33-60. Leiden, Holanda: Brill, 2012.

Mallinson, James. *The Gheranda Samhita.* Nueva York: YogaVidya. com, 2004.

— *The Khecarīvidyā of Ādinātha.* Abingdon, Reino Unido: Routledge, 2007.

— *The Shiva Samhita.* Nueva York: YogaVidya.com, 2007.

— «The Original *Gorakṣaśataka*». En *Yoga in Practice*, comp. por David White, 257-272. Princeton, N.J.: Princeton University Press, 2012.

— «Dattātreya's Discourse on Yoga». Borrador sin publicar, 2013. Visitado el 16 de mayo de 2019, https://www.academia.edu/3773137.

Mallinson, James y Mark Singleton. *Roots of Yoga.* Londres: Penguin Classics, 2017.

Mitra, Rajendralal. *The Yoga Aphorisms of Patañjali with the Commentary of Bhoja Rájá, Bibliotheca Indica.* Calcuta: The Asiatic Society of Bengal, 1883.

Mittra, Dharma. «Master Yoga Chart». Visitado el 20 de febrero de 2019, https://www.dharmayogacenter.com/resources/yoga-poses/master-yoga-chart.

Modi, Narendra. Vídeo subido en Twitter. June 18, 2018. Visitado el 12 de marzo de 2019, https://twitter.com/narendramodi/status/1008719118885933057.

Monier-Williams, Monier. *A Sanskrit-English Dictionary*. Oxford: Clarendon Press, 1899.

Müller, J. P. *My System: 15 Minutes' Work a Day for Health's Sake!* Copenhague: Tillge's Boghandel, 1905.

— *My System: 15 Minutes' Exercise a Day for Health's Sake!* Edición revisada. Londres: Athletic, 1939.

Müller, Max. *The Six Systems of Indian Philosophy*. Londres: Longmans, Green and Co., 1899.

Newcombe, Suzanne. *Yoga in Britain: Stretching Spirituality and Educating Yogis*. Sheffield: Equinox, 2019.

Nicholson, Andrew. «Is Yoga Hindu? On the Fuzziness of Religious Boundaries». *Common Knowledge* 19, n.° 3 (2013): 490-505.

— *Lord Śiva's Song: the Īśvara Gītā* (Albany, N.Y.: SUNY Press, 2014).

Olivelle, Patrick. *The Early Upaniṣads*. Nueva York: Oxford University Press, 1998.

— *Manu's Code of Law: A Critical Edition and Translation of the Mānava-Dharmaśāstra*. Nueva York: Oxford University Press, 2005.

Oppenheimer, Robert. «Decision to Drop the Bomb». Vídeo de la National Broadcasting Company; Encyclopaedia Britannica Films, Inc.; and Films Incorporated. Internet Archive. 1965. Visitado el 24 de mayo de 2019, https://archive.org/details/DecisionToDropTheBomb.

Patton, Laurie. *The Bhagavad Gita*. Londres: Penguin, 2008.

Powell, Seth. «Etched in Stone: Sixteenth-century Visual and Material Evidence of Śaiva Ascetics and Yogis in Complex Non-seated Āsanas at Vijayanagara». *Journal of Yoga Studies* 1 (2018): 45-106.

— «The Ancient Yoga Strap». *The Luminescent*. 16 de junio de 2018. Visitado el 4 de mayo de 2019, https://www.theluminescent. org/2018/06/the-ancient-yoga-trap-yogapatta.html.

Powers, Ann. «Tuning In to the Chant Master of American Yoga». *The New York Times*, 4 de junio de 2000, 31.

Pratinidhi, Bhavanarao Pant. *Surya Namaskars for Health, Efficiency & Longevity*. Aundh: Aundh State Press, 1928.

Pratinidhi, Bhavanarao Pant Y Louise Morgan. *The Ten-Point Way to Health: Surya Namaskars*. Londres: J. M. Dent & Sons, 1938.

Puri, Puran. «Oriental Observations, N.º X: The Travels of Pran-Puri, a Hindoo, Who Travelled over India, Persia, and Part of Russia». *European Magazine and London Review* 57 (1810): 261-271, 341-352.

Radhakrishnan, Sarvepalli. *The Principal Upaniṣads*. Londres: George Allen & Unwin, 1953.

Ramacharaka. *Hatha Yoga or the Yogi Philosophy of Physical Well-Being*. Chicago: Yogi Publication Society, 1904.

Reddy, M. Venkata. *Hatharatnavali of Srinivasabhatta Mahayogindra*. Arthamuru: M. Ramakrishna Reddy, 1982.

Rodrigues, Santan. *The Householder Yogi: Life of Shri Yogendra*. Santacruz, La India: The Yoga Institute, 1982.

Roebuck, Valerie. *The Upanishads*. Londres: Penguin Classics, 2003.

Rothstein, Hugo. *The Gymnastic Free Exercises Of P.H. Ling*. Trad. con añadidos, de M. Roth. Londres: Groombridge and Sons, 1853.

Safi, Michael. «Yoga with Modi: Indian PM stars in cartoon video of poses». *The Guardian*, 29 de marzo de 2018. Visitado el 4 de mayo de 2019, https://www.theguardian.com/world/2018/

mar/29/indian-pm-arendra-modi-releases-youtube-video-of-yoga-poses.

Sanderson, Alexis. «Yoga in Śaivism: The Yoga Section of the *Mṛ-gendratantra*». Borrador sin publicar. 1999. Visitado el 23 de mayo de 2019, https://www.academia.edu/6629447.

Saraswati, Satyananda. *Surya Namaskara*. Munger: Yoga Publications Trust, 2002.

Sargeant, Winthrop. *The Bhagavad Gītā*. Albany, N.Y.: SUNY Press, 2009.

Satyamurti, Carole. *Mahabharata: A Modern Retelling*. Nueva York: Norton, 2015.

Savarkar, V. D. *Hindutva: Who is a Hindu?* Bombay: Veer Savarkar Prakashan, 1969 (1923). 239

Singleton, Mark. *Yoga Body*. Nueva York: Oxford University Press, 2010.

— «Transnational Exchange and the Genesis of Postural Yoga». In *Yoga Traveling: Bodily Practice in Transcultural Perspective*, comp. por Beatrix Hauser, 37-56. Heidelberg: Springer, 2013.

Singleton, Mark y Tara Fraser. «T. Krishnamacharya, Father of Modern Yoga», en *Gurus of Modern Yoga*, comp. por Mark Singleton y Ellen Goldberg, 83-106. Nueva York: Oxford University Press, 2014.

Slatoff, Zoë. «Contemplating the Opposite». *Nāmarūpa* 13, n.º 2 (2011): 2-6.

— «Guruji: In Loving Memory». Ashtanga Yoga Upper West Side website. Visitada el 13 de mayo de 2019, https://www.ashtanga-yogaupperwestside.com/articles/guruji.

— *Yogāvatāraṇam: The Translation of Yoga*. Nueva York: North-Point Press, 2015.

— «Freedom from Suffering». *Pushpam*, n.° 3 (2017): 22-24. Socially Engaged Yoga Network. «Vision». Visitada el 6 de marzo de 2019, http://www.seynchicago.org/vision.

Stebbins, Genevieve. *Dynamic Breathing and Harmonic Gymnastics: A Complete System of Psychical, Aesthetic and Physical Culture.* Nueva York: E.S. Werner, 1892.

Sundaram, S. *Yogic Physical Culture, or the Secret of Happiness.* Bangalore: Brahmacharya Publishing House, 1930.

Sutton, Nicholas. *Bhagavad-Gita:The Oxford Centre for Hindu Studies Guide.* Oxford: Oxford Centre for Hindu Studies, 2016.

— *The Philosophy of Yoga.* Oxford: Oxford Centre for Hindu Studies, 2016.

Taylor, George. *An Exposition of the Swedish Movement-Cure.* Nueva York: Fowler and Wells, 1860.

Trungpa, Chögyam. *Cutting Through Spiritual Materialism.* Boston: Shambhala, 2002.

Tully, Mark. «Yoga: Head to Toe». BBC World Service (2001). Visitado el 4 de abril de 2019, http://www.bbc.co.uk/worldservice/people/highlights/010116iyengar.shtml.

Vasudeva, Somadeva. *The Yoga of the Mālinīvijayottaratantra: Chapters 1-4, 7, 11-17. Critical Edition, Translation and Notes.* Pondicherry: Institut Français de Pondichéry / École Française d'Extrême-Orient, 2004.

Vivekananda. *Yoga Philosophy: Lectures Delivered in New York, Winter of 1895-1896 by the Swâmi Vivekânanda on Râja Yoga, or Conquering the Internal Nature. Also Patañjali's Yoga Aphorisms, with Commentaries.* Londres: Longmans, Green and Co., 1896.

Agradecimientos

Gracias a todos los que han colaborado en este libro. No podría haberse escrito sin el trabajo pionero de los estudiosos del yoga. Estoy especialmente agradecido a los autores que me han dado permiso para citar sus traducciones, como Brian Akers, Jason Birch, Edwin Bryant, Csaba Kiss, James Mallinson, Patrick Olivelle, Mark Singleton Zoë Slatoff y Nick Sutton. Muchas otras personas que han influido en mi pensamiento se citan en las notas y la bibliografía.

También quiero dar las gracias a mis alumnos del Oxford Centre for Hindu Studies, en los cursos de formación de profesores de yoga y en línea, por todas las buenas preguntas que me hacen seguir investigando. Después de que recomendara un resumen de la historia y la filosofía del yoga, decidí escribir uno.

Este libro podría haber quedado estancado en la fase de «buena idea» si no fuera por el apoyo y la experiencia de Zoë Slatoff, que tuvo la amabilidad de leer varios borradores, hacer sugerencias perspicaces y eliminar errores. Si se han colado equivocaciones, son mías.

Me siento afortunado de tener tan buenos colegas en el OCHS. Un agradecimiento especial a Lal Krishna y Shaunaka Rishi Das por invitarme a enseñar allí, a Nick Sutton por su ejemplo inspirador y a Nandana Nagraj por su amable ayuda.

En Farrar, Straus and Giroux, gracias a Jeff Seroy, Julia Ringo, Carrie Hsieh, Alexis Nowicki y el resto del equipo por ver el potencial y llevarlo tan hábilmente a buen puerto.

Por último, gracias a mis padres, Val y Graham, y a mi hermano Peter, que me animaron a viajar a la India y a asistir a clases de yoga.

Desde entonces he tenido el placer de aprender de una gran variedad de profesores. Los amigos también han sido generosos con sus aportaciones y consejos. Cualquier lista de nombres será incompleta, pero estoy agradecido a todos los siguientes por diversas razones: Humphrey Barclay, Henry Barker, Patrick Chalmers, Gerry Chambers, Rajiv Chanchani, Penny Chaplin, Matthew Clark, Robert Cory, Inna Costantini, Usha Devi, Jenny Dunlop, Heather Elton, Rebecca Ffrench, Matthew Green, Jacqueline Hargreaves, Hamish Hendry, Sandy Huntington, Siddhartha Krishna, Beth McDougall, Mira Mehta, Valters Negribs, Mary Paffard, Korinna Pilafidis-Williams, Christian Pisano, Corrie Preece, Linda Purvis, Kath Roberts, Eugene Romaniuk, Ranju Roy, James Russell, Hari Sauri Dasa, Patricia Sauthoff, Clive Sheridan, Susan Stephenson, Konrad Waldhauser, June Whittaker, Genny Wilkinson-Priest y Charlie Worthington.

editorial **K**airós

Puede recibir información sobre
nuestros libros y colecciones inscribiéndose en:

www.editorialkairos.com
www.editorialkairos.com/newsletter.html
www.letraskairos.com

Numancia, 117-121 • 08029 Barcelona • España
tel. +34 934 949 490 • info@editorialkairos.com